国家社会科学基金
教育部人文社会科学研究基地 资助课题

社会发展理论与实践丛书

香港理工大学
北京大学 中国社会工作研究中心 主编

社会学视野下的企业社会责任

——企业社会责任与劳动关系研究

刘爱玉 · 编著

北京大学出版社
PEKING UNIVERSITY PRESS

图书在版编目（CIP）数据

社会学视野下的企业社会责任：企业社会责任与劳动关系研究 / 刘爱玉编著.
—北京：北京大学出版社，2013.7
（社会发展理论与实践丛书）
ISBN 978-7-301-21494-7

Ⅰ.①社… Ⅱ.①刘… Ⅲ.①企业责任－社会责任－研究 Ⅳ.① F270

中国版本图书馆 CIP 数据核字 (2012) 第 259567 号

书　　　名：社会学视野下的企业社会责任：企业社会责任与劳动关系研究
著作责任者：刘爱玉　编著
责 任 编 辑：丁　超
标 准 书 号：ISBN 978-7-301-21494-7/C · 0822
出 版 发 行：北京大学出版社
地　　　址：北京市海淀区成府路 205 号　100871
网　　　址：http://www.pup.cn
电 子 信 箱：pw@pup.pku.edu.cn
电　　　话：邮购部 62752015　发行部 62750672　编辑部 62750112　出版部 62754962
印　制　者：三河市腾飞印务有限公司
经　销　者：新华书店
720mm × 1020mm　16 开本　19 印张　400 千字
2013 年 7 月第 1 版　2013 年 7 月第 1 次印刷
定　　　价：48.00 元

致　谢

本书为教育部人文社会科学重点研究项目（08JJD840192）、国家社会科学基金课题项目（08BSH059）、北京大学 / 香港理工大学中国社会工作研究与发展中心“社会转型过程中农民工权益维护与劳动关系研究”资助项目研究成果。

三年来，众多朋友、师长和同学的支持、参与和共同努力，才得以使课题研究顺利进行。

感谢北京大学社会科学部的领导程郁缀教授和萧群副部长、北京大学中国社会发展研究中心主任邱泽奇教授，他们对“企业社会责任的社会学研究”课题给予了高度重视和支持，主持并参加了 2009 年 6 月课题正式实施前的开题会，应邀参加开题会的还有在经济社会学、劳动社会学领域有着重要贡献和广泛影响的学者：刘世定、戴建中、佟新、潘毅、朱晓阳、余晓敏等教授，他们对课题的研究思路、研究方法、操作实施等提出了非常中肯的意见，使课题的后续调研和研究受益匪浅。

课题组先后在上海、新野、泉州、宁波、绍兴、余杭、深圳、北京、丹阳等九个城市的众多企业进行了调研，这些调研的顺利完成，完全仰仗各位朋友、师长和同学们的鼎力相助。

感谢上海市商务委员会的李泓处长和罗志松副处长、汪栋杰的父亲汪全鸣先生，他们不辞辛苦帮助课题组联系企业，使得我们 2008 年 9 月和 2009 年 9 月的两次上海调查得以顺利进行。李泓是我多年的好朋友，我们一起于 1983 年进入北大经济系，共同度过了愉快的四年大学生活，之后又一起学习社会学。我们有着共同的知识背景和兴趣，她锐利的思维和独到的见解常常让我惊奇，并让我感叹不以学术为业的她何以还能那样敏锐。

两次上海实地调研的主要任务是由陈彦勋、齐丽丽、顾永、刘江波、王垚、闫振永、张春泥、汪栋杰和庄姝婷等北京大学社会学系的研究生共同完成的，陈彦勋和汪栋杰两位尚在北大攻读学位，其他的同学先后赴境外攻读博士学位或走上了工作岗位。

感谢2005级博士生冯军旗（现为当代中国研究所助理研究员）大力协助我们课题组在河南新野的调查，也感谢参与河南新野调查并整理资料的王志娟、刘芃希、徐晨馨、黄亮、卓杰、杜立佳、崔岱同学。

感谢泉州市人民政府接待处的庄玉龙处长和市公安局鲤城分局的赖建玲女士，使我们课题组顺利完成了对6个企业的相关管理人员和工人的深度访谈以及115个各类企业管理人员的企业社会责任问卷调查，同时要感谢的是参与实地调研和进行资料整理的社会学系研究生和本科生：陈彦勋、庄姝婷、陈科科、王梅杰、汪栋杰、蔡嘉殷、余嘉、李玮、谢生金。

我高中的同学、现为浙江宁波保税区工商局副局长的诸品一先生为我们课题组在宁波企业的顺利调研提供了大力帮助，社会学系研究生和本科生陈彦勋、顾永、张月、秦长运、蔡田、郝欣欣、景堃参与了实地调研和资料整理，在此一并感谢。

深圳的第一期调查主要是对服装类企业中的农民工进行访谈，陈彦勋、顾永和刘江波进行了实地调研并整理了资料；深圳的第二期调查主要是对服装类企业的农民工进行问卷调查，参与的调研人员有张波、朱丽娜、刘亮霞；在北京，先后有陈彦勋、顾永、王嵩、孙敏、庄姝婷、景堃、周丽等7位研究生参与了对4个服装企业的210名工人的问卷调查，同时，光华管理学院党委副书记丛月芬老师协助完成了对72位企业管理人员的问卷调查；在余杭，2006级本科生现社会学系2010级硕士研究生陈慧萍独自完成了一家丝绸企业的管理人员、工人访谈和工人问卷调查；在丹阳，2006级本科生夏凡协助完成了对62名企业管理人员的问卷调查。对于上述各位老师、同学的参与和付出，我代表课题组一并表示深深的感谢！

我本人参与了上海、北京、泉州、宁波、绍兴、新野六个城市的调研，那些与研究生、本科生一起实地调研的日日夜夜，是我现在最珍贵和美丽的记忆。

除我本人之外，参加本书写作的作者有汪栋杰（北京大学社会学系2010级硕士研究生）、陈科科（北京大学社会学系2008级硕士研究生，现网易（广东）用户体验研究员）、顾永（北京大学社会学系2007级硕士研究生，现重庆市南川区区政府干部）、李泓（上海市商务委员会处长）、黄俊平（北京大学研究生院副研究员）、刘亮霞（北京大学社会学系2009级硕士研究生）。汪栋杰还对全书的内容编排、参考文献等进行了仔细的校对。应该指出的是，自2009年以来，庄姝婷、张波、孙敏、王嵩、朱丽娜、李汪洋、刘颖婷、姜思羽、傅春晖等研究生也利用课题组收集的材料撰写了论文和课题报告，限于本书的篇幅和内容要求上的逻辑性，没有收录他们的文稿，遗憾之余，但在此我特别想对大家的积极参与表示感谢。

感谢被我们调查访谈的各类人员，正是你们的信任、正是你们在社会转型期的劳动生活感受和行动，使我们更好地理解了企业社会责任在不同地域、不同企业中的制度化状况和困惑。还要感谢的是那些接待我们调查的企业负责人，你们的开放胸怀和对学术研究的支持在今天尤其弥足珍贵！处于对被调查企业的保护和被调查者的尊重，我们在这里不便公布你们的姓名，但是你们的支持我们将永记在心！

刘爱玉

2011年11月于北京大学理科5号楼

目录

致　谢

第一章　导　论

一、研究问题

在过去几十年的经济全球化过程中，资本的“逐底竞争”造成劳工标准的全面下降，劳工权益受损问题日益成为全球媒体关注的焦点，全球“反血汗工厂”运动因此得以发展，该运动以著名的品牌公司为批判对象，借助消费者和新闻媒体的力量，要求公司承担“企业社会责任”(corporate social responsibility ,CSR)。迫于公众压力，跨国经营的大型品牌公司纷纷制定“公司行为守则”，以规范其全球供应链中的劳动条件和劳工待遇。

作为“世界工厂”的中国已成为公司行为守则的“世界实验室”。过去的十几年见证了中国企业社会责任运动的发展，尤其是出口加工劳动密集型的企业。企业社会责任、企业商业道德正逐步成为企业界和相关政府部门的主流话语。2005年修订后的《公司法》对企业社会责任作了明确规定，标志着在中国企业社会责任已纳入法制化轨道，首个“中国制造”的行业性企业社会责任守则——CSC9000T，标志着企业社会责任在中国发展的本土化趋势。

近年来越来越多的学者关注和研究企业社会责任的概念、性质、历史沿革、发展趋势和实施途径，较学术性的研究集中于以下四个方面：

（1）企业社会责任和公司行为守则的经济效益研究。研究关注企业社会责任对于公司利润最大化的直接和长远影响，这些研究多数来自工商管理学界。工商管理学者的关注重点在于企业社会责任和公司行为守则的经济效益，他们认为企业社会责任对于企业的长期利润最大化具有积极作用，具备良好企业社会责任体系的公司将获得多种竞争优势：品牌声誉和形象的提升；客户关系的改善；员工归属感和工作积极性的增强；政府和社区关系的改善；危机管理能力的提高等（Lantos，2002；Siltaoja, 2006）。

（2）企业社会责任和公司行为守则与劳工标准。研究关注企业社会责任的实施是否能够有效地提高劳工标准。一种观点认为企业社会责任的实施可有限度地提高劳工标准，它提供了劳工保护的资源，使劳工权益受到“超经济”侵害的现象得到一定程度的遏止，但其实际改善是逐步的、长时段的（冯同庆，2006；谭深、刘开明主编，2003）。另一种观点认为企业社会责任并未改善劳工的生活，如艾伦·弗里德曼认为，企业社会责任是跨国公司以自我管制做幌子逃避政府管制的一种尝试。当企业社会责任焦点放在工人的经济、健康／安全需要等方面时，却逃避了产业劳动关系的核心问题，即工人有自我组织、通过工会表达他们的合理需求，有尊严地参与经济活动并获得法律保护的权利（转引自邓瑾，2007）。

（3）企业社会责任和公司行为守则与劳动关系。研究关注企业社会责任对于劳动关系所产生的影响。潘毅等研究者指出，跨国资本对中国工厂生产体制的塑造过程中存在着“利益”与“道德”之间的悖论：在“利益”层面倾向于使其生产体制具有“失序专制主义”的特点，在道德层面上迫于各种压力而需对其生产体制进行严格监控，中国的劳动关系和工厂体制是这一基本悖论建构的产物：跨国资本实际上最多不过导致了一种没有忽略劳动权利的家长式管理体制的出现。宿舍劳动体制是随着全球化生产的去地域化而在现代中国出现的一种新型的劳动管理方式，同时也是劳动团结与抗争以及新型劳动关系出现的平台（潘毅，2005a）。

（4）企业社会责任和公司行为守则与工人组织与运动。研究关注企业社会责任对于工人组织与劳工运动会产生的影响。余晓敏等曾将企业社会责任和公司行为守则看做是国家干预和以工会为代表机制的传统劳工运动之外维护劳工权益的第三种方式（余晓敏，2006）。但在对企业社会责任实施企业的经验研究后发现：面对全球化背景下“强资本、弱劳工”的现实，企业社会责任对于提高工人工资和保障工人自由结社和集体谈判的权利无能为力，对于改造工厂层面的劳动关系以及促进劳工运动的复兴也作用甚微（余晓敏，2006, 2007，Prieto-Carrón，2004；Rodriguez-Garavito，2005；Ross, 2006）。只有将企业社会责任和公司行为守则嵌入一种与国家干预和传统劳工运动互补而非替代的关系当中，才有可能最大限度的提高劳工标准、维护劳工权利、推动劳工运动的发展。

上述研究为我们认识、分析企业社会责任的社会影响提供了很好的视角和基础，但已有研究描述性研究偏多，解释性的研究欠缺；结构性分析偏多，行动者态度、认同、行为研究欠缺；侧重单个方面的研究较多，考虑多重层面因素的研究欠缺；将企业社会责任作为一种制度的社会影响研究偏多，企业社会责任制度化过程的研究欠缺。

本研究以社会学多元主体社会互动理论为基础，以跨国 - 国家 - 地方 - 个体行动者四个互为关联的多层面分析框架为指导，对纺织服装行业的企业社会责任制度化过程及其对于劳动关系的形塑进行分析，核心关注的是：(1) 企业管理人员的社会责任认知与行动实践。企业社会责任的制度化是跨国 - 国家 - 地方 - 个体行动者相互作用的结果，行动者对制度的认知（主要是制度合法性认知）成为制度化实践的重要前提，本书将从定性和定量两个方面对管理人员的社会责任认知与行动实践进行分析；(2) 企业社会责任制度化过程中的劳动关系。企业社会责任实践的客观现状和行动者对其的主观评价形塑着劳动关系的形态与走向，因此本书将考察企业社会责任的制度安排和实践、制度认知和评价与组织信任、劳资冲突间的关系；(3) 制度、结构、行动主体与社会责任制度化的现实困惑。这些困惑主要有：农民工为什么不愿意签订劳动合同？超时劳动为什么屡禁不止？工会能够在多大程度上维护农民工的权益？制度、结构形塑下的农民工权益认知与行动空间是什么关系？研究的总体框架如下：

图1.1　本研究总体框架

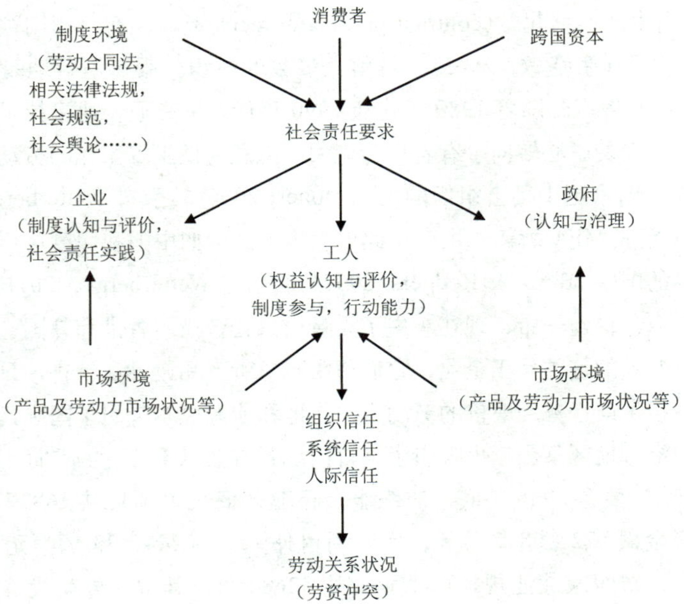

二、为什么选择纺织服装业？

选择纺织服装行业的企业进行调查，主要是考虑到：这些企业既能反映当下国内劳动密集型的生产方式，又能体现出在经济全球化背景下，本土企业与当地政府以及跨国公司的复杂互动关系。

首先，纺织服装业作为一个典型的劳动密集型产业，是中国传统的优势产业和重要的民生产业。2010年，中国纺织服装工业规模以上企业总产值达到47650亿元，同比增长12.7%，占全部规模以上工业总产值的6.7%；从服装产量看，2010年为285.23亿件，比2002年增加197.51亿件；从就业看，2010年规模以上纺织服装企业平均就业人员1094.32万人，占规模以上工业企业平均就业人员的11.5%（国家统计局，2011）。

其次，纺织服装业也是中国制造业中国际化程度最高的行业之一，是与国际零售商和广大国际消费者联系最为紧密的产业。1964年，"耐克"公司成立后，其创始人费尔·耐特开始了一项全面的公司管理改革，即"耐克"总部只负责产品的设计和销售，而生产环节则放在工资相对低廉的国家或地区。1960年代，"耐克"产品大多在日本生产；1980年代其生产线迁至台湾和韩国；1990年代以来，其生产线又转移到中国和越南、印尼等地。以"耐克"为代表的这种生产模式迅速席卷全球，它被称为"合同生产网络化"（contract production network），在台湾则被称为"国际代工"（余晓敏，2003）。目前大多数的纺织、服装消费地是欧洲与北美，但其生产却随着1980年代和1990年代以来交通、通讯技术的快速发展，从消费中心转向了有着更为庞大、愿意为低工资工作的劳动力和相比于北方国家更少工会组织的国家 (Jones, 2006, 转引自 Wetterberg，2011)。2004年底MFA解体，生产从此更为集中到诸如中国和印度这样低劳动力成本的国家 (Berik & Rodgers, 2007，转引自 Wetterberg,，2011)。在中国的广东、福建一带，现在集中了大量由来自台湾、香港和韩国、日本的投资者开办的这类代工企业，它们通常不负责产品设计和销售，只为海外品牌承担生产任务。廉价的劳动力、土地和能源成本吸引了国际代工企业到中国沿海地区落户，也吸引了来自内地各省数以千万计的"打工仔"、"打工妹"。截至2006年底，纺织服装行业外商投资项目共16877个，合同外资金额422．08亿美元，实际利用外资金额244．33亿美元。到2007年底，纺织服装业规模以上企业达42684家，其中，外商投资企业（含港澳台）达 11637 家，占 27．26%。目前，纺织服装业是在我国对外开放和市场配置资源条件下发展最快的行业之一。2007 年纺织服装业出口为 1756．16 亿美元，占全国出口的 14．42%；贸易顺差 1568．79 亿美元，占全国贸易顺差的 60%；一般贸易出口比重为 72．41%，远远高出全国一般贸易比重（44．22%）。通过承接全球纺织服装产业的国际转移，中国已经成为世界上最大的纺织服装的生产国和贸易国，2007 年中国纺织服装出口总额约占全球的 29．34%，居世界第一位（李晓钟，2009），而 2010 年中国的纺织服装出口额为 2065.4 亿美元，占全球市场的比例也达到了 32.71%，（中国纺织业服装出口占全球市场三成多 http://www.smehen.gov.cn/ArtPaper/Show.aspx?id=1297947）。另据统计，2010 年 1-11 月中国对美纺织品出口额在美国从全球纺织进口总额中占 41.43%，比 2005 年提高 16.31 个百分点（中国纺织工业协会，2010：7）。

第三，纺织服装企业无疑也时刻处在企业社会责任浪潮中的风口浪尖上。生产外包的发展典型地体现了这一产业因消费者口味的变化、时间性与低边际利润为特征的高度竞争性 (Jones, 2006，转引自 Wetterberg，2011)。企业不断地通过削减工资以降低成本，以能够有更为价廉的服装卖给北方国家的消费者。由于跨国公司不断地寻求最低成本的生产商和供应商，而以廉价劳动力作为比较优势的发展中国家就不得不陷入一场“逐底竞争”或“倒退竞争”（race to bottom）中。萨梯（Sethi）对 1994-2002 年期间以英语发表的关于全球工厂“血汗”与“人权”方面的新闻进行了全面的研究，发现运动鞋、服装、零售和玩具制造四大行业在劳工和人权纪录方面最为臭名昭著，超过 50% 的负面新闻与这些行业相关 (Sethi,2003:28)。20 世纪 90 年代初，当美国服装制造商 Levi- Strauss 公司在没有人性的工作条件下滥用年轻女工而被社会曝光后，引起了公众的极大反响，随后逐渐形成了声势浩大的企业社会责任运动。十几年过去，一些著名品牌公司都建立了自己的公司守则。始于瑞士的清洁成衣运动通过了“成衣业公平贸易约章”（the Fair Trade Charter for Garments ），并在“成衣业（包括运动服）生产行为守则”（Code of Labor Practices for the Apparel Industry Include Sportswear）中规定了以 ILO（国际劳工组织）核心标准为基础的劳工权利。1998 年该组织在布鲁塞尔成立了“洁净衣服国际法庭”（The International Forum On Clean Clothes），来自世界各地的证人在此向国际专家陪审团揭露服装业所涉及的劳工权利问题，由国际法、劳动法、人权及女权方面的专家组成的陪审团听取证言后，提出如何改善状况的建议，指导企业和工人维护劳工权益（陈奕齐，1999）。社会责任国际标准于1997年10月公开发布，后经过18个月的公开咨询和深入研究，社会责任国际（SAI）正式发表了SA8000标准第一个修订版，即：SA8000：2001。SA8000作为社会责任方面的一个认证体系，不仅明确了社会责任规范，而且也提出了相应的管理体系要求。将社会责任和管理相结合，在一定程度上可以规范组织尤其是企业的道德行为，有助于改善劳动条件，保障劳工权益。根据SA8000标准2001版本的主要内容，SA8000规定，当国家和其它适用的法律、公司签署的规章与本标准所规范的议题相同时，应采用其中最严格的条款。SA8000的主要内容包括童工、强迫劳动、安全卫生、结社自由和集体谈判权、歧视、惩罚性措施、工作时间、工资报酬及管理体系等9个部分。SA8000标准作为企业社会责任运动的发展，其根本出发点在于通过保护劳工权益来解决社会问题（谭深，刘开明，2003：13)。有学者对世界上258个企业社会责任守则的分析发现，目前针对纺织、服装和鞋业的守则最多，共有62个（Urminsky，1998）。

在中国，纺织服装行业也同样有着大量的负面新闻。虽然纺织服装业的产值、就业和外贸在国民经济和世界市场上占有很重要的位置，但却被锁定在全球价值链低端，在利润链中只能赚取低廉的加工费。据调查：2002年中国制造业每小时的平均报酬仅为0.57美元，即便最近几年有所增加，也只是美国同期每小时报酬21.40美元的6%。根据耐克鞋成本与利润流程的报道，各级供应商扣除了员工工资、厂房成本以外的每双耐克鞋的利润大约是2.7美元，而控制着品牌、设计和市场销售的耐克公司的利润部分大约在15美元左右（余晓敏，2003）。2005--2006年中国棉制针织或钩编T恤（HS610910）的出口单价分别为1.53美元和1．82美元，而印度的同类产品为3.98美元和3.07美元，意大利则为9.55美元和9.34美元。2007年，我国各类服装的平均出口单价仅为3.24美元（李晓钟，2009)。为了吸引外资，包括像中国这样的发展中国家不得不竞相压低最低工资和劳保福利等，并且向外商承诺所谓的“安全投资环境”，把削减劳工权益的“倒退式竞争”当作优势，结果在出口加工区催生了许多“血汗工厂”。20世纪90年代，中国的劳工问题日益突出，在南方地区的出口加工企业相继发生了数起严重侵害职工权益的恶性事件，被国际社会所关注。纺织服装行业的工人的工资水平低、劳动强度大、外来工比例高、劳工权益侵害问题突出，因此针对权益侵害与员工保护的社会责任运动也最为活跃。包括锐步、耐克、迪斯尼、沃尔玛等公司在内的国际公司，相继在90年代开始旨在对于公司的中国供应商和分包商实施以劳工标准检查为内容的社会责任运动，一些公司还在中国公司内设立相关的社会责任部门，并委托有关公证机构，作为审核机构对于中国的供应商和分包商的企业劳工标准执行状况进行监督审核。进入2005年，企业社会责任理念在中国迅速传播，中国中央政府和地方各级政府也越来越重视企业社会责任建设。这期间中国企业社会责任领域内的第一个规范化的组织机构和法规正式诞生，即2005年5月底由中国纺织工业协会推出的“中国纺织企业社会责任管理体系CSC9000T”，这是我国首个有关企业社会责任的行业自律管理体系，可以说是对符合中国国情的企业社会责任行为准则的一次尝试和探索。这一管理体系经过了十个多月的前期调研、起草、论证，才得以推出，2006年3月进入推广实施阶段。CSC9000T的推行旨在：切实维护企业员工的合法权益，增强员工的积极性和工作效率；帮助企业改善管理水平，尤其是企业社会责任管理、职业健康与安全管理和人力资源管理，提高企业核心竞争力；引导中国纺织业可持续发展，提升中国纺织业在国际上的形象，使中国纺织业更好地融入国际供应链。与此同时，SA8000的认证也在中国一些纺织服装企业推进。2003年8月，中国通过SA8000认证的企业有40多家，其中有30多家在珠三角地区。截至2011年3月底，全球有涉及65个行业的2500多家企业通过了SA8000认证，覆盖工人约140万人，其中中国通过SA8000认证的企业为258家，纺织服装业通过SA8000的企业大多分布在珠三角和长三角地区[1]。

三、研究意义

研究的理论意义在于：第一，通过深入的分析与研究，从理论上对企业社会责任的研究有所突破。第二，通过企业社会责任制度化过程及其对

[1]　该数字为社会责任国际（SAI）中国项目经理刘剑在2011年6月28日北京召开的“社会责任体系融合与中国企业社会责任的发展”作“国际社会责任标准的本土化：SA8000的经验”发言时提供。

劳动过程、劳动关系影响、行动者认同与行为策略的分析，使我们可以在实地观察和亲自参与的基础上，总结中国由计划经济向市场经济体制过渡的经验教训，并通过实证分析去进行社会学理论的创新，推进中国社会学与国际的接轨与对话。

研究的实践意义在于：在中国成为“世界加工厂”和农民工成为产业工人主体的同时，企业劳动关系中的冲突性因素增强。如何很好地落实企业社会责任，关系到劳动者权益的保护，关系到我国企业如何应对企业社会责任运动，也关系到我国和谐社会的建设。

四、资料获得

本书写作主要依据了两类资料：经验调查资料与文献资料。

（一）经验调查资料

经验调查资料主要由两部分构成：

1、各类人员的访谈资料

经过自2008年下半年到2009年5月大约半年左右时间的收集资料和讨论，在2009年5月份完成了“工人工作与生活状况调查问卷”、“企业经营管理人员企业社会责任的认知与行为调查问卷”、“工人访谈提纲”、“企业社会责任研究：个案企业访谈大纲”，并在6月16日进行了课题开题会，参加开题会的有北京大学社会科学部部长程郁缀教授，北京大学中国社会发展研究中心主任邱泽奇教授，以及在相关领域有影响的学者（刘世定、戴建中、佟新、潘毅、朱晓阳、余晓敏）和课题组其他成员。在听取专家建议及修改访谈大纲和问卷的基础上，开始实施正式调查。主要访谈的对象为企业管理人员与工人，共完成各类管理人员访谈33个，各类工人访谈105个，获得录音整理文字资料约136万字，详细情况见表1.1。

表1.1 完成各类个案访谈基本情况

	新野	泉州	浙江宁波、绍兴、余杭	深圳	上海	合计
管理人员（个）	5	10	7	0	11	33
工人（个）	42	0	22	25	16	105
整理资料字数（万字）	32左右	16左右	32左右	20左右	36左右	136

企业管理人员的访谈内容涉及企业的基本情况、企业社会责任实施情况、企业管理方式、薪酬与激励、工人参与和企业管理。围绕企业社会责任的实施，核心询问的问题是：

（1）在什么样的背景条件下开始实施企业社会责任 / 公司守则等？实施时间？

（2）企业理解的社会责任是什么？企业社会责任的内容主要涉及哪些方面？

（3）在制度机构设置上，有没有增加相应的机构？有哪些？

（4）为实施企业社会责任，在企业层面的制度设计上，是如何将企业以往的制度实践与之相容的？

（5）档案文件系统；企业投入人力物力和财力来制定培训制度、薪金制度、工作时间、劳动合同以及无歧视雇佣等等的相关条例和操作程序。

（6）在执行或者落实企业社会责任的相应条款上，企业是否存在困难，如果有困难的话，这些困难来自哪里？

（7）市场化目标与伦理责任道义上的要求的矛盾性如何在企业得以调和？

（8）实行企业社会责任条款有什么样的成本？这些成本由谁分摊了吗？如果提高了成本，企业的盈利能力是否有下降？如果没有下降，又是采取了什么样的措施才得以避免的？如何加强内部管理、降低生产成本、从而提高生产效率？

（9）实施机制——内部监督怎么样？

（10）企业社会责任在实施过程中有什么样的机构或者外部监督吗？怎么检查？

（11）如何看待企业社会责任与规则实施？有什么样的好处？

（12）觉得企业在社会责任的实施方面，现在哪些方面做得比较成功 / 好？

工人访谈的主要内容涉及其基本情况、家庭或亲属网络关系、外出方式与原因、企业社会责任与员工工作状况、利益表达、身份认同、生活状况与社会交往。围绕企业社会责任的实施与员工工作状况，核心关注的是劳动合同、劳动安全与健康、劳动时间、休息与闲暇、工资计算与发放、加班工资、与企业管理人员的关系、劳动纪律、培训与学习、参保情况、医疗保障与生病处理、失业经历与保障、企业社会责任实施与感知等。

2、问卷调查资料

“工人工作与生活状况调查问卷”侧重企业社会责任的实施与劳动立法应用、劳动权益认知和身份认同、劳动关系信任状况以及工人的行动取向。“企业经营管理人员企业社会责任的认知与行为调查问卷”侧重企业社会责任认知、制度化建设及其策略。按照课题立项时的设计，员工问卷的样本规模为1000人，计划调查25个企业，在被调查的每个企业中选择40名左右员工进行问卷调查，企业管理人员问卷的规模为200人左右，选择被调查企业的中高层管理人员进行问卷调查。

员工问卷调查自2009年6月开始启动，一直到2009年11月结束。课题组首先选择了具有代表性的城市，然后根据企业所有制、规模选择需调查的企业，课题组先后奔赴新野、泉州、宁波、绍兴、余杭、深圳、北京、上海等8个城市，对这些城市中的24个纺织、服装企业的1051名工人进行了问卷调查。在上海、泉州、宁波、新野、余杭进行问卷调查时，课题组得到了企业管理人员的协助，但有效问卷是在管理人员完全不在场并由课题组调查人员面访当场填写完成的。在宁波的一个企业进行调查时，有30份问卷通过管理人员协助发放并完成填写，但在问卷录入的时候发现作假痕迹而被全部废弃。北京、深圳、绍兴三地的企业以及调查对象，则完全由课题组成员通过艰苦的努力寻找并面访完成。最终员工问卷的有效样本为1021人。员工样本基本情况见表1.2。

表1.2　员工问卷样本分布基本情况

企业代码	企业规模	样本规模（人）	样本性别构成(男：女)	所在城市
Hn1	3000以上	50	17：33	新野
Hn2	1000-2000	41	15：26	新野
Bj1	1000-2000	54	20：34	北京
Bj2	2000-3000	57	17：40	北京
Bj3	1000-2000	51	24：27	北京
Bj4	2000-3000	48	13：35	北京
Q1	3000以上	39	27：12	泉州
Q2	500-800	39	9：30	泉州
Q3	1000-2000	37	14:23	泉州

Q4	2000-3000	37	19:18	泉州
Q5	3000以上	37	17:20	泉州
Sh1	100人左右	20	14:6	上海
Sh2	100-200	11	3:8	上海
Sh3	400-500	32	16：16	上海
Sh4	100-200	64	10：54	上海
Sh5	100-200	22	4：18	上海
Sz1	100-200	40	21：19	深圳
Sz2	400-500	63	28：35	深圳
Sz3	300-400	46	24:22	深圳
Nb1	1000-2000	29	14:15	宁波
Nb2	2000-3000	40	13：27	宁波
Sx1	500-800	35	21：14	绍兴
Sx2	800-1000	74	32：42	绍兴
Yh	300-400	55	22：33	余杭

说明：根据学术研究规范，对调查企业进行匿名化处理，故以相应代码表示。

企业经营管理人员企业社会责任的认知与行为调查问卷于 2009 年 7 月启动，在福建泉州的 30 个企业完成 121 份，在浙江宁波的 3 个企业完成 36 份，通过朋友在北京大学光华管理学院的 EMBA 班上对 72 名企业管理人员学员进行了企业社会责任问卷调查，在江苏，通过学生家长的协助，调查了 63 个企业管理人员。最终共完成各类企业管理人员有效问卷 280 份。样本基本情况见表 1.3。

表1.3　企业管理人员样本基本情况

企业所有制	频次（人）	在企业中职务	频次（人）
国有或国有控股企业	32	董事会成员	9
城乡集体企业	10	总经理	14
欧美外资或合资	25	副总经理	28
港澳台资或合资	37	部门经理	147
其他外资或合资	13	其他管理人员	82
私营企业	163		
性别	**频次（人）**	**所在城市**	**频次（人）**

男	174	北京	72
女	106	江苏	62
		泉州	115
		浙江宁波	31

（二）文献资料

本课题研究广泛阅读了有关企业社会责任制度化及其影响的相关理论与文献，分析以往的理论与方法是如何对企业社会责任进行界定、分析的。文献资料包括中英文书籍、中英文期刊文章以及网络数据库资料。

（三）资料局限和不足

1、缺乏深度的以企业为对象的调研

目前调查所获得的资料，工人问卷、工人访谈、管理人员访谈的质量都较好，但是这些资料的覆盖虽然广，但是在深度上还是不够。课题研究尤其需要的是以企业为个案的深入的参与式调查资料，最好能够有针对性的找到三类企业的代表：跨国公司、国有企业、民营企业各一个，然后在一个企业中能够进行时间超过一个月的深入调研，详细了解企业社会责任制度化的过程及相关问题。由于找到能够接纳此类调查的企业非常难找，所以，到撰写本书之时，此项工作还没未展开，不可不谓是一个很大的缺陷。

2、工人问卷样本选样缺乏随机性

课题组在上海等 8 个城市进行了工人问卷调查，问卷的有效样本为 1021 人，其中有 30% 左右的问卷调查对象是由企业管理人员协助寻访的，另外 70% 的调查对象虽然由课题组调研人员选择，但也不是随机选样的结果。问卷调查最大的优点在于通过随机选择样本，进而由样本推论总体，因此，本课题研究使用的工人样本因非随机性而在代表性上有所欠缺。

3、企业管理人员关于企业社会责任的问卷调查质量不够理想，难以进行高质量的分析

企业管理人员的问卷调查采取了自填的方式，问卷回收后发现一些管理人员在填写相关项目方面有明显的不按要求填写现象。另外，部分管理人员防范心理很重，问卷中一些必要的关于企业的信息没有填写完全，这些都对展开高质量的分析造成极大困难。

4、一半左右的农民工个案访谈不够深入

主要是因为农民工劳动时间长，很少有自己的休息时间，所以访谈时间往往得不到有效的保障。而部分通过企业寻找的工人，又因为管理者给的时间过少而无法进行深入的询问。

五、研究方法

一是采用比较研究方法。首先是选择了生产方式相近的特定行业——纺织服装企业作为主要的调研对象，然后选择不同所有制类型的企业，对同一行业下企业社会责任制度化过程及其社会影响进行分析。

二是采用深度个案访谈法进行质性研究。以企业为个案，了解 CSR 的制度化过程；然后对企业中管理人员、工会干部和劳工进行深度访谈，并在获得丰富深入的资料基础上分析 CSR 制度化的社会影响。

三是采用量化研究方法。在克服各种困难的情况下，对实施不同类型企业社会责任的纺织服装企业的劳动者进行问卷调查，了解劳动者对企业社会责任实施过程及其影响的认知以及基于这种认知基础上的行动方式。通过问卷调查对企业社会责任实施情况下劳动关系状况及其变化趋向进行评估。对不同行业、所有制、规模、效率类型企业的管理人员进行问卷调查，了解管理人员对于企业社会责任的认知及其行动取向。

四是文献研究方法。除了采用深度个案访谈和参与观察收集工作场所层面的资料外，也同时采用网络、数据库、媒体、公司档案等资料进行分析。

本书内容主要分为三个部分：

第一部分为企业社会责任认知与行动实践，主要从定性与定量两个方面进行了分析。定性研究发现，本土的企业经营管理者对于企业社会责任的认知理解，体现出了迎合政府与社会的取向，并且对于不同类型的社会责任的认同程度，尤其受到了地方政府的影响。而在企业社会责任的行动实践中，跨国公司，地方政府以及普通劳工等不同利益相关者，对于企业行为却有着截然不同的影响。企业社会责任的制度化实践，一方面反映了不同利益相关者之间的行动能力以及互动关系，另一方面也正在对这种互动关系产生结构化的影响。定量研究发现，本土管理人员的社会责任认知偏向于经济责任，游走在效率与合法性之间。从管理人员的视角看，企业履行社会责任的主要动力机制基于三种逻辑：效率逻辑、合法性逻辑、效率和合法性并重逻辑。从对企业员工责任、法律责任和公益责任的多因素对数线性回归分析看，当下被调查企业社会责任的实施，更大的程度上是取决于人的因素而不是企业客观特性和制度化建制的约束。企业社会责任的推行与制度化，制度建设至关重要，而在建设这种制度的同时，对于有影响力的管理人员的价值观的塑造更为重要。

第二部分为企业社会责任制度化过程中的劳动关系研究。我们从制度安排和实践、制度认知和评价两个方面对企业社会责任遵循的 7 个主要方面进行考察，发现被调查企业超时劳动、违规加班现象普遍存在、工资水平低下，员工劳动付出与回报不相称、社会保险参与水平偏低、职业健康和安全培训不足，劳动保护管理有待提高、员工参与工会组织的比例偏低，且工会在工人权益维护上的职能未有真正发挥。研究认为，企业社会责任制度安排与实践、制度认知与评价必然会影响到员工对组织的信任、对管理者的信任。调查显示，目前员工的组织系统信任水平和员工 - 管理者信任水平都不高，只是处于中间状态。是什么影响了员工的组织信任水平呢？基于制度视角的分析表明：(1) 制度安排与制度参与的良好结合，才能影响员工的组织系统信任度和员工 - 管理者信任度。(2) 制度认知与评价，则反映了员工制度参与后的实际感受，这种感受直接影响到员工的组织系统信任度和员工 - 管理者信任度。(3) 以往的相关研究，比较重视“制度安排”对信任的影响，本研究在加入“制度参与”的基础之上，第一次引入“组织制度的认知与评价”，认为其能够反映组织中个体在制度参与后的真实感受，这一真实感受能够直接影响到个体对于组织的总体信任，也影响到员工对于管理者的信任。(4) 社会人口学特性与企业特性控制变量也在某种程度上影响到了组织信任。(5) 企业社会责任、组织信任与劳资冲突之间的关系，是以往研究一直非常欠缺的领域。本研究对上述三者之间的关系进行了初步探讨，研究发现企业关于社会责任的制度安排越是完善，越是能够切实遵行，员工参与社会责任制度的程度越广，则组织系统信任和组织人际信任水平越高，劳资冲突越少，劳动关系越是和谐。员工越是对于所属企业组织的相关社会责任制度有较好的认知与评价，则其对所属企业的组织系统信任和人际信任越高，劳资冲突越少，劳动关系越是和谐。

第三部分为制度、结构、行动主体与社会责任制度化的现实困惑。无论是从推行企业社会责任的宗旨看还是国家劳动立法的目标看，工人权益的保护始终是最为重要的追求目标，为什么有些工人在可以或能够签订劳动合同的情况下，还是不愿意签订劳动合同？企业社会责任的相应条款和国家的劳动法都对超时劳动时间进行了严格的限定，为什么超时劳动还是屡禁不止？工会和工人都是企业社会责任制度化过程中非常重要的行动者，理应发挥重要的作用，现实中的工会在工人权益的维护上为什么作用有限？工人自身权益维护能动性又受到什么样的制度和结构条件约束？针对这些困惑和问题，我们从四个方面展开了讨论。

（1）从制度视角出发，我们探讨了“农民工为什么不愿意签订劳动合同”问题。研究将农民工劳动合同签订行为的制度性障碍分为制度缺陷、制度偏好、制度曲行与制度失信四个方面，通过对深圳地区服装业农民工的分析发现：制度性障碍是影响农民工劳动合同拒签行为的重要因素。其中，制度缺陷使农民工失去制度的保障，在“制度空白地带”工作和生活；制度偏好剥夺了农民工依靠制度保护自身权益的最后希望；制度曲行使农民工对企业、地方政府的不信任转移到国家制度；制度失信让农民工对制度、法律法规失去了信心。在制度性障碍的交互作用下，农民工对国家制度，尤其是劳动合同失去了信心和信任，从而导致农民工不愿意签订劳动合同的行为。

（2）超时劳动为什么屡禁不止？改革转型后的中国劳动领域在市场竞争与经济全球化的影响下，超时劳动问题日益凸显。研究通过对国内纺织服装企业的调查，概括描述了超时劳动时间的程度，并分析了行业内部所有制类型、规模大小以及承接国外订单情况对企业超时加班的影响。在现状描述的基础上，研究通过“本土企业—地方政府—劳工—跨国资本”的分析框架，详细考察了不同行动主体在超时劳动问题上的微观互动机制，并指出，超时劳动何以屡禁不止是因为：地方政府与企业的合谋与摩擦，普通工人与企业之间的强制与同意，跨国资本对本土企业的社会责任要求与逐利要求等若干机制共同塑造了超时劳动问题的现状。在上述微观互动机制中，对超时劳动问题进行抑制的机制作用虽然十分有限，但这些机制的出现却寓示了改善劳工权益的可能途径。

（3）工会能够在多大程度上维护农民工的权益？在企业社会责任的制度化实践上，工会理应发挥其应有的作用，确实我们的经验研究也发现工人是否参与工会、工作的企业是否有工会与其劳动权益的诸多方面存在显著相关。在控制企业特性、人力资本和社会环境诸要素之后，工会对于以工资水平为代表的劳动权益有正面的影响，在不考虑社会环境要素的情况下，在有工会企业工作、参与工会的工人的工作时间明显较少。社会环境是影响农民工权益最为重要的因素，其次是人力资本要素，工会对农民工劳动权益的维护并非如一些人攻击的那样一无所用，但其作用依然非常有限。

（4）制度、结构形塑下的农民工权益认知与行动空间是什么样的关系？我们以上海服装企业的访谈资料为基础，分析了最近几年上海市制度（特别是新劳动合同法起草至实施以来）和结构（服装业劳动力市场结构）方面的变化对农民工行动的影响。研究发现：形塑农民工行动选择的制度环境和结构环境发生了一些有意义的转变，日益规范化的最低工资制度、外来从业人员综合保险制度、新劳动合同法及其实施、农民工联席会议制度等，赋予了农民工行动的制度力量；2003年以来劳动力市场供求势态的变化，使得服装行业中技术工人、熟练工人出现了供给相对小、需求相对旺盛的局面，从而使农民工在劳动力市场上处于一个相对非弱势位置而获得了结构性力量。制度和结构的相互作用形塑了农民工的行动能力，其维权意识的提升以及行动自主性的增强，使得企业中泰罗式非人性化管理难以为继，也使得我们看到了社会责任的制度化践行前景和工人劳动权益改善的曙光。

第一部分　社会责任认知与行动实践

第二章
企业社会责任的认知理解与行动实践：质性研究

一、如何理解企业社会责任——从企业社会责任研究中的争论与困惑谈起

（一）西方企业社会责任的由来与争论

19世纪末20世纪初，第一次企业并购浪潮出现，由此引起了大型公司的数量急剧膨胀，资本主义的竞争形式开始进入垄断阶段。大型公司所形成的两权分离特征、代理阶层控制现象，及其不断增强的影响力，唤起了人们对经济组织和经济制度层面的道德和责任的思考（殷格非等，2008）。有关企业社会责任问题最初的讨论，除了常见的经济学与管理学视角之外，社会学也给予了极大的关注。在1895年美国社会学杂志（AJS）的创刊号上，刊登了美国社会学家斯莫尔的呼吁："不仅仅是政府公共机构，私人企业也担负着公众期望"（转引自黎友焕，2010）。斯莫尔（Small, Albion Woodbury）的这一看法既代表了当时学界开始涌现出来的共识，也标志着有关企业社会责任观念的萌芽。此后谢尔顿（Sheldon, Oliver）、鲍恩（Bowen, H. R）等人提出并界定了企业社会责任的概念，逐步开创了企业社会责任研究的学术领域（Carroll, 1999）。

西方学界对企业社会责任的讨论最初是存在着争论的。争论首先来源于企业为什么要履行社会责任行为？伯利（Berle, Adolf A.）、多德（Dodd, E. Merrick）以及曼恩（Manne, Henry G.）等人针对：为股东创造利润是否为企业组织的唯一目标，企业承担社会责任是否有必要等问题进行了针锋相对的争辩与论述（殷格非等，2008）。弗里德曼（Friedman, Milton）也从自由主义经济学的视角批判了企业社会责任的观点，他认为讨论"责任"问题，首先其主体是指向"个体"的，而企业并不是真正意义上的"个体"（Friedman, 1970）。具体说来，在自由经济中，企业有且只有一种社会责任，即在法律和规章制度许可的范围之内，利用它的资源从事旨在于增加它的利润的活动，

即获利、缴税以及提供工作岗位（弗里德曼，2004）。经济学家和管理学家都首先信奉古典经济学对于企业必须追求利润最大化目标的重要结论，但随着对于“外部性”与“信息不对称”的发现，企业社会责任的概念逐渐找到了经济学理论的合法性来源（林毅夫，2007；茅于轼，2007）。

此后，西方学界逐渐达成共识，普遍认为企业社会责任不仅涵盖经济责任，同时也包含法律、伦理以及自发的慈善责任（卡罗尔、巴克霍尔茨，2004）。弗里德曼等原先反对企业社会责任的学者，也开始承认企业获取利润的前提是“遵守法律和相应的道德标准”(Freidman, 1989)。但对于企业社会责任的内涵、外延的准确定义，却仍然仁者见仁，智者见智。正如莫森（Monsen, 1971）所言：“人们更愿意去使用企业社会责任这样一个概念，却始终回避给出一个确切的定义”，这便构成了有关企业社会责任的第二次争论。卡罗尔（Carroll, Archie B.）指出由于我们所观察到的企业在规模、生产的产品类型、盈利能力、资源，以及对社会和利益相关者的影响等方面都有所不同，因而他们信奉、履行的社会责任之道也就不同（卡罗尔、巴克霍尔茨，2004）。而在目前的学术研究与讨论中，对于企业社会责任概念的理解与划分主要有如下三类：

（1）对企业社会责任内容的划分：卡罗尔提出了“金字塔模型”，他认为企业社会责任是一定时期对企业提出的经济、法律、道德和自行裁量的慈善期望。其中，经济责任是基础，占最大比例，法律的、伦理的以及自行裁量的慈善责任依次向上递减，呈金字塔结构（卡罗尔、巴克霍尔茨，2004）（见图 2.1）。对企业社会责任内容的划分更多地强调：静态地考察一个企业所履行的不同类型的社会责任在比重与重要程度上的排序。

图2.1 卡罗尔企业社会责任“金字塔”模型

（2）**对企业社会责任发展水平与阶段的划分**：这一分类方法主要以时间发展为线索，纵向地考察企业社会责任行为的发展历程。霍尔姆斯（Holmes, Sandra L.）对社会责任的研究区分了三个阶段：古典观点（classical view），管理观点（managerial view）以及公众观点（pubic view）。在古典观点中，企业社会责任仅仅限于追求利润最大化的目标；进入到20世纪50年代后，企业的社会责任进入管理观点，它被认为是对企业管理的一种要求，但仍然集中于生产领域；而在公众观点阶段，企业的社会责任则可以被视作为公众对企业的期望，企业社会责任行为逐步从企业内部走向企业外部，从生产领域迈向非生产领域（Holmes, 1976）。联合国工业发展组织（UNIDO）也有相类似的三阶段的划分（沈艳、姚洋，2010）（如表2.1所示），它主要根据企业社会责任行为内涵特点，对其发展过程中的不同阶段进行划分。

表2.1 不同时代的企业社会责任的内涵

项目	第一代（被动反应）	第二代（精心设计）	第三代（积极响应）
负责的对象	法律上的和传统的利益相关者	直接的利益相关者，短期影响	广义的利益相关者，长期影响
企业行为的商业因素	关注慈善活动，仅仅用以博得公众好感	整体商业策略，符合成本-收益原理，以求利用企业社会责任带来切实的收益	企业利益与社会利益的整合，把对社会公益的追逐是为企业固有目标的一部分
企业参与社会的程度	遵守法律责任	使企业行为对社会的损害最小化	有意识地创造社会价值
企业行为的影响程度	市场行为	市场重塑	政策影响

注：根据沈艳、姚洋，2010：《企业社会责任与市场竞争力：企业社会责任在提升中国私营部门竞争力以及可持续发展中的作用》，北京：外交出版社，第3-4页内容整理绘制

（3）**对企业社会责任行为动因的划分**：此外，也有学者从企业行为的动因入手，考察企业社会责任行为背后的逻辑原因。加利格与梅勒（Garriga and Melé, 2004）便曾以这样的理论框架，重新梳理并归纳了有关企业社会责任行为的不同理论类型及其主要观点和研究路径（如表 2.2 所示）：

表2.2 社会责任理论分类框架

理论类型	关注问题	分支路径
工具理论	通过社会活动达到企业经济目标	股东利益的最大化
		竞争优势策略
		事业关联营销
政治理论	企业权力在政治领域的运用	企业立宪主义
		整合社会冲突理论
		作为公民身份的企业
整合理论	对于社会需要的整合	问题管理
		公共责任
		利益相关者管理
		企业的社会表现
道德理论	促进社会公益的善事	利益相关者的规范理论
		普遍的权利
		可持续的发展
		共同利益

资料来源：Garriga and Melé, 2004

这种分类方法既不同于第（1）种分类理解方法在内容上的横向比较，也不同于第（2）种分类方法关注于纵向变迁，它并不关注企业社会责任行为最终外显的结果，而是追溯考察企业行为背后的原因与动机。

这里还需要指出的是，在早前讨论企业社会责任概念时，其中“社会”的概念与范围是含混不清的，这也一定程度上引起了对于“企业社会责任”这一概念的诟病。而在企业社会责任研究的发展过程中，利益相关者理论（stakeholder theory）的出现，回应了上述问题，使得企业社会责任研究出现了重大进展。该理论的出现，使得西方学界解决了不同类型的企业社会责任行为责任感来源的问题。

斯坦福研究所早期的研究者，提出“利益相关者（stakeholder）”的概念，是对“股东（shareholder）”的一个重要补充，最初的利益相关者用以指代对于企业生存具有重要影响的个人或群体。弗里曼（Freeman, R. E.）

进一步发展了这一概念，他将“那些因企业活动受益或受损，其权利也因企业活动而受到尊重或侵犯的团体或个人”界定为利益相关者，并以此回答了企业的经营活动应该对谁承担社会责任的问题，即企业社会责任管理的对象及相关责任。按照他的理论，利益相关者可以按责任对象划分为：股东、员工、消费者、客户、社区、政府等（弗里曼，2006）。弗里曼的定义虽然扩大了利益相关者的范围，但是仍然存在难以应用及量化的问题。进入20世纪90年代中期，对于利益相关者的界定进一步强调了：对企业专用性资产的投入、风险承担、以及享有企业相应的剩余索取权或剩余控制权等问题，这些讨论使得利益相关者的操作定义愈发清晰（任荣明、朱晓明，2009）。正如卡罗尔指出的一样，通过对利益相关者的界定与辨析，研究者可以为企业社会责任“指明方向”，针对每一个主要的利益群体就可以界定企业社会责任的具体内容（Carroll, 1991）。同时，利益相关者视角的介入使得对企业社会责任的内容、阶段以及动因的分类研究，与现实中的观察结合得更紧密了。一个世纪以来，西方有关企业社会责任的研究，在一次次地争论之中，从最初的思想萌芽逐步演化出：愈发精致的理论概念以及更为复杂的分析框架。而中国本土的企业社会责任研究则仅仅在最近的二、三十年中，获得实质性的发展。

（二）中国企业社会责任的起步与发展

提到中国企业社会责任的起步，在计划经济与单位制时代中，国有企业承担“企业办社会”的模式是不得不提的一个重要阶段。所谓“企业办社会”模式，就是指国有企业建立和设置了一些与企业经营生产没有直接联系的机构和设施，从而为职工提供了一整套日常工作生活中的福利保障。尽管“企业办社会”模式与企业社会责任存在着诸多相似，但它并不能视作企业社会责任理念在中国真正的起点。殷格非指出：在“企业办社会”模式下，企业并没有自主经营权，而更像一个国家的行政单位，承担着国家工业化战略中的政策性负担，是整个计划经济时代企业与政府职能错位的体现。因此，企业社会责任与“企业办社会”有着本质上的区别。前者提出的目标旨在纠正企业成本的社会化，而后者则是社会成本企业化，使得企业背上了不必要的负担（殷格非等，2008）。

随着改革开放的进行与单位制的逐步瓦解，国企改革使得“企业办社会”的模式迅速转变为“卸包袱”，国企纷纷剥离了给企业造成沉重财务负担的各类社会福利保障职能。同时，不同产权类型的企业开始出现了以市场为导向的经营竞争，在自由主义思潮的影响下，人们对于企业效益优先的经营目标也愈发地肯定。在这一时期，无论是改革后的国企，还是刚刚兴起的私营企业，基本都没有履行社会责任的观念。

在发达国家中，公众的自发认识与企业发展的内在要求成为企业社会责任发展的原初动力，而在国内外部力量的推动则起着更重要的作用。进入到90年代之后，在经济全球化的浪潮下，越来越多的跨国公司开始对国内的供应商展开针对劳工待遇、工作环境、产品质量等各个环节的审核，这成为企业社会责任最初进入我国的主要途径。随后，对于环境保护、劳工权益以及消费者权益等方面的问题得到越来越多的重视，各级政府成为推动与监督企业社会责任的主要力量。在此外部环境下，国内企业开始接触企业社会责任的概念，企业社会责任研究开始备受关注。

但正如国外企业社会责任的研究存在着诸多分歧一样，国内有关企业社会责任的讨论也同样存在着一些争论。这些争论既来自于关于这一概念西方学界固有的分歧，同时更有中国实践过程中的个性化问题。因此，国内有关企业社会责任的研究也正在受到经济学、管理学以及法学等学科越来越多的关注。上述学科视角的分析侧重于强调：企业社会责任如何影响企业经济效益，企业的战略管理的制定以及对企业经营行为与劳工权益立法的研究等。虽然这些研究不乏对于企业社会责任本土化概念认知与实践特点的描述，但对企业社会责任制度化的逻辑与后果的集中讨论，却是比较缺乏的，而正是社会学视角的所长。

现有研究的另一个局限在于对于企业社会责任实践的考察。虽然中国企业社会责任的实践受到大家广泛的关注，但有效识别企业社会责任的实践，却非易事。一般认为，如果一个企业把企业社会责任作为他们长期发展战略的一部分，那么企业需要采取一些实际行动来体现它们的理念。这类活动可以包括设立企业社会责任计划、建立一个管理企业社会责任的部门、获得企业社会责任相关的证书、发布关于企业社会责任的报告等。但在已有的中国企业数据库中[1]，发布企业社会责任活动报告的绝大部分都是跨国大型公司或者垄断性国企（沈艳、姚洋，2010）。许多中小型企业的社

[1]　详情可参见http://www.chinacsrmap.org/Page_Show.asp?Page _ID=181

会责任行为并没有被广泛地关注，而在已有的企业社会责任报告中，也是“树立模范与榜样的”远多于“揭露问题与实质的”。

基于上述问题，我们希望结合既有企业社会责任的理论框架（例如：对企业社会责任概念的理论模型，利益相关者理论框架等）与实地调查的资料，对有关企业社会责任的如下问题加以详细探讨：

（1）本土的企业经营管理者如何看待企业社会责任的界定及其分类？这些认知特点对于理解企业社会责任的实践有何启示？

（2）企业社会责任在中国实践中有何特点？企业社会责任在中国的制度化过程，如何反映或影响着不同利益相关者的行动能力以及互动关系？

二、企业社会责任认知理解中的界定与逻辑

我们首先来讨论国内企业经营管理者对企业社会责任内容的界定与理解。根据卡罗尔的“金字塔模型”，企业社会责任在内容上一般可以笼统地分为：经济责任、法律责任、道德伦理责任以及慈善责任。在访谈过程中，当被问及对企业社会责任内容的理解时，以下这位工会主席的看法很有代表性：

“我的感觉啊，所谓社会责任，一个是人力资源这一块儿，叫用工吧，对不对？你一定要安排得像样，要安排一万个工人在企业里，这应该是企业承担的社会责任；第二个是能保证，即使企业在困难的情况下，工人不失业、不下岗，工人的工资不减少；第三个也就是能保证县里面经济上的收入，每年上交县里面的财政税收这一块儿，对县里的经济发展有所承诺。另外一个就是这个自然灾害啊，义捐啊等等，我们都做了，不一定做得太好，但这也是企业承担的社会责任。”

——企业 Hn1 工会主席访谈材料

事实上，上述观点也代表了很大一部分企业经管理者的看法。企业经营管理者一般都会首先提到企业的经济责任，主要包括：追求企业经营效益，为消费者提供优质的产品，为社会提供就业岗位，以及为政府缴纳税收。而后，企业经营管理者会主动列举一些企业在过去几年中参加社会捐助的慈善贡献。而当访谈涉及工作环境、劳工待遇以及环境保护等问题时，有关企业在法律责任与道德伦理责任等方面的工作，才会被提及。从认同

的角度出发，中国企业家调查系统在2006年对中国跨行业的企业社会责任调查中，却得到了另一个不同版本的排序：企业经营者对经济责任认同最高，其他依次为伦理责任、法律责任与公益责任（中国企业家调查系统编著，2007)。上述发现以及我们的调查，都与“金字塔模型”的含义有所出入。在对企业社会责任的界定问题中，至少存在着如下两个问题值得我们探讨：第一，为什么一方面企业经营管理者在访谈中津津乐道地介绍慈善责任的实施情况，而另一方面不少企业家却对此的认可程度却并不高，两者之间是否存在着矛盾？第二，如今在发达国家中，法律规定的企业社会责任行为被认为是理所当然需要严格履行的，而为什么在国内讨论这一个概念时，企业经营管理者对法律这一强制性的责任要求，反而认可程度并不高，甚至有时还不如道德伦理方面的责任？而要回答上述界定分类上的疑问，我们可以从国内企业社会责任发展的特点入手。

由于中国企业社会责任的起步最初源于来自于跨国公司与各级政府的外力要求，因此本土企业在履行社会责任的问题上内在动力不足，往往需要依靠外部力量的引导，从而使得本土企业在履行社会责任的动机上，也与国外成熟企业相比有着很大的区别（如表2.3所示）：

表2.3　中外企业家对履行社会责任的动机调查[1]

调查对象排序	中国企业家调查系统2007	《经济学家》2007
	4586位中国企业家	1200位全球企业家
1	提升企业品牌形象	增加收入
2	为社会发展作贡献	增强企业形象
3	获得政府认同	遵守法律法规
4	建立持续竞争优势	为投资者和股东创造价值
5	树立企业家个人形象	降低成本
6	实现企业家个人价值追求	管理风险
7	更好地创造利润	吸引顾客
8	减低法律风险	产品差异化
9	更好地位消费创造价值	
10	应对来自社会舆论的压力	

[1]　材料引自：企业社会责任项目组编，2009，《中国企业社会责任报告2007》，北京：中国社会出版社，第13页。两份数据分别来自：中国企业家调查系统2007年的调查报告，以及《经济学家》2007年9月的调查。

通过简单的比较，《中国企业社会责任报告2007》指出：国内企业注重的是品牌形象、社会贡献以及政府认可，基本上是一个纯粹的“社会视角”，而国外企业则更关注企业发展问题的本身，已经将企业社会责任问题转化为一种“商业视角”（企业社会责任项目组编，2009）。对应于联合国工业发展组织对企业社会责任发展“三阶段”的划分（详见表2.1内容），我们发现，发达国家的成熟企业在履行社会责任的问题上已经正从第二代的“精心设计”迈向第三代的“积极响应”，而国内的企业则仍然处于从第一代“被动反应”向第二代“精心设计”的早期过渡阶段。正是这种较低的发展程度，使得企业将履行社会责任往往视作为赢得来自政府与社会的认可与赞许的手段，因此就出现了我们从访谈调查与既有研究中发现的看似矛盾的有趣现象：一方面从履行责任必要性的程度而言，企业经营管理者关注履行社会责任的成本，将慈善责任置于企业社会责任金字塔的最顶端，对其认可程度相对最低；另一方面从迎合政府与社会的立场出发，企业经营管理者又会充分地利用既有的履行慈善责任的事迹，积极宣传企业在此方面的工作成就。

接下来讨论第二个问题，即法律责任在国内企业履行社会责任的过程中，究竟处于一个什么样地位？在已有的研究中，学者们指出薄弱的法律制度，尤其是薄弱的执法环节，这一问题由来已久。许多中小企业在“灰色地带”，以半合法的方式经营，在国内几乎是一个公开的秘密。而究其原因，其中地方政府的不作为影响甚大。追求经济的快速增长，成为地方政府工作中的重要目标，这不仅仅关系到地方政府官员的晋升，还因为许多地方官员坚信以牺牲环境与工人福利换来中国的崛起在道义上是可以接受的（沈艳、姚洋，2010）。这是从外部监管的角度出发的重要原因。而在访谈调查中，我们发现企业经营管理者对于法律制度自身设置的合理性也存在着诸多非议，而对于纺织服装行业这样的劳动密集型企业而言，2008年新近出台的《劳动合同法》更是让他们抱怨不迭。

“我可以说句不好听的话，95年劳动法如果能做完，中国在劳动用工成本（方面）就会很大，更不要说新的劳动合同法。中国的法律巨多，很细，而且采用西方国家最严的标准，就很难理解。任何一个外国的厂家来中国，因为现在有委托第三方来审核嘛，它就想弄死你工厂，百分之一百的，你逃不掉的。”

——企业 Q3 总经理访谈材料

“答：不是讲了吗，新的《劳动法》让中国倒退了几十年。还有一个讲法是《劳动法》的先进性提前了 100 年。这个是劳动监察大队大队长和我们讲的。这个《劳动法》领先了 100 年了，太先进了。问：他们自己也觉得执行有难度？答：这个大家都是这样讲的。不是讲你劳动法不好，而是太好了，大家没办法做。”

——企业 Sh4 副总经理访谈材料

通过上述访谈材料，我们可以看到尽管中央政府制定了相关的法律制度，但是落实到企业层面时，严格的法律条款，不仅动摇了劳动密集型企业赖以生存的经营模式，同时也受到了地方执法部门的诟病。从法律制度的设置与基层执法部门之间的相互矛盾，也能看出“法治”自身的尴尬处境。因此，尽管遵纪守法似乎是企业理所当然的社会责任，但现实中不少国内企业经营管理者表达出了对法律责任较低的认同，这里既有自身经营的考虑，也有来自地方政府的庇护。因此，有一种观点认为在国内讨论企业社会责任问题时，应当首先将重点放在守法的层次上（沈艳、姚洋，2010），这是有一定道理的。当然企业对于法律责任的履行，不仅仅意味着地方政府、执法部门以及企业自身需要改进，也意味着立法机构、学术界对于“法治”尺度的设定也需要更科学，更慎重。

尽管从企业社会责任内容的分类上来看，国内的企业经营管理者的理解与西方学界的讨论并无多大差异，但是对于不同类型的社会责任的认同程度与排序，两者却显现出非常大的不同。这种相似与差异，不仅仅是企业经营管理者对企业社会责任内容界定中的本土化特点，同时也能反映出形成这样一种认知理解背后的复杂逻辑。首先，这种逻辑脱离不了企业社会责任概念自身的发展阶段与背景，其较低的发展程度，决定了普通企业在履行社会责任时，存在着谋求政府与社会认可的取向。无论是从道义上，还是从减少实际经营中障碍的角度出发，谋求资本获利的合法性，仍然是国内企业认同社会责任的重要原因。其次，这种逻辑也体现了不同利益相关者在影响企业社会责任认知中的巨大影响，例如地方政府对于法律执行与监管的态度，直接影响了企业对于法律责任的认知。因此从关键的利益相关者角度考察企业对待社会责任的态度，是有效且必要的。当然，从认知理解迈向行动实践，这种逻辑对于理解在履行企业社会责任行为中企业的作为与或不作为，同样也是有益的。那么，在企业社会责任的行动实践中，各个利益相关者与企业发生怎样的互动，又产生怎样的制度化后果呢？

三、企业社会责任行动实践中的逻辑与后果

正如不同利益相关者对企业社会责任认知产生影响一样，这种影响同样体现在社会责任具体的行动实践中。于是，我们发现了不同社会责任的行为，无论是在内容上，还是在推动力量上也是形形色色，各有不同。

事例 1：

“我们说实在的，我们做品牌，企业这个口碑太重要了，我们整个企业靠 3000 多家网点销售，这个销售完全靠人家对你品牌的认可和美誉度……追求利润和追求社会责任其实是没有矛盾的。所以说我们老板，他敢在这边砸钱，其实百年大计。一个企业要给社会、公众展示形象，这个太重要了。”

——企业 Q1 副总裁与总经理访谈材料

事例 1 中企业将企业社会责任行为作为一种投资手段，从而与企业盈利目的相互联系统一，从品牌建设的角度出发，主动履行企业社会责任行为。

事例 2：

“问：当时企业为什么会愿意建立工会呢？答：就是我们 SS 市政府和镇政府都有这个要求，好像在 50 个人以上就要有工会。那个女工，在 30 个人以上就要有一个女职工委员会。所以说我们这边还有党支部，有工会，有女工委员会。”

——企业 Q2 总经理访谈材料

“比如说开发房地产，我们本来不想做的，因为我们的本业是做服装，第一，我们不内行；第二，我们不想赚这个钱。这个项目这边风险也可能很大。QZ 市政府和 GW 镇政府老是来动员老板，说 GW 这个城镇很不理想，都是老区，QZ1 你发展到这个程度了帮个忙，帮我们弄一个像样点的新区。后来董事长他们就开始算，整个成本多少，员工管理费多少，不赚钱就卖给社会了。他就是不想赚钱，帮政府把城市建起来。”

——企业 Q1 副总裁与总经理访谈材料

事例 2 中企业社会责任行为的主要推动力则来自于当地政府。政府通过硬性制度规定（例如建立工会）或者软性建议、鼓励（例如企业参与城区改造）来最终推行企业社会责任行为。

事例 3：

“我们一次性采购 400 多台空调，我们有 400 间宿舍，每一间宿舍安装一个，管理室更不用讲了。现在生产厂房统统都是装空调的，厂房内部装空调，这个到时候我可以带你们到车间去看一下的。我们内部有超市，有医疗室，有网吧和台球室，生活设施统统是齐全的。”

——企业 Q3 总经理访谈材料

事例 3 中企业努力为员工创造良好的生活工作环境。当然，这也与当地纺织服装企业面临的招工困难，希望吸引劳动力的背景密不可分。但无论如何，员工的诉求事实上成为此类企业社会责任的主要推动力量。

事例 4：

“在环保方面，我们的污水排放是整个污水处理厂处理的，这个政府和当地老百姓都是有要求的。那污水处理厂是我们这边染整行业投资的，我们占 13% 的股份，这个投入也是很大的。我们整个行业联合起来共建一个污水处理厂，这部分也算是我们对环保的一个投入。”

——企业 Q2 总经理访谈材料

事例4所展现的企业社会责任行为则比较复杂，各种推动力量交织在一起。这其中既有政府的法规政策的硬性规定，也有当地社区对于环境质量的要求，同时企业也通过参股的形式，将自身利益与环保投入联系在了一起。

企业社会责任行为，从本质上讲其主体是企业组织。但从这些材料中，我们却发现推动这些企业社会责任行为的推动力量并不是唯一的。而从利益相关者理论的角度去考察企业社会责任的实践，不仅能够细致把握企业行为背后的逻辑，同时也能从社会责任的行为中，考察各个行动者之间复杂而微妙的互动关系。根据利益相关者概念的界定，凡是由于企业经营活动导致利益增加或减少的个人与团体都在其概念的范围之内。那么究竟涉及哪些利益相关群体的社会责任行为，是企业积极履行的；而涉及哪些利益相关群体的社会责任行为，则是企业极力回避的呢？

首先，让我们关注消费者群体与客户群体。对于拥有自有品牌的企业而言，他们所要关心的是终端的消费者群体，而对于代加工，做“贴牌”的企业而言，他们则更注重订单客户对他们企业行为的要求。在我们调查的纺织服装企业中，后者占大多数。但是无论哪一类型的企业，首先都十分注重为消费者群体以及订单客户提供优质产品。履行这一基本的经济责任，成为企业获得经济效益的必要来源。而为了获得订单客户的认可，不少企业积极主动寻求产品质量体系的认证。

“问：SA8000我们做了吗？答：没有。那为什么说，我们企业不去做SA8000呢？就存在一个问题，SA8000不是国际质量体系认可的标志，不是ISO旗下的所认可的一个认证机构。它不认可的，我终端企业它不认可的，那企业去做这个，就变得没有实际意义了。”

——企业Q3总经理访谈材料

“有些认证是企业自己做的，根据市场与销售方面的要求。另外你出口的话，必须得有ISO14000的认证，因为你染花的含量，出口的棉布和服装面料里面的那个浆料、面料、里面的有机污染含量不能超标。”

——企业Hn1办公室主任访谈材料

但是，我们发现在以代加工为主的纺织服装行业中，企业对于不同认证体系的选择则完全按照跨国公司的要求，被牵着鼻子走。当跨国公司对质量管理体系的认证更为注重时，企业也就自然将自身的注意力集中于生产管理与产品质量之上；当跨国公司对企业社会责任体系的认证并不注重时，本土的纺织服装企业也就自然缺乏主动提升社会责任层次的动力。在这样的情形下，与其说对于消费者群体以及客户群体，企业积极履行社会责任，倒不如说是企业为了在市场竞争中获得生存，不得不这么做。

“问：因为我们企业为日本做产品，他们有没有在企业社会责任上对我们企业有要求？答：有。什么情况下有要求呢？我们做个一个品牌，它是日本做童装、玩具的。这家公司，不管你做多少，它一年要来一次，它来了以后，从各个方面对你公司，包括工人的生产情况，特别是对工人的劳动保护啊，甚至比劳动局管理的制度都要严格，罚款的东西都会有一些细节。那我接待的，我有时候就对他们开玩笑说：‘我就做你们五六百件衣服，我烦也烦死了。’……他来的话，我就跟他实事求是，很多东西我们做不到的，顶多你不合格，我单子不做了。就是这么回事。”

——企业 Sh4 副总经理访谈材料

而企业对于跨国公司订单的依赖程度，也决定了他们对于由跨国公司提出的社会责任要求的顺从程度。完全依靠这样订单的企业，往往必须接受来自跨国公司的要求；而在订单生产中有选择余地的公司，则可以游刃有余地根据订单利润以及订单所附加的企业社会责任成本进行取舍。因此，基于上述事实，在企业社会责任制度化的过程中，有一种“贸易壁垒论”的说法，无论是质量管理体系的认证，还是对于企业社会责任行为的考察，这些事实都准确刻画了本土企业在与跨国公司互动过程中的被动地位。从企业社会责任的规则制定到监督实施，本土企业的发言权甚微，加之自主品牌建设的落后。在几乎完全被动的状态下，订单生产及其包含的企业社会责任要求，恰恰是跨国资本与国内企业不平等互动关系的体现。

其次，另一个重要的利益相关者是地方政府。在讨论在市场转型与财政体制改革的研究中，学者们对企业与地方政府的互动方式，以及中国经济增长的模式提供了很多洞见性的假说。例如：魏昂德（Walder, Andrew）的“地方政府即厂商”理论（Walder, 1995），戴慕珍（Oi, Jean）的地方法团主义理论（Oi, 1995, 1998），索林格（Solinger, Dorothy J.）的新合作主义理论（Solinger, 1993）等。在这一时期，地方政权正从“代理型政权经营者”向“谋利型政权经营者”转变（杨善华、苏红，2002），地方政权在扮演国家利益的代理人的同时，也在促进地方经济的增长与地区发展，以此积极谋求自身的利益。因此，地方政府首先具有财税动机，然而财税动机往往又与履行企业社会责任所负担的成本相抵触。

“答：一个月才给我 36 个小时，我怎么办啊？而当地的劳动局也不会看着你死啊，它也有主管部门啊，有书记、市长、区长啊等等。企业出不了效益怎么办？没有税收啊。所以说我们会向当地劳动局申请，你一周给我加班 20 小时，每一个月不超过 80 个小时，每三个月我们都要向劳动局申请一次。这个劳动局有批文给我们的，但是即使是这样子，我们一天加班的话，也就是两个小时左右……那你说这算不算违法？因为适用法律的情况，应当由主管部门进行解释，当地的劳动局有盖章给我们，同意我们这样做。”

——引自：企业 Q3 总经理访谈材料

正如上述材料中企业 Q3 与当地政府所做的一样，当履行企业社会责任影响到企业的运营核心成本时，地方政府便会想方设法地帮助企业回避这些责任的承担。此时企业与地方政府的利益需求是基本重合的，但是这种重合并不总是如此，地方政府与企业并不是一直共同进退的，在涉及一些地方建设与政绩的问题上，地方政府立即从原有庇护者的角色转变成为索取者的角色。例如我们在“企业 Q1 访谈材料”中列举到的地方政府要求企业参与城区建设的案例。当然企业 Q1 由于自身发展程度较高，也就顺应了地方政府的要求，承担了并不一定需要履行的社会责任。而对于一些发展程度较低的中小企业而言，对于地方政府这样的索取行为，却充满着反感。

“企业存在社会责任，但是目前由政府承担的很多责任统统倾斜给了企业，转嫁给了企业，让企业来承担，反正什么都是让企业去，政府就把肩膀一弄，什么担子也没有了，把什么包袱、什么负担统统转嫁出去……最好是什么都由企业来承担嘛，小政府嘛，政府缩到后面去了。”

——引自：企业 0901 总经理访谈材料

当企业社会责任牵涉到地方政府这一利益相关者时，企业行为就变得十分得复杂。当得到来自当地政府的支持时，企业能够巧妙地应对和回避来自社会责任的要求；而当地方政府与企业在承担社会责任问题上发生分歧时，企业自身的规模与发展程度成为履行或者回避社会责任的重要因素。随着企业社会责任概念的不断推广与实施，地方政府无论扮演庇护者或是索取者的角色，都将与企业发生更为密切的互动关系。在这种情形下，未来对于市场行为与行政行为的不断规范就显得尤为重要了。

最后，企业内部员工对于企业社会责任的实践又有何影响呢？在访谈中涉及有关企业员工的社会责任，主要集中于：工资待遇、劳动时间、合同签订、社会保险、工作环境、劳动保护以及住宿、食堂安排等问题上。而企业在上述方面的表现也不尽相同。几乎绝大多数的企业都会宣传他们在工作环境、劳动保护以及住宿、食堂安排上所做的努力。但在所调查的24 家纺织服装企业中，大部分企业仍然不能为所有工人落实保险，并且没有一家企业能够完全依照《劳动法》对于加班时间的规定，普遍存在超时加班的现象。但在工资待遇问题上，企业负责人表示愿意和工人进行协商。

“如果投保 5 个保险（养老、医疗、失业、工伤及生育保险），在这 5 方面，我们企业一年要付大概一个工人 3000 多块钱，工人自己要付 1100 块钱，总共要 4000 多，大概 4200 块钱左右吧。我们五六百个人工人，一年就一两百万了。”

——企业 Q2 总经理访谈材料

“我们公司也尽量一直在调整这一块。这个还有个矛盾的东西，比如说我们上班时间是……工人（的工作）因为这种东西，你时间越长，它工资会越多，多的都是计件的，就是你要他下班早，他都不愿意下，这个也有它实际存在的情况。实际上这块，我认为问题不大，更多是企业你要提供给他关心和关怀，你要工资这块能给他加上去。”

——企业 Q4 工会主席访谈材料

事实上，我们发现在劳工权益方面，企业愿意履行的社会责任往往是那些一次性投入的，或者成本相对而言比较低的；而企业回避的社会责任往往是那些需要持续投入的，或者涉及企业生产的核心成本。而正如之前对地方政府的分析一样，倘若这些社会责任的履行，也会影响到企业的正常经营以及财税的缴纳。那么地方政府就会帮助企业，一起回避这些相关的社会责任。

“答：在保险方面，我们要求主管级以上的、大中专学生的一刀切，统统要交，企业出一部分，个人出一部分，你不交也不行。那么其他的，提出来的，企业就把它交了，有的人不愿意交，也就……光这一块儿差不多就有 200 多人，再加上各地工厂的管理人员，上海的，厦门的，这些都交了。

问：那普通的外地来的这些工人呢？

答：有的就是不愿意交。

问：对啊，那这样不愿意交的人有多少？

答：这个我们和劳动局沟通过，都是达成共识的。”

——企业 Q4 副总经理谈材料

这样的问答一方面反映了企业在回答有关社会保险规范问题时的有意搪塞与敷衍，另一方面它体现了地方政府与企业在社会保险的缴纳比例、覆盖范围上，相互理解，达成共识的默契。而在有关劳动时间与社会保险的问题上，工人对于自身利益的权益意识以及话语权仍然是十分有限的。而从我们调查的情况来看，随着维权意识的不断宣传与法治建设的稳步推进，在劳动合同、工资发放问题上，劳工权益已经得到了有效的改善。因此，企业社会责任制度化的推行对于保护劳工权益产生了一些有益的作用，但相比于其他利益相关者（比如跨国公司客户，地方政府），企业社会责任行为对于企业员工（尤其是普通劳工）的关注与保护仍然十分有限。企业社会责任在制度化过程中的厚此薄彼，也从一定程度反映出了不同利益相关者在企业经营生产过程中截然不同的互动地位与行动能力。而随着企业社会责任的发展，这种制度化力量究竟是不断强化甚至与僵化这种不平等的互动关系，还是不断消解这种关系，则可以成为进一步反映企业社会责任背后的国际贸易关系、政企关系以及劳资关系等问题的新走向。

四、结论与讨论

通过简要梳理西方企业社会责任概念的起源，以及在中国讨论企业社会责任的背景与发展历程，我们发现，对于企业社会责任这一领域的研究自始至终充满着各种争论与困惑，而不同学科以及不同的研究视角虽然没有完全解决上述争论，但却为我们提供了诸多理解企业社会责任这一现象的工具与方法。而本研究的讨论便借鉴了有关企业社会责任的内容划分，利益相关者理论的视角，以及对企业社会责任发展水平和行为动因的讨论。

随后，从有关企业社会责任的认知谈起，通过对照访谈材料与既有的研究调查，我们发现：企业经营管理者对企业社会责任的本土化界定与分类，与西方模型的解释大体相似，但对于不同类型的社会责任，两者的认可程度却有着较大的差别。我们不仅需要了解这种认知理解的特点，更需要考察这种理解形成的逻辑。这种逻辑主要体现在：本土企业在履行社会责任的过程中体现出迎合政府与社会的取向。而这种逻辑不仅出现在企业社会责任的认知理解之中，并且也体现其行动实践的制度化过程中。

最后，我们将重点放在对于企业社会责任行动的考察。在分析内容上，分别选取了消费者群体与跨国公司客户、地方政府以及企业员工，作为主要的利益相关者群体，分析与之有关的企业社会责任行为。研究发现：企业社会责任的履行与回避，都与企业和特定的利益相关者之间的互动形式密不可分。以纺织服装企业为例，由于企业生产经营的方式，以及自身发展的程度等因素，提供订单的跨国公司对企业行为最具有约束控制力。在企业社会责任的制度化过程，以贴牌代加工为主要生产方式的普通纺织服装企业，只能被动接受来自跨国公司的各种规范。而跨国公司对于产品质量，生产工艺或者劳工待遇等问题关注程度的不同，也成为企业社会责任作为或不作为的一种风向标。同样，地方政府在企业履行与回避社会责任行为的过程中，也扮演着一个至关重要的角色。一方面地方财政需要依靠企业的税收，另一方面企业的发展离不开地方政府的支持与政策倾斜。因此，地方政府与企业的复杂互动使得企业在逃避一些社会责任的过程中，寻求到了来自地方政府的庇护，而在履行另一些社会责任的过程中，受到了来自地方政府的要求与压力。企业社会责任制度化的过程，使得双方的博弈，充满着合谋与冲突的张力。而相形之下，企业员工（尤其是普通劳工）对于企业社会责任行为的影响力相对较小。而企业社会责任对于劳工权益的保护，虽然正在逐步起效，但在劳动密集型产业中，工人自身的行动力量与发言权仍然十分有限。因此，如何将企业社会责任这一概念继续在中国发展壮大，并通过这一个理念不断提升中国制造业的用工环境与劳工权益，同时为企业打开双赢局面，从被动招架的状态迈向积极履行的状态，仍有很长的路要走。

第三章
企业社会责任的认知理解与行动实践：游走在合法性与效率之间

一、问题提出

中国的企业社会责任研究起步于1990年代，1990年代末以后的研究有了较大进展，刘俊海《公司的社会责任》(1999) 对国外的有关法律法规进行了介绍，卢代富系统的研究了我国企业社会责任的一些理论问题，特别是立法现状和立法对策 (卢代富，2002)。2000年，中国社科院社会政策研究中心在上海对大型企业的公益捐赠行为和捐赠倾向进行了调查 ,2002年，又在北京、上海、广州对一些代表性的企业进行了个案研究。常凯对全球化和企业社会责任运动进行分析后，认为此项运功作为调节劳资纠纷的手段，开展起来，主张将其纳入法制化的轨道 (常凯，2003)。冯同庆则从劳工权益的角度分析了企业社会责任在中国的发展，认为企业社会责任的施行对各方均有益处，但其施行尚需时日 (冯同庆，2006)。徐立青等的《中小企业社会责任理论与实践》(徐立青，2007)、沈洪涛等的《公司社会责任思想起源与演变》等 (沈洪涛 、沈艺峰，2007) 研究，主要对企业社会责任的思想起源、演变进行整理，从经济学、法学、伦理学探寻其正当性，从法律等正式制度的角度研究推进机制。经济学的研究仍建立在“经济人”假设之上，围绕企业的成本和收益进行。管理学和伦理学的研究则考虑到了企业所处的社会环境因素。注意到了企业从单纯追求功利到超越功利，由只重物到重视人，由“经济人”到“社会人”及“复杂人”的根本转变。这种转变体现了人们对管理本质认识的深化。在管理学看来，企业承担社会责任内在地成为管理的一项基本要求。社会学领域涉足企业社会责任研究的并不多，主要的研究有谭深、刘开明 (谭深、刘开明，2003) 对跨国公司的社会责任对与中国社会影响的研究；余晓敏从跨国公司施行公司行为守则对于中国企业工人状况和劳动关系影响的调查研究 (余晓敏，2007;

2008)。潘毅对跨国公司施行公司行为守则的“道德理念重构”的研究（潘毅，2005a)。

倾向于实证性研究的有窦炎国等的《经济效益与社会责任——苏南企业伦理实证研究》（窦炎国、韩云，2007)，唐更华从发生机理上对企业社会责任的商业利益驱动机制的分析（唐更华，2008)，台湾的黄庆源则针对企业社会责任施行中企业经理人的行为模式进行了实证调查和量化分析，黄的研究系统地梳理了企业社会责任的层级，并提出了“他律责任”与“自律责任”之区分；对企业经理人履行社会责任的行为模式进行了量化操作，提出并验证了若干变量之间的相关性；采用了问卷调查与媒体报道资料相结合的研究（黄庆源，2005)。虽然黄的研究在样本对象的选择、代表性等方面存在一些有待改进之处，但毕竟在社会责任行为模式的研究上走出了非常重要的一步。

总体来看，目前关于企业社会责任的众多研究，为理解、分析企业社会责任的社会影响提供了很好的视角和基础，不足的是：描述性研究偏多，解释性的研究欠缺；结构性分析偏多，行动者态度、认同、行为研究欠缺；侧重单个方面的研究较多，考虑多重层面因素的研究欠缺；将企业社会责任作为一种制度的社会影响研究偏多，企业社会责任制度化过程的研究欠缺。因此，我们以课题组在北京、江苏、泉州和宁波四个城市进行的“企业经营管理人员企业社会责任的认知与行为调查”问卷数据和在上海、泉州、新野、宁波、绍兴五个城市进行的企业社会责任个案访谈资料为基础，欲探讨在全球化背景下，管理者对企业社会责任这一制度的认知理解、推行企业社会责任的动力机制以及与企业社会责任制度化实践之间的关系。

二、调查对象及其所在企业基本情况

（一）管理人员个人特性

从性别看，女性 106 人，占 37.9%，男性 174 人，占 62.1%，男性的比例高于女性。

从年龄看，刨除 15 个缺失年龄信息者后，被调查管理人员的年龄最大值为 63 岁，最小值为 22 岁，平均年龄为 34.6 岁。

从文化程度看，将文化程度信息不祥的 4 人刨除后，发现高职及以下 42 人，占 15.2%，大学专科 92 人，占 33.3%，大学本科 84 人，占 30.4%，研究生 58 人，占 21%。总体来看，管理人员的文化程度较高，大学本科及其以上的占了一半左右的比重。

从培训经历看，刨除 2 个信息不详者之外，在 278 个有效个案中，参加过各类 MBA/EMBA 者 91 人，占 32.7%，参加过其他各类工商管理培训班者 77 人，占 27.7%，没有参加过任何培训者 110 人，占 39.6%。从管理者原初的文化程度和培训经历看，参加培训最多的是那些原来是大学专科、大学本科及研究生的人，如在大学专科文化程度的 92 人，有 47.7% 的人参加过各类培训，在大学本科文化程度的 84 人中，有 64.3% 参加过培训，在研究生文化程度的 57 人中，有 61.1% 参加过培训，从培训层次上看，越是原初文化程度高者，参加各类 MBA/EMBA 的比例就越高。从参加培训者的性别看，男性参加各类 MBA/EMBA 的比例高于女性，男性参加过各类培训的比例为 65.3%，女性参加过各类培训的比例是 52.4%。

从职位看，本次被调查管理人员以部门经理居多，共 147 人，占 52,7%，其次是一般管理人员，共 90 人，占 32.3%，总经理与副总经理级别的管理人员共 42 人，占 15.1%。分性别看，在部门经理这一级别的管理人员中，男性和女性所占的相应百分比比较接近，在总经理与副总经理这一级别的管理人员中，男性的相应百分比（20.1%）远高于女性（6.7%），在一般管理人员中，男性的相应百分比（26.4%）远低于女性 (41.9%)。

从工作经历上看，有 194 人约 69.3% 管理人员曾经在其他企业或单位工作过，其中 26.2% 的人曾经在国有及国有控股企业、城乡集体企业工作，这些人中目前职位为总经理 / 副总经理的占 13.7%，部门经理的占 58.9%；20.7% 的人曾经在各种类型的合资企业工作过，这些人中目前职位为总经理 / 副总经理的占 15.5%，部门经理的占 50%；47.4% 的人曾在私营企业工作过，这些人中目前在企业中的职位为总经理 / 副总经理的占 10.9%，为部门经理的占 58.7%；7.2% 曾在政府部门或大学 / 科研机构等事业单位工作过，这些人中目前在企业中的职位为总经理 / 副总经理的占 30%，为部门经理的占 60%。

（二）管理人员所在企业特性

从企业所有制看，最多的是私营企业，占 56.8%，其次是港澳台资或合资企业，占 12.1%，余下依次为国有或国有控股企业（11.4%）、欧美外资或合资企业（8.9%）、其他外资或合资企业（4.6%）、城乡集体企业（3.6%）、日韩外资或合资企业（1.1%）、其他企业（1.4%）。对所有制进行进一步分类，则国有 / 集体企业占 15.2%，外资 / 合资企业占 27.2%，私营企业占 57.6%。

从企业的员工规模看，200 人以下的占 39.5%，200–499 人的占 27.5%，500-999 人之间的占 8.7%，1000 人以上的占 24.3%。

从企业的销售规模看，1000 万元以下的占 14.1%，1000–3000 万元的占 14.9%，3000 万元 –1.5 亿元之间的占 28.6%，1.5–3 亿元之间的占 18.2%，3 亿元以上的占 24.2%。

从企业的经营模式看，自有品牌经营的占 60.9%，特许经营的占 6.6%，来件 / 来料加工占 13.9%，其他经营方式占 18.6%。

从企业与国际市场的关系看，22.4% 属全部内销，25.3% 的属内销为主，外销为辅，14.1% 的属外销为主，内销为辅，17% 的属全部外销，21.3% 的企业属不适用以外销、内销进行区分。

被调查管理人员所在企业使用农民工的情况如下：12.2% 的企业超过 90%，20% 的企业在 70–90% 之间，8.1% 的企业在 50-69% 之间，25.9% 的企业在 50% 以下，33.7% 的企业未使用农民工。

从企业招工的难易状况看，根据管理人员的回答，企业最近 2 年一直都缺工的占 24.5%，用工旺季时才缺工人的占 20.9%，能够招到员工而不缺工的占 42.4%，不知道是否缺工的占 12.2%。从企业的所有制看，外资 / 合资企业一直缺工的比例最高，占相应企业比例的 37.3%，私营企业一直缺工的情况其次，占相应企业的 21.75，国有 / 集体企业一直缺工的比例最低，占相应企业比例的 11.9%。从行业上看，纺织服装类企业一直缺工的比例最高，其他如电子、建筑、建材和机械行业的企业，也时常遭遇缺工。

从企业的决策集权程度看，日常管理中，完全由管理者来指定下属的具体工作，如做什么事，如何做，何时做的企业占 51.3%，不是属于此种类型的占 48.7%，企业日常管理决策上稍微偏向集权。从企业的所有制看，国有和集体企业管理者回答其企业属于集权管理的比例较高，42 个来自国有 / 集体企业的管理者中，26 人（61.9%）的人认为其企业日常管理决策较集权，在 75 个来自外资 / 合资企业的管理人员中，46.7% 的人认为其企业日常决策符合集权管理，在 156 个来自私营企业的管理人员中，50.6% 的人认为其企业属集权管理。上述关于所有制与企业日常管理集权程度的情况与以往我们关于国有 / 集体企业的认识有所不同。

三、管理人员的社会责任认知与理解

（一）社会责任内容认知

在问及管理人员什么样的活动或项目属于企业社会责任时，认知程度最高的为依法纳税，有 88.5% 的人认为其属于企业应该履行的社会责任，依次往下，分别为：注重环境保护减少污染（82.8%）、为消费者提供优质的产品和服务（81.3%）、节约资源（77.1%）、保护员工健康（72.8%）、遵守国家法律法规（71.7%）、确保员工待遇（67.4%）、扶贫济困和捐助社会慈善事业（55.2%）、增加就业（54.0%）、发展科技和创自主知识产权（43.7%）、提高效益，增值保值为股东利益负责（43.0%）、捐资文教事业（40.9%）、捐建公共设施（35.5%）、维护所在社区的利益（29.0%）。从认知共识最高的前三项项目看，企业管理人员的社会责任认知偏向于经济责任。

在问及管理人员中国现阶段可以施行的社会责任项目时，认知程度最高的是为消费者提供优质的产品和服务（97.5%），依次为遵守国家法律法规（95.7%）、依法纳税（95%）、节约资源（95%）、确保员工待遇（95%）、注重环境保护减少污染（94.2%）、增加就业（89.9%）、保护员工健康（94.6%）、发展科技和创自主知识产权（89.6%）、扶贫济困和捐助社会慈善事业（86.7%）提高效益，增值保值为股东利益负责（85.6%）、捐资文教事业（82%）、维护所在社区的利益（73%）、捐建公共设施（70.9%）。可以看出，管理人员对于现阶段企业应该履行什么样的社会责任有高度的共识。

（二）企业社会责任实施的动力机制认知

周雪光在《组织社会学十讲》中，列举了两种解释组织行为的机制：效率机制与合法性机制。

从经济学角度看，决定消费者行为和组织行为的一个基本因果机制是效率机制。效率是相对于那些参与决定的人而言的效率，会因约束条件而变化，但不论其如何变化，对于消费者或者组织而言，他们的行为都为追逐私利的动力所驱使，而达到这一目的的最佳途径就是提高效率，在生产领域里面这一机制的意义是成本的最小化或产出的最大化（周雪光，2003：31-32）。

制度主义理论则强调合法性机制对于组织行为的重要性。“合法性”不仅仅是指法律制度的作用，而且包括了文化制度、观念制度、社会期待等制度环境对组织行为的影响。合法性机制的基本思想是：社会的法律制度、文化期待、观念制度成为人们广为接受的社会事实，具有强大的约束力量，规范着人们的行为。周雪光举例说：如社会中存在着对医生的职业道德的强烈的社会期待，一旦医生违犯，则会引起强烈的公愤（周雪光，2003：74）。合法性机制会促使企业采取“广为接受”的组织形式和做法，而不是这些形式和做法对组织内部运作是否有效率。

老制度主义提出了组织效率逻辑和制度合法性逻辑之间存在矛盾，但新制度主义学派的代表人物迪马久和鲍威尔 (DiMaggio & Powell, 1983) 认为组织形式的扩散越来越少受效率机制的作用，取而代之的是合法性机制。合法性来源于相应的三个方面：一是国家或高层级的组织，它们拥有下属组织所依赖的资源或者惩罚不遵从者的能力，它们的合法性在一定程度上是自足的，具有可以不加解释的垄断性；二是专业组织，由于在专业分工精细化社会中专业知识的优势地位，它们拥有理性神话的权威，能够制造和赋予组织以正当性；三是模仿，它是由于社会和 / 或组织对于成功组织卡里斯玛式的信赖，致使与成功组织相联系的组织形式和制度形式成为神话 (DiMaggio & Powell, 1983)。斯科特等人则指出合法性机制和效率机制可能会共同发生作用，两者之间并不是截然对立的 (斯科特 , 2007)。

在关于企业社会责任研究的众多文献中，有少量的研究涉及企业何以采纳社会责任，对于企业实施社会责任的动力机制的解释，一些观点或者视角可以归为“效率机制”或效率逻辑的解释，即企业之所以采纳或者实施社会责任，主要是出于其追求利润最大化的动机，戴维斯早期提出了“戴维斯责任铁律”（Iron Law of Responsibility）的观点，即“企业主要是出于自我保护的利己动机才愿意承担社会责任”(Davis & Blomstom ，1966)。纳韦尔认为企业投入资源于社会责任中，是为了向公众传达一个信息，从而推动企业预期收益的提高和投资者预期风险的提高 (Narver, 1971)。戴维斯等学者认为，企业社会责任可以为企业营造良好的公众形象，吸引更多的顾客、劳动力和其他投入。所以采纳企业社会责任是长期的自利，企业如果忽略了社会责任，则最后势必损害到企业自身的利益（Davis，1973；Drucker，1984;1985）。一些学者指出，企业之采用社会责任是因为品牌形象已成为企业成功的重要因素，因为企业活动日益处于公共审视之下，品牌形象和企业声誉对于企业的利润最大化有着越来越大的影响，研究表明，公司价值源自无形资产的比例已由1981年的17%上升到了1998年的71%(Fombrun & Shanley ，1999)。那些宣称为保护劳工权益或改善工作条件而采纳社会责任的企业，实际上只是为了保护其全球商标声誉不受损害（Jill Esbenshade, 2004）。迈克威廉斯和西格尔则更为直接地指出，企业实施社会责任的根本动机是为了获取承担社会责任的收益最大化 (McWilliams & Siegel,2001)。

而另外一些则可以归为“合法性机制”或合法性逻辑的解释，认为“企业承担社会责任是企业追求合法性的重要手段”（唐更华，2008：117）。“组织或且追求合法性是其赢得具有不同利益目标的评判者认同与支持的过程”（唐更华，2008：120）。卡罗尔（2003）将企业合法性分为微观层次（micro level of legitimacy）和宏观层次 (macro level of legitimacy)，前者指企业的行为方式与社会预期基本一致，如单个企业与社区、环保组织、工会、消费者组织、政府等各种利益相关者利益集团保持良好的关系；后者指企业作为政体，其行为方式与社会预期基本一致，主要体现为社会公众、政府以及其他各种利益相关者利益集团对企业这种生产组织形式认可和支持的程度（转引自唐更华，2008：120）。人们要了解一家企业，一要看它的经济效益和盈利情况，二要看它的法律义务，看它是否在法律框架之内运作，即合法性，由于中国法律规则的不确定（张静，2003）、法律政策的变动不居（shifting policies）(Lee,2007:22)，及法律条文的模糊性，人们只能寻求其他途径来检视企业的合法性，如企业形象、公共关系、企业社会责任等等。事实上，在企业行为与社会期望之间永远存在一个合法性鸿沟（legitimacy gap），合法性鸿沟的存在和扩大会危及企业的合法性地位，甚至威胁到企业的生存（Sethi .S.P ,1979），因此企业会努力寻求合法性策略，维护企业形象，做好企业社会责任，以缩小合法性鸿沟，获得合法性地位。

我们认为企业不仅依据效率机制采纳制度，也会因合法性机制而采纳某些对其效率没有直接益处的制度，以取得合法性。那么，企业在实施社会责任这个问题的考量上，到底在多大程度上是因为效率的考量，在多大程度上又是因为合法性的考量？

在问卷调查中，我们询问了如下问题："您认为企业为什么要实施企业社会责任？（可多选）"，从管理人员的回答看，56.8% 认为是社会大众期待，52.2% 的人认为是为了提高本企业效率，20.9% 认为是为了获得国际认证，有利于取得跨国公司订单，11.1% 认为是政府强制推行，8.3% 认为是行业协会推行，4.7% 认为是媒体期待。

我们把企业实施社会责任时因为"政府强制推行"和"行业协会推行"归为政府和行业认可，将满足"社会大众期待"和"媒体期待"归为社会认可，将"提高本企业效率"和"获得国际认证，有利于取得跨国公司订单"归为效率逻辑，则从管理人员理解的企业实施社会责任的逻辑而言，在回答了该项问题的 254 个有效个案中，有 28.3% 管理人员认为企业施行社会责任是效率逻辑，20.5% 是社会认可逻辑，3.5% 是政府 / 行业认可逻辑，6.3% 是社会、政府和行业认可 ,33.1% 是社会认可与效率逻辑并重，3.9% 是政府 / 行业认可与效率逻辑并重，4.3% 是效率逻辑、政府、行业和社会认可逻辑并重。

如果将企业采纳、实施社会责任是因为"社会认可"、"政府和行业认可"归为合法性逻辑，则根据被调查管理人员的判断，28.3% 的企业采纳社会责任是基于效率逻辑，30.3% 的企业是基于合法性逻辑，41.3% 的企业是基于效率和合法性兼顾的逻辑。

（三）社会责任认知效率导向程度

无论是效率逻辑、合法性逻辑或者是两者兼顾，企业社会责任的采纳或实施必仰仗那些参与决定者的认知和理解，我们在问卷调查中设计了 8 个题项，用以考察企业管理人员在关于社会责任采纳或实施问题上对于效率的考量，在分析时，我们按照管理者在社会责任采纳或实施过程中担当的角色而区分了两类人：决定、监督与策划者、普通参与者。就决定、监督与策划者的社会责任认知看，对于"经济绩效是衡量企业经营业绩的最重要的标准"看法而言，73.4% 的人表示赞同，远高于普通参与者；对于"只要员工愿意加班，加班时间长短是员工自己的事"看法而言，20% 的人表示赞成，也略高于普通参与者，不过没有统计学意义上的显著性差异；对于"生存和发展第一，环境和社会责任第二"看法而言，29.3% 的人表示赞同，低于普通参与者，但两者无统计学意义上的显著性差异；对于"企业只有一个社会责任，就是通过合法途径去增加利润"看法而言，45.4% 表示赞同，远高于普通参与者；对于“企业履行社会责任和企业利润之间是矛盾的”看法而言，30.3% 表示赞同，显著高于普通参与者；对于“目前如果施行社会责任，增加的成本将危及企业的生存”看法而言，31.5% 的人表示赞同，显著高于普通参与者；对于“对于企业社会责任方面的政府管制和规章制度，企业能达到最低要求就可以了”看法而言，27.6% 的人表示赞同，显著高于普通参与者；对于“如果不利于企业的生存和发展，企业就没有必要履行社会责任”看法而言，28.9% 的人表示赞同，也高于普通参与者。总体来看，那些在企业社会责任采纳或实施上担当决定、监督与策划角色的管理者，其对社会责任的认知与理解上相比于普通参与的管理者而言，更具效率导向。详见表 3.1

表3.1 两类不同管理者关于企业社会责任的认知与理解

项目	企业社会责任采纳或实施过程中管理者角色	非常赞同%	比较赞同%	一般%	比较反对%	非常反对%	平均值	卡方检验之p值
经济绩效是衡量企业经营业绩的最重要的标准	普通参与者	18.4	35.7	28.1	10.2	7.7	2.53	.004
	决定、监督与策划	30.7	42.7	13.3	13.3	.0	2.09	
只要员工愿意加班，加班时间长短是员工自己的事	普通参与者	5.1	12.2	16.8	44.4	21.4	3.65	.221
	决定、监督与策划	5.3	14.7	25.3	29.3	25.3	3.55	
生存和发展第一，环境和社会责任第二	普通参与者	10.7	25.9	25.4	24.9	13.2	3.04	.183
	决定、监督与策划	8.0	21.3	25.3	20.0	25.3	3.33	
企业只有一个社会责任，就是通过合法途径去增加利润	普通参与者	11.2	9.6	33.0	27.4	18.8	3.33	.001
	决定、监督与策划	18.7	26.7	20.0	20.0	14.7	2.85	
企业履行社会责任和企业利润之间是矛盾的	普通参与者	1.5	14.9	37.9	34.9	10.8	3.38	.035
	决定、监督与策划	6.6	23.7	34.2	22.4	13.2	3.12	

目前如果施行社会责任，增加的成本将危及企业的生存	普通参与者	3.6	13.8	28.7	40.5	13.3	3.46	.009
	决定、监督与策划	10.5	21.1	23.7	23.7	21.1	3.24	
对于企业社会责任方面的政府管制和规章制度，企业能达到最低要求就可以了	普通参与者	3.1	20.0	43.6	27.2	6.2	3.13	.003
	决定、监督与策划	11.8	15.8	31.6	25.0	15.8	3.17	
如果不利于企业的生存和发展，企业就没有必要履行社会责任	普通参与者	3.6	24.1	28.2	33.8	10.3	3.23	.021
	决定、监督与策划	2.6	26.3	17.1	28.9	25.0	3.47	

我们将管理者对上述8个项目的认知与理解构建为一个总体的效率导向变量，经统计检验，该量表的信度系数Cronbach's Alpha为0.78，因此量表建构有效。将8个问题的得分进行汇总，我们得出了每位受调查管理者效率导向水平总体得分，得分越高，说明越是倾向于效率导向。结果显示，受调查管理人员的社会责任认知效率导向总体水平的原始分最大值为40，最小值为8，均值为22.5分，总体状态处于中间。普通参与者的平均得分为22.2分，决定、监督与策划者的平均得分为23.3分，两者无显著性差异。

四、目前企业社会责任实施情况

（一）企业实施过哪些方面的社会责任？

企业实施过的社会责任分为两种情况，一是企业或多或少做过的，根据管理人员的回答，其所在企业或多或少做过的社会责任依次为为消费者提供优质的产品和服务（82.1%）、节约资源（78.4%）、依法纳税（78%）、遵守国家法律法规（75.7%）、确保员工待遇（75.4%）、保护员工健康（75.4%）、增加就业（71.3%）、扶贫济困和捐助社会慈善事业（70.5%）、注重环境保护减少污染（69.4%）、提高效益，增值保值为股东利益负责（68.3%）、捐资文教事业（66.4%）、发展科技和创自主知识产权（63.1%）、捐建公共设施（53.4%）、维护所在社区的利益（52.6%）。二是企业做得比较成功的，根据管理人员提供的信息，企业在社会责任方面做得相对不错的前三位是：依法纳税、为消费者提供优质的产品和服务、遵守国家法律法规。可以认为，就目前大多数企业而言，其参与社会责任的程度尚属第一代，即被动反应阶段，企业做得最多也相对较为成功的只是遵守最起码的经济责任。详见表 3.2。

表3.2　企业做过的与做得较为成功的社会责任

	本企业做过的（%）	本企业做得较成功的（%）
（1）为消费者提供优质的产品和服务	82.1	60.0
（2）依法纳税	78.0	73.4
（3）节约资源	78.4	38.3
（4）注重环境保护减少污染	69.4	41.6
（5）捐资文教事业	66.4	22.7
（6）扶贫济困和捐助社会慈善事业	70.5	34.4
（7）保护员工健康	75.4	49.4
（8）确保员工待遇	75.4	57.8
（9）发展科技和创自主知识产权	63.1	34.4
（10）提高效益，增值保值为股东利益负责	68.3	29.2
（11）捐建公共设施	53.4	22.1
（12）维护所在社区的利益	52.6	26.6
（13）遵守国家法律法规	75.7	64.3
（14）增加就业	71.3	36.4

（二）如何实施社会责任

首先，我们询问了企业在推行企业社会责任过程中是否借鉴了其他企业的经验这一问题，根据管理者的回答，有 31.7% 的企业没有借鉴过其他企业的经验，有 38.2% 的企业借鉴过国内相关企业的经验，有 5.7% 的企业借鉴过国外相关企业的经验，有 24.4% 的企业同时借鉴过国内外相关企业的经验。总体来看，60.3% 的企业在要不要进行施行社会责任、施行哪方面的社会责任、施行到什么样的程度等方面，都或多或少地借鉴了国内外相关企业的做法与经验。

其次，我们询问了为实施企业社会责任，企业已经进行了哪些制度安排？69.6%的管理者提到其所在企业制定了相应的规章制度，30.7%的管理者指出其所在企业设置有专门的机构，15.2%的管理者指出其所在企业会定期组织工人举行管理人员的选举，44.4%的管理者指出其所在企业在进行社会责任时又一定的人员安排，27.6%的管理者则指出其所在企业为企业社会责任的实施设置了相应的监督机制，而19.8%的管理者提到，为了企业社会责任的实施，其所在企业设置有长期有效的投入机制。总体来看，企业为社会责任的实施都进行了或多或少的制度安排。

再次，我们询问了在实施企业社会责任时，对内与对外的宣传如何进行的问题。根据管理者的回答，52.1%的企业只是在企业内部宣传，28.6%的企业则没有任何宣传，12.7%的企业在少量的知名媒体上进行宣传，5%的企业花大量投入，进行大规模宣传，还有1.5%的企业局限在于几家不知名媒体宣传。总体来看，在企业或多或少施行企业社会责任时，利用媒体、网络等进行大规模宣传的是少数，毕竟媒体上宣传是要以金钱花费为代价的。

第四，主要利益相关者员工对于社会责任的知晓程度。根据管理者的回答，在关于"所在企业的工人是否知道企业社会责任"的问题上，6.2%的管理者认为工人都知道，41.8%的管理者认为工人大部分知道，45.4%的管理者认为工人少部分知道，6.6%的管理者认为工人根本不知道。总体来看，至少一半左右的工人对于企业施行的社会责任知晓甚少或者根本不知道。那么，企业是否会在推行社会责任的过程中对工人进行相应的培训（如守则培训）呢？根据管理者的回答，我们发现，只有19.9%的企业进行经常的培训，47.7%的企业进行少量零星的培训，32.3%的企业则完全没有培训。

（三）企业社会责任认证的情况

各类被调查管理人员共280人，有11.8%回答企业进行过相关社会责任的认证，如WARP（全球负责任的服饰生产标准）、ICTI（道德贸易联盟）、SA8000（社会责任国际标准体系，主要强调企业在劳工权益、环境保护、健康与安全等方面的责任）、CSC9000T（中国纺织服装企业社会责任管理体系）、ISO26000（国际标准化组织开发的社会责任，标准的核心部分覆盖了组织管理、人权、劳工、环境、公平经营、消费者权益保护、社区参与、社会发展、利益相关方合作等社会责任内容的九个方面）、

BSCI（Business Social Compliance Initiative，倡议商界遵守社会责任组织）、ISO9000（质量体系认证）等。

92% 左右的管理者回答其所在企业未进行社会责任认证，在问及为什么企业未进行相关社会责任认证的原因时，管理者给出的排在第一位的理由是：企业目前没有这方面的压力（35.5%）、实施成本太高，若实施企业将无法生存（21.3%）、已经有本土或地方化的社会责任了，没必要搞西方的这种社会责任（14.2%）、企业所做的已经超过此标准（11.5%）、若实施，企业赚的钱会减少（10.4%）、这些东西只是个形式，有没有实施不重要（7.4%）。排在第二位和第三位的理由上，也都是以回答“企业目前没有这方面的压力”为最多。综合管理者给出的排在第一位、第二位和第三位关于社会责任认证未进行的理由看，共有 457 人次对未认证的理由进行了选择，未认证的各项理由排序依次为：企业目前没有这方面的压力（139 人次，占 30.4%）、实施成本太高，若实施企业将无法生存（81 人次，占 17.7%）、已经有本土或地方化的社会责任了，没必要搞西方的这种社会责任（77 人次，占 16.8%）、若实施，企业赚的钱会减少（67 人次，占 14.7%）、这些东西只是个形式，有没有实施不重要（59 人次，占 12.9%）、企业所做的已经超过此标准（35 人次，占 7.6%）。详见表 3.3。

表3.3 管理者眼中企业未进行社会责任认证的原因

	第一位		第二位		第三位	
	频次（人）	百分比（%）	频次（人）	百分比（%）	频次（人）	百分比（%）
企业所做的已经超过此标准	21	11.5	8	5.6	6	4.6
实施成本太高，若实施企业将无法生存	39	21.3	25	17.4	17	13.1
若实施，企业赚的钱会减少	19	10.4	27	18.8	20	15.4
企业目前没有这方面的压力	65	35.5	33	22.9	41	31.5
这些东西只是个形式，有没有实施不重要	13	7.1	23	16.0	23	17.7
已经有本土或地方化的社会责任了，没必要搞西方的这种社会责任	26	14.2	28	19.4	23	17.7
小计	183	100.0	144	100.0	130	100.0
缺少值	97		136		150	
合计	280		280		280	

五、企业社会责任认知理解与制度化实践之间的关系研究

对于企业社会责任的实施以及制度化，管理人员的认知与理解、推动与践行都是非常重要的，已有学者对私营部门社会责任实施过程中管理者个人价值及其变化之影响进行分析（Christine A. H. & Patrick W. M., 2004）。但是，仅仅讨论或者考察管理人员企业社会责任认知与理解和社会责任实施之间的关系是不够全面的，在这部分，我们希望考察的是相对于管理人员的客观特性（如性别、年龄、文化程度、职位、工作经历等）、企业特性而言，关于社会责任的认知理解对于社会责任的制度化实践而言，到底起到了一种什么样的作用，效率导向的社会责任认知对于社会责任践行会有什么样的后果？

在上部分关于企业实施过哪些方面的社会责任时，我们一共列出了14项企业或多或少做过或者做得比较成功的社会责任，基于目前关于社会责任探讨时一般文献较为关注四类重要对象：股东、员工、顾客、社区，关注员工责任、法律责任、公益责任和经济责任，我们将重点分析管理人员客观特性、企业特性、管理人员的社会责任认知理解与员工责任、法律责任和公益责任之间的关系。

员工利益是企业社会责任中最直接和最主要的内容，它包括劳动法意义上保证雇员实现其就业和择业权、劳动报酬获取权、休息休假权、劳动安全卫生保障权、职业技能培训享受权、社会保险与社会福利待遇取得权，也包括企业按照高于法律规定的标准对雇员担负的道德义务。如果管理人员认为其所在企业已经较好地履行了“保护员工健康”或“确保员工待遇”方面的责任，则将其归为履行了员工责任。调查发现，36.1%的企业员工社会责任履行较好，63.9%的企业未关注员工社会责任或履行较差。

企业社会责任最基本的是企业的法律责任，强调企业需遵守国家的各项法律，不违背商业道德。它意味着管理者必须在制定政策、做出决定及行为方面不能超越法律认为的最低要求（转引自Christine A. H. & Patrick W .2004）。如果管理人员认为其所在企业已经较好地遵循了“依法纳税”或“遵守国家法律”两个项目的责任，则将其归为履行了法律责任。调查发现，45.7%的企业较好地履行了法律责任，54.3%的企业未关注法律责任或履行较差。

公益责任主要是企业对社会慈善事业和其他公益事业的社会责任。如

果管理人员认为其所在企业已经较好地进行了“扶贫解困和捐助社会慈善事业、捐资文教事业或捐建公共设施”活动，则将其归为履行了社会公益责任。调查发现，22.9% 的企业较好地履行了公益责任，77.1% 的企业未关注公益责任或履行较差。

我们以管理人员个人客观特性（性别、年龄、文化程度、职位和国有/集体企业工作经历）、企业特性（所有制、员工规模、销售规模、经营模式、与国际市场联系、使用农民工比例、招工难易程度、决策集权状况）、企业社会责任实施逻辑和管理人员企业社会责任认知效率导向程度为自变量，分别以员工责任、法律责任和公益责任为因变量，利用 SPSS 二分类 Logistic 模型分析，获得了三个模型的 logit 系数和标准误数据如下，详见表 3.4 中。

表3.4　企业社会责任实施影响因素的logit分析

	员工责任		法律责任		公益责任	
	Logit系数	标准误	Logit系数	标准误	Logit系数	标准误
性别：男性	-.298	.398	-.739	.424	.255	.469
年龄	-.022	.028	-.051	.030	-.080*	.040
文化程度：高职及以下	1.406	.908	2.794**	1.004	.133	1.113
大学专科	1.300	.728	1.919*	.770	.824	.868
大学本科	.195	.576	.223	.600	-.274	.694
培训经历：各类MBA/EMBA培训	1.247*	.579	1.175	.607	.490	.680
其他各类工商管理培训班	.716	.444	.953	.498	-.723	.590
职位：总经理/副总经理	-1.348*	.677	-.312	.670	.989	.912
部门经理	-.086	.434	.073	.466	.889	.582
国有/集体企业工作经历	.073	.426	.324	.447	-.009	.537
所有制：国有/集体	.050	.527	.297	.539	.916	.629
外资/合资	.060	.459	.194	.475	-.307	.612
企业员工规模：200人以下	-.430	.635	.182	.660	.954	.791
200-499	.001	.576	.406	.594	.421	.718
500-999	-.046	.711	.785	.740	.388	.820

企业销售规模：1000万元以下	-.418	.773	.381	.799	-2.644*	1.140
1000-3000万	-.132	.679	-.192	.707	-.653	.833
3000万元—1.5亿元	-1.083	.628	-.356	.633	-1.606*	.818
1.5-3亿元	-.109	.680	.296	.711	-.176	.786
企业经营模式：自有品牌	-.411	.560	.006	.567	.401	.714
特许经营	.036	.766	.789	.839	1.514	.954
来件/来料加工	-.550	.758	.009	.781	.884	.970
企业与国际市场的关系： 全部内销	.947	.642	.011	.629	-.634	.812
内销为主，外销为辅	.602	.645	-.107	.653	-.736	.832
外销为主，内销为辅 全部外销	1.282	.756	.596	.774	-.512	.885
全部外销	1.329	.694	-.046	.719	.613	.842
企业使用农民工比例：90%以上	-1.407	.806	-1.340	.818	.082	1.037
70-90%	.149	.676	-.236	.682	1.937*	.835
50-69%	-.840	.812	-.200	.830	1.311	1.014
50%以下	-.288	.558	-.065	.563	.665	.694
企业招工难易状况： 一直缺工	-.468	.741	-.553	.757	-1.536	.931
旺季才缺工	.290	.724	-.097	.788	-1.486	.909
不缺工人	.178	.621	-.277	.656	-.342	.707
企业决策集权状况	.236	.367	1.005**	.384	1.053*	.485
企业社会责任实施逻辑： 效率导向	.221	.431	.565	.455	1.172*	.544
两者并重	-.281	.417	-.793	.439	-.734	.571
管理人员社会责任认知 效率导向程度	-2.360*	1.168	-3.816**	1.286	-.121	1.368
Chi-Square	46.85		72.68		70.15	
2log likelihood	-239.86		-223.96		-171.62	
R Square / Nagelkerke R Square	0.197		0.288		0.280	

注：*P<0.05，**P<0.01，***P<0.001；作为参照类删除的变量有：女性、

研究生及以上、没有参加过培训、无国有、集体企业工作经历、私营企业、员工规模在1000人以上、销售规模在3亿元以上、其他经营模式、企业与国际市场关系不清楚、企业没有农民工、企业招工难以不知道、决策非集权、社会责任实施社会认可导向。

就表3.4关于二分类对数线性模型分析的结果看：对于员工责任实施，具有统计学意义上显著性影响的因素分别为：培训经历、职位、管理人员社会责任认知效率导向程度。接受过各类MBA/EMBA培训的管理人员，其所在企业在员工责任实施方面做得相对较为成功，职位为总经理副总经理的管理人员，其所在企业员工责任实施相比于一般管理人员而言，员工责任实施较为成功实施的比例低。在关于员工责任的对数线性回归分析中，最有意义的是发现企业社会责任认知效率导向程度对于员工责任实施的负面影响，管理人员对于社会责任实施的认知和理解越是效率导向，企业员工责任的实施则越差。

对于企业法律责任的实施而言，对其有统计学意义影响的要素分别为文化程度、企业决策状况以及管理人员社会责任认知效率导向，我们也发现，管理人员越是效率导向，则该企业法律责任实施方面就做得非常一般或者根本没有实施。

对于公益责任而言，对其有显著性影响的要素分别为年龄、企业销售规模、企业使用农民工比例、企业决策集权状况与企业社会责任实施逻辑。管理者认为企业在施行社会责任时是效率导向逻辑的，其目前所在企业在公益责任方面做得相对比较好。是否可以认为，企业公益责任的施行主要是出于效率的考量，而不是因为追求政府、行业或者社会的认可。

从上面的分析中，我们可以看到企业社会责任实施上，员工责任、法律责任的实施状况，人的因素影响是更为重要的，包括在企业中具有决策权、监督、影响力的管理者本身文化程度、是否接受过深受西方文化价值与理念影响的MBA/EMBA教育和各类工商管理的培训以及这些管理者对于企业社会责任是如何认知的，如果管理者对于企业社会责任的认知与理解比较倾向于效率导向，那么在员工责任和法律责任的施行上，可能会采取尽量保持最低限度的原则，如果管理者对于企业社会责任的认知与理解上效率导向的程度较低，则企业在员工责任和法律责任的实施上就会相对比较好。而就公益责任而言，只要企业资金情况允许，则管理人员出于社会责任可能带来效率的考虑，会在某些方面进行投入。

六、结论

从问卷调查收集的资料分析看，目前企业管理人员的社会责任认知偏向于经济责任，同时对于中国现阶段企业应该履行的社会责任有高度的共识，其社会责任认知的效率导向程度处于中间状态，可以认为是游走在效率与合法性之间。

企业在社会责任方面做得相对不错的是依法纳税、为消费者提供优质的产品和服务、遵守国家法律法规，其责任履行相对被动却局限于最基本的层面。从管理人员的视角看，企业履行社会责任的主要动力机制基于三种逻辑：效率逻辑、合法性逻辑、效率和合法性并重逻辑。在全部样本中，回答企业进行了社会责任认证的比例较低，不足 12%，企业未进行社会责任认证的主要原因是基于控制成本的考量。

从对企业员工责任、法律责任和公益责任的多因素对数线性回归分析看，当下被调查企业社会责任的实施，更大的程度上是取决于人的因素而不是企业客观特性和制度化建制的约束。在实施社会责任上有决定、影响权的管理者的文化程度、培训经历及其社会责任认知效率导向的程度，在很大程度上决定了该企业的员工责任和法律责任实施状况，而对公益责任的实施程度，则在很大程度上管理者认为这样的行为能够在多大程度上为企业带来品牌、声誉、形象等方面的提升。

企业社会责任的推行与制度化，制度建设至关重要，而在建设这种制度的同时，对于有影响力的管理人员的价值观的塑造更为重要。中国的企业社会责任实践，既呼唤着与国际接轨的制度建设，更呼唤着有良知的管理者！

第二部分　企业对员工的社会责任与劳动关系

第四章
企业对员工的社会责任与劳动关系

一、基于利益相关者理论视角的社会责任概念

利益相关者理论是20世纪60年代左右，在美国、英国等长期奉行外部控制型公司治理模式的国家中逐步发展起来的。该理论认为任何一个公司的发展都离不开各种利益相关者的投入或参与。公司不仅要为股东服务，而且还要为众多的利益相关者服务。公司是由利益相关者组成的系统，公司的目标是为其所有利益相关者创造财富和价值（古丽娜、张双武,2004)。

“利益相关者”这个术语最早是由阿诺斯夫（Ansoff，1965)使用的，比较系统的探讨要归功于弗里曼（Freeman）的里程碑式的著作《战略管理：一种利益相关者方法》(Freeman，1984)。到今天为止，一个企业拥有利益相关者已成为学术和职业文献中的一种常识(Donaldson & Preston,1995)。

柯奈尔（Cornell）和夏普洛（Sharpiro）认为利益相关者是拥有合同索取权的人（Cornell & Sharpiro，1987)，而克拉克森（Clarkson）将利益相关者定义为：以某种具有价值的资本形式（人力或金融资本）在公司投资，并因投资或公司行为而承担某种风险的个人或群体（Clarkson，1995)。持有类似观点的还有希尔（Hill）和琼斯（Jones)，他们将企业利益相关者看作是向企业提供关键资源作为交换，并由此实现其利益者（Hill & Jones，1992)。弗里曼解释为：对企业战略目标的实现产生影响或者能够被企业实施战略目标的过程影响的个人或团体（Freeman，1984)。卡罗尔和巴克霍尔茨认为：“利益相关者是在一家企业中拥有一种或多种权益的个人或群体。利益相关者可能被企业的行动、决策、政策或做法所影响，也同样能够影响该企业的行动、决策、政策和做法。企业与利益相关者之间是互动、交织影响的关系”（卡罗尔、巴克霍尔茨，2004：45)。乔治·A·斯蒂纳和约翰·F·斯蒂纳(1997/2002)认为：利益相关者模型描述了企业是各种利益的中心，管理者拥有道德职责，要更为深入地考虑他们的决策对于各种

相关利益团体利益的影响。维克斯（Wicks）等人将利益相关者界定为企业相互作用且赋予企业意义和定义者 (Wicks,et.al.,1994)。Donaldson 和 Preston (1995) 觉得利益相关者是在企业行为的程序或权利义务方面具有合法性利益的个人或群体、能够影响到企业组织或受企业组织影响的个人或群体。

克拉克森提出两种有代表性的划分方法：一，根据相关群体在公司经营活动中承担的风险种类，可以将利益相关者分为自愿利益相关者和非自愿利益相关：前者是指在公司中主动进行物质资本和人力资本投资的个人或群体，他们自愿承担公司经营活动给自己带来的风险；后者是指出于公司活动而被动地承担了风险的个人或群体；二，根据相关者群体与公司联系的紧密型，将利益相关者分为初级 / 主要和次级 / 次要两类：前者是指一旦没有他们企业就无法正常运行的利益相关者，主要包括股东、投资机构、员工、消费者、供应商，以及作为公共利益相关者的政府和社区等提供公共服务的机构，企业与这些利益相关者之间有高度的相互依赖性。后者则指可以影响企业也可以被企业影响的群体，但他们不介入企业事务，并不是企业生存所必需的，包括媒体、社会团体、种族组织、宗教组织和一些非营利组织等（Clarkson，1995）。如下图所示：

图4.1　克拉克森Clarkson的利益相关者模型

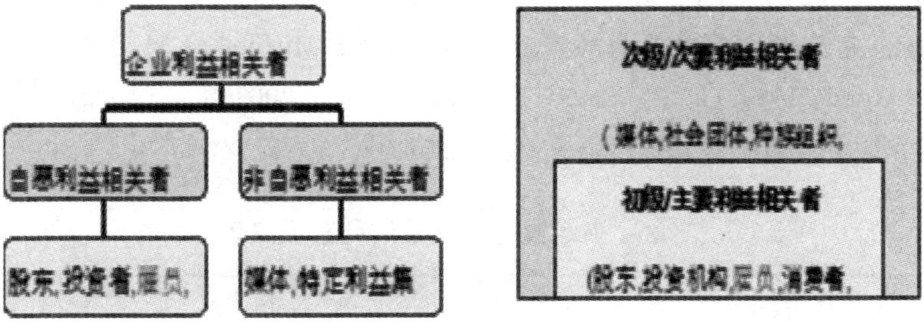

美国学者米切尔指出，利益相关者的认定和特征是利益相关者理论的核心，可以从 3 个属性——合法性：是否被赋有法律上的对于公司的索取权；权力性：是否拥有影响公司决策的地位、能力和手段；紧急性：能否引起公司管理层的关注——上对可能利益相关者进行评分认定。根据公司具体情况，利益相关者又可以被划分为以下三类：一，确定型利益相关者：同时拥有三种属性；二，预期型利益相关者：拥有三种属性中的两

项；三，潜在的利益相关者：只拥有一种属性 (Mitchell, R.M., B.R.Agle and D.J.Wood. ,1997)。如下图所示：

图4.2　米切尔Mitchell的利益相关者模型

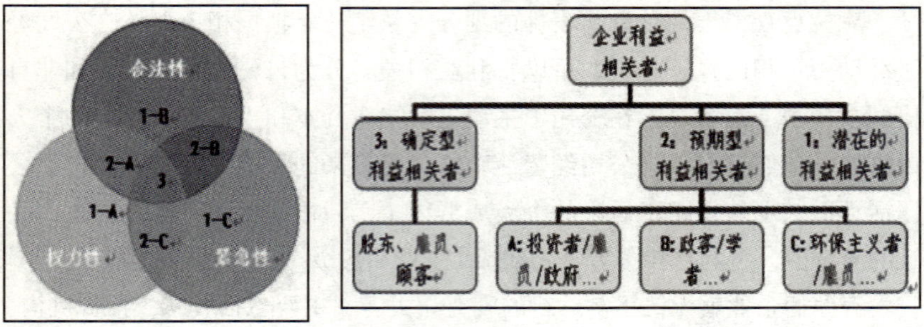

总的来说，利益相关者理论观点认为企业及其管理者对企业所有的利益相关者负责，并对特定的利益相关者有特定的责任，利益相关者理论把企业对股东的责任扩展到了对所有的利益相关者的责任，使企业不仅要处理好与股东的关系，而且要处理好与其他各种利益相关者的关系，承担起对利益相关者的责任。

从现有的利益相关者分类研究来看，如表 4.1 所示，无论哪一种分类方法，都将企业的消费者、雇员、股东、社会整体（社会公众或者政府）作为企业的主要的利益相关者群体（Freeman,1984; Mitchell, R.M., B.R.Agle and D.J.Wood. ,1997; Clarkson,1995; 陈宏辉、贾生华 ,2002），其中，雇员都是企业利益相关者中最直接、最主要、最核心的。

表4.1　　企业需承担社会责任的利益相关者

	股东	雇员	管理者	供应商	竞争者	经销商	顾客	债权人	社区	环境	政府	媒体	社会
Freeman	√	√	√	√	√		√	√	√		√	√	
Frederick	√	√		√	√	√	√	√	√		√	√	
Modic	√	√					√			√			
David		√		√			√		√				
Anderson		√					√		√	√	√		
Charksam	√	√		√		√	√	√	√		√	√	
Buchler		√					√		√	√			
Clarkson	√	√		√			√			√		√	

Linda	√	√	√	√			√		√	√	√		
Siagian	√		√	√		√	√	√	√		√	√	
Wheeler	√	√	√	√		√	√		√	√	√	√	√
Carroll	√	√					√		√	√	√		√
Subroto	√	√	√	√	√		√		√	√	√		

资料来源：作者整理

从利益相关者理论的角度而言，企业对雇员的社会责任是指企业在生产经营过程中所产生的、为满足雇员利益的内在要求，而对雇员承担的一种义务或责任。企业与雇员之间最基本的关系是建立在契约基础上的经济关系，除此之外还有一定的法律关系和道德关系。企业雇员是唯一处于企业内部重要的利益相关者，其积极性、主动性的发挥程度直接决定了企业的竞争力和发展后劲。因此，企业应该对员工承担一定的社会责任，这是毫无疑问的，但其承担的责任的具体内容应该包括哪些方面呢？

SA8000 标准是全球第一个可用于第三方认证的社会责任国际标准，旨在通过有道德的采购活动改善全球工人的工作条件，最终达到公平而体面工作条件。它的最初发布是在 1997 年 10 月，由经济优先事项协会（Council on Economic Priorities）的附属组织 SAI（Social Accountability International ）所倡导，从最初发布到最终形成国际化的标准，期间经过了 18 个月的公开咨询和深入研究。SA8000 的核心内容包括童工、强迫劳动、健康与安全、结社自由与集体协商的权利、歧视、惩戒措施、工作时间、报酬、管理系统等 9 个要素。

2005 年 5 月，中国纺织工业协会制订发布了“中国纺织企业社会责任管理体系”（CSC9000T），成为首个“中国制造”的行业性企业社会责任守则，其核心是建立以人为本的社会责任管理体系，核心内容包括管理体系、劳动合同、童工、强迫与强制劳动、工作时间、薪酬与福利、工会组织与集体谈判权、歧视、骚扰与虐待以及职业健康与安全等十个要素。2008 版的 CSC9000T 又增加了环境保护与公平竞争两条。

主要关注纺织和服装行业的 BSCI 标准，由欧洲外贸协会（FTA）倡议并由来自 15 个国家的 620 多名成员共同参与，2006 版的 BSCI 核心关注的领域包括管理实践、文件记录、歧视、结社自由 / 集体谈判自由、童工 / 未成年工、强迫劳动 / 惩戒措施 / 囚犯劳动、工作时间、薪酬、工作条件、职业安全与卫生、健康与社会福利设施、宿舍。

西方一些学者认为，企业对雇员承担的社会责任应如表 4.2 所示：

表4.2　企业对雇员承担的社会责任

内容	指标
合理的工资水平；足额、按时发放工资和奖金	工资待遇
合理的工作时间	劳动时间
安全、健康的工作环境；职业安全与保健	劳动保护
卫生、适宜的工作环境	劳动环境
社会保险以及福利待遇	福利待遇
基本的人格尊严地位	尊严地位
学习、培训的机会	培训学习
平等的升迁机会	晋升机会
平等的就业机会	就业机会
民主参与企业管理的机会	参与管理
集体谈判、组织工会的权利	组织权力

资料来源：Graafland J.J.& S.C.W.Eijffinger,2004

在这里我们结合 SA8000、CSC9000T、BSCI 的核心关注以及学者的研究成果，特别结合中国的劳动法对于员工权益的核心关注，将重点考察的企业对雇员承担的社会责任定位为：劳动时间、工资待遇、劳动合同、社会保险、劳动安全与保护、尊严地位（人身安全与自由)、工会组织与参与。在进行分析时我们将从员工视角出发，从制度安排和实践、制度认知和评价两个方面对企业社会责任遵循的 7 个主要方面进行考察。

二、企业对雇员承担社会责任状况

本部分我们将以 8 个城市 24 个企业进行的工人问卷调查资料为主要依据，配合管理人员和员工访谈，对企业社会责任遵循情况进行分析。表 4.3 是问卷调查涉及 24 个企业的基本情况。

表4.3 24个案例企业基本情况

企业代码	与国际市场联系情况	产品特性	企业所有制	地区	员工规模
Hn1	有跨国订单生产	纺织	国有	新野	3000以上
Hn2	有跨国订单生产	纺织	私营	新野	1000-2000
Bj1	较大程度依赖出口	服装	合资（日资）	北京	1000-2000
Bj2	较大程度依赖出口	服装	合资（其他）	北京	2000-3000
Bj3	较大程度依赖出口	服装	私营	北京	1000-2000
Bj4	有跨国订单生产	服装	私营	北京	2000-3000
Q1	有跨国订单生产	鞋帽	私营	泉州	3000以上
Q2	较大程度依赖出口	印染	私营	泉州	500-800
Q3	较大程度依赖出口	箱包	合资（港资）	泉州	1000-2000
Q4	有跨国订单生产	纺织	私营	泉州	2000-3000
Q5	有跨国订单生产	鞋帽	私营	泉州	3000以上
Sh1	无跨国订单	印染	私营	上海	100人以下
Sh2	有跨国订单生产	服装	私营	上海	100-200
Sh3	有跨国订单生产	服装	国有	上海	400-500
Sh4	较大程度依赖出口	服装	合资（日资）	上海	100-200
Sh5	有跨国订单生产	服装	私营	上海	100-200
Sz1	较大程度依赖出口	服装	私营	深圳	100-200
Sz2	无跨国订单	服装	私营	深圳	400-500
Sz3	较大程度依赖出口	服装	合资（港资）	深圳	300-400
Nb1	较大程度依赖出口	服装	私营	宁波	1000-2000
Nb2	有跨国订单生产	服装	私营	宁波	2000-3000
Sx1	有跨国订单生产	印染	私营	绍兴	500-800
Sx2	有跨国订单生产	服装	私营	绍兴	100人左右
Yh	较大程度依赖出口	丝绸	私营	余杭	300-400

以企业与国际市场的联系看，24 个企业中，10 个在较大程度上依赖跨国订单，12 个有跨国订单，但国内市场占有很重要的地位，2 个无跨国订单，完全依靠国内市场。依赖跨国订单和有跨国订单的居多。

以企业主要产品领域看，3 个为纺织企业，14 个为服装企业，1 个丝绸企业，1 个箱包企业，2 个鞋帽企业，3 个印染企业，服装企业居多。

以企业所有制性质看，2 个为国有企业，5 个为合资企业，17 个为私营企业，私营企业居多。

以企业规模看，2 个在 100 人左右，4 个在 100-200 人，2 个在 300-400 人，2 个在 400-500 人，2 个在 500-800 人，5 个在 1000-2000 人，4 个在 2000-3000 人，3 个在 3000 人以上。居多的是规模偏小的和规模较大的两类企业。

（一）劳动时间

SA8000、CSC9000T 以及相应的企业社会责任的条款都强调，企业应当遵守国家法律、法规有关工作时间和休闲休假的要求。根据 1995 年出台的《劳动法》的规定：企业每天在正常 8 小时工作时间之外，每天加班不能超过 3 小时，一周加班不能超过 9 小时，每周至少休息 1 天，每月累计加班不得超过 36 小时[1]。即工人每月的工作时间最多不应该超过 207.5 小时。

从被调查的 24 个企业看，其员工的平均工作时间都超过了 207.5 小时，最少的超出 1 个小时，最高的超出 159.1 个小时，平均每月超过法定最高限劳动时间为 61.2 小时。

从企业所有制看，超时劳动最多的是合资企业，平均超过法定最高限劳动时间 72.3 小时，其次是私营企业，平均超过法定最高限劳动时间 64.4 小时，超过法定最高限劳动时间相对较少的是国有企业，平均为 6.5 小时。

从企业所在地看，超时劳动依照超过最高法定劳动时间的数量依次为余杭（159.1 小时）、深圳（107.7 小时）、绍兴（93.4 小时）、上海（70.6 小时）、宁波（50.6 小时）、泉州（43.4 小时）、北京（31.0 小时）、新野（2.7 小时）。

从企业与国际市场联系的情况看，较大程度依赖跨国订单的企业超过最高法定劳动时间的数量最大，平均为 69.8 小时，其次是有一些跨国订单的企业，平均超过最高法定劳动时间的数量为 50.0 小时，无跨国订单的企业平均超过最高法定劳动时间的值是 48.9 小时。详细情况见表 4.4。

[1] 材料引自：《中华人民共和国劳动法》，第三十六与第四十一条相关内容：http://www.gov.cn/ziliao/flfg/2005-08/05/content_20968.htm，访问日期2011年2月17日

表4.4　企业对雇员社会责任的基本状况

企业代码	工作时间（小时）	最低工资	上月平均工资（元）	无加班工资者比例（%）	加班工资（认为高于平时工资者比例）	劳动合同“签订比例”与“拥有合同副本比例”	养老保险“参加养老保险比例”	工伤保险“参加工伤保险比例”
Hn1	208.8，超1小时	符合	1167.5	12	60%	88%，53%	86%	48%
Hn2	211.9，超4.4小时	符合	1118.0	22	43%	24%，80%	25%	22%
Bj1	240.2，超32.7小时	符合	1423.2	50	19%	87%，93%	14%	52%
Bj2	230.7，超23.2小时	符合	1187.8	52	33%	93%，40%	65%	49%
Bj3	245.3，超37.8小时	符合	1281.4	61	23%	90%，95%	0	6%
Bj4	237.5，超30小时	符合	1351.1	46	16%	85%，95%	26%	42%
Q1	342.5，超135小时	符合	1914.6	30	33%	18%,43%	3%	19%
Q2	219.7，超12.2小时	符合	1938.4	50	36%	100%,82%	79%	49%
Q3	248.4，超40.9小时	符合	2100.9	31	38%	78%,42%	37%	40%
Q4	215.5，超8小时	符合	2154.7	35	42%	95%,97%	58%	81%
Q5	228.3，超20.8小时	符合	1828.0	56	25%	100%,100%	57%	62%
Sh1	213.0，超5.5小时	符合	1447.4	75	0%	50%，90%	21%	30%
Sh2	284.0，超76.5小时	符合	1732.7	9	50%	91%，100%	0	19%
Sh3	219.5，超12小时	符合	1582.7	3	80%	94%，93%	61%	40%
Sh4	364.9，超157.4小时	符合	2249.3	14	11%	88%，78%	31%	6%

Sh5	309.1，超101.6小时	符合	1985.0	32	13%	86%，21%	14%	0
Sz1	331.0，超123.5小时	符合	1955.3	30	23%	18%，72%	0	20%
Sz2	299.7，超92.2小时	符合	2075.5	0	25%	83%，92%	19%	29%
Sz3	314.9，超107.4小时	符合	1489.3	11	27%	57%,0	0	2%
Nb1	285.4，超77.9小时	符合	1782.2	3	22%	100%,90%	21%	34%
Nb2	230.9，超23.3小时	符合	1771.0	18	19%	92%,53%	45%	74%
Sx1	277.1，超69.6小时	符合	1862.0	6	0%	100%,97%	68%	40%
Sx2	324.8，超117.3小时	符合	1514.3	25	37%	57%，71%	18%	15%
Yh	366.6，超159.1小时	符合	2398.3	33	40%	13%,49%	11%	8%

以员工为分析对象，调查发现，员工平均每月的劳动时间为 273.1 小时，分户籍而言，农民工为 278 小时，城镇工为 248 个小时。根据国家统计局发布的“2009 年农民工监测调查报告”资料，2009 年以受雇形式从业的外出农民工平均每个月工作 26 天，每周工作 58.4 小时，每月工作 250.3 小时。比较起来，我们样本中农民工的劳动时间要高于全国的平均水平。

如果将员工分为有加班和没有加班两个群体，则有 35% 的员工回答平时没有加班，这些员工平均每月的劳动时间为 250.9 小时，有 65% 的员工回答平时有加班，其平均每月的劳动时间为 286.6 小时。可以看到，即使是那些回答平时没有加班的员工，其每月平均劳动时间已然超出了国家法定的最高劳动时限。

从员工所在企业所有制的性质看，合资 / 外资企业员工的劳动时间最长，平均每月为 285.5 小时，其次是私营企业，平均为 274.6 小时，相对超时较少的是国有企业，平均每月劳动时间为 229.5 小时。

从员工工作企业所在地看，余杭丝绸企业员工的劳动时间最长，平均为 365.6 小时，依次为深圳（312.8 小时）、绍兴（309.3 小时）、上海

（298.3 小时）、宁波（254.2 小时）、泉州（251.6 小时）、北京（238.2 小时）、新野（211.1 小时）。

从员工所在企业与国际市场联系的情况看，较大程度依赖跨国订单生产的员工平均每月劳动时间为 277.3 小时，有一些跨国订单生产企业的员工平均每月劳动时间为 272.4 小时，无跨国订单生产企业的员工平均每月劳动时间为 213.1 小时。

总体而言，被调查企业在员工劳动时间方面的社会责任遵循很不理想，违规加班现象普遍存在，部分企业员工每天晚上加班 4 到 5 个小时，每月工作时数超过 300 小时。有的企业虽然实行综合计算工时制，但总加班时间仍超出法律允许的加班时间上限，有的企业自当地劳动行政主管部门取得了实行综合计算工时制的批准文件，但文件内容与现行劳动法关于工作时间的规定明显冲突。违规加班、超时工作尤为严重的是那些较大程度依赖跨国订单生产的、合资 / 外资企业。

（二）工资待遇

CSC9000T 和 SA8000 关于企业对员工工资的社会责任都强调了应按时向员工支付工资，工资水平不应该低于法律、法规要求或行业的最低标准。《劳动法》也强调企业工资分配应当遵循按劳分配原则，实行同工同酬、不得克扣或者无故拖欠劳动者的工资。

调查发现，24 个企业都能够遵循当地最低工资标准，企业基本上将当地最低工资标准作为员工的基本工资，在调查进行的 2009 年，最低工资最低的是河南新野，为 450 元 / 月，最高的是深圳，为 1000 元 / 月。员工如希望获得比最低工资更多的收入，则需要加班。企业对员工工资待遇方面的社会责任欠缺主要表现在：

（1）**工资水平偏低**。24 个被调查企业调查时的上月工资平均值为 1705 元，2009 年拿到的最高月工资平均值为 1951 元，最低月工资平均值为 1298 元。有 7 个企业员工上月工资的平均值不足当地职工平均月收入的 40%，4 个企业员工的上月工资平均值相当于当地职工平均月收入的 40–60%，只有 5 个企业员工的上月工资平均值与当地职工平均月收入持平或稍高。从企业所在地看，上月收入相当于当地职工平均月收入比例，由低往高分别是：北京 28%，余杭 106.7%，新野 56.8%，宁波 79%，泉州 107.1%，上海

42.2%，绍兴 72.4%，深圳 75.8%。

（2）**部分企业加班工资支付未按《劳动法》规定执行**。一些员工指出其在企业中加班没有加班工资，有的企业多达 75% 的员工指出加班没有支付加班工资，至少有 6 个被调查企业的 50% 以上员工指出日常加班无加班工资。从企业所在地看，回答加班无加班工资的比例由高往低分别是：北京 52%，泉州 39%，余杭 33%，绍兴 20%，上海 18%，新野 16%，深圳 12%，宁波 11%。从员工回答加班工资支付的情况看，即使有加班工资，大多数企业的加班工资计算与支付上也存在着不少问题，表现为加班工资只按平时工资计算，甚至低于平时工资。调查发现，做得最好的上海某国有企业，80% 被调查员工指出加班工资要高于平时工资，而那些做得较差的企业，则基本上只按平时工资计算。从企业所在地看，加班工资高于平时工资的比例由高往低分别是：新野 56%，余杭 40%，泉州 36%，上海 35%，深圳 25%，绍兴 24%，北京 23%，宁波 20%。

（3）**存在工资不按时、足额发放的情况**。有 61.5% 的员工表示工资总是能够按时发放，29.7% 的表示偶尔不能按时发放，8.8% 的表示经常不能按时发放。从单个企业来看，主要有三家企业在这方面做得较差，一家是余杭的丝绸企业，另外一家是泉州某鞋帽企业和深圳的某服装企业，被调查员工中回答工资不能按时发放的比例高出了 25%。工资的足额发放近年来有较大好转，76% 的员工表示总能够足额发放工资，但是还存在个别企业经常不能足额发放工资的情况，主要是余杭的丝绸企业，在被调查的该企业员工中，有 10.9% 的人回答经常不能足额发放。

（4）**劳动付出与收入回报不对称**。24 个企业 1021 名被调查员工的上月工资平均值为 1705 元，这一工资水平获得的代价是平均每天工作 9.9 个小时、每月工作 27.2 天、每月劳动时间平均 273 个小时却需较高的劳动强度。

（5）**不同身份员工相同时间投入获得的工资待遇存在差别**。这种差别最显著地体现在农民工[1]与城镇工之间。第一，工资水平的差异。资料分析显示，新生代农民工、第一代农民工与城镇工三个群体的工资收入存在显著差异。从收入结构上看，新生代农民工每月收入低于 1000 元的比例最高，占该群体的 15.2%，月工资在 2000 元以上的比例最低，占该群体的 13.5%，

[1] 我们把调查时年龄在30岁及以下的农村户籍的员工界定为新生代农民工，年龄在30岁以上的界定为第一代农民工

月平均收入比第一代农民工低 278 元。三个群体的工作时间存也在显著差异（Pearson 卡方 =80.06 ;Sig.= .000），平均每月的工作时间分别为 271 小时、295.7 小时和 246.6 小时，新生代农民工比第一代农民工每月少工作 24.7 小时，但比城镇工每月多工作 24.4 小时。第二，工作时间的差异。从工作时间结构上看，67% 左右的人每月工作时间在 240 小时以上，而第一代农民工 73% 的人每月工作时间在 240 小时以上。与之相反的是，城镇工每月工作时间在 240 小时以下的占 65%。第三，从相同时间的劳动投入获得的工资收入看，新生代农民工最低，城镇工最高。如果将每月工资收入与每月工作时间结合起来看，则新生代农民工、第一代农民工和城镇工三个群体每小时工作的收入分别为 5.9 元、6.3 元和 7.2 元。新生代农民工工资不能按时、足额发放的情形最多。第四，三个群体在企业偶尔或经常不能发放工资的比例分别为 42.1%、35.5% 和 31%，不能足额发放工资的比例分别为 26.8%、22.3% 和 16.1%，认为实际工资少于工资条上工资的比例分别为 8.2%、4.4% 和 2.7%。新生代农民工中加班无加班工资的为 26.1%，不知道有加班工资的占 17.1%，第一代农民工加班无加班工资的为 29.5%，不知道有加班工资的占 21%。回答有加班工资的人中，35.8% 的人指出加班按平时工资计算，28.4% 的人不知道加班工资怎么算。分群体而言，新生代农民工回答加班按平时工资计算的比例最低，回答不知道加班工资怎么计算的比例最高，详见表 4.5。

表4.5　农民工的工作时间与工资收入

全部农民工	当地最低工资（2009年（元）	上月工资（元）	最高月工资（元）	最低月工资(元）	日工作时间（小时）	周加班工作时间（小时）	月工作时间（小时）
北京	800	1322.0	1589.4	910.4	9.3	27.1	236.2
上海	960	1869.1	2090.9	1313.3	10.0	26.3	303.4
深圳	1000	1779.1	2091.4	1338.0	9.4	27.4	307.4
宁波	960	1627.1	1822.6	1167.2	9.2	27.8	259.1
绍兴	850	1514.6	1920.6	1160.8	11.2	28.5	324.1
余杭	960	1951.6	2281.7	1606.9	12.0	29.1	339.7
泉州	650	1805.4	2061.0	1364.3	10.3	26.8	248.7
新野	450	1089.5	1168.0	938.9	9.2	27.3	216.9
平均值		1601.2	1868.8	1179.8	9.8	27.3	271.1

(三) 劳动合同

公平的劳动合同可以充分体现企业对员工的社会责任。在劳动合同的签订方面，以往的调查和研究显示的数据并不乐观。据劳动社会保障部2004年对全国40个城市的抽样调查，农民工劳动合同的签订率仅为12.5%(中国农民工问题研究总报告起草组，2006)。本课题组调查的24个企业1021名员工，合同签订的比例达到了73.3%，相比于之前和建筑行业极低的劳动合同签订率，这是一个很不错的成绩。但企业在此方面社会责任的遵循，依然有不少有待改进之处。

第一，一些企业的劳动合同签订率还是过低。调查发现，有4个企业合同签订率为100%，6个企业合同签订率90%以上，6个企业合同签订率在80-90%之间，但有4个企业的合同签订率低于30%。

第二，员工对劳动合同内容知情权不够充分，劳动合同的公平性还有待改进。那些签订了劳动合同的员工中，有25%左右的员工在签订劳动合同之前，企业并没有如实告诉其关于“工作内容、工作条件、工作地点、职业危害、安全状况、劳动报酬”等情况，从企业所在地看，企业未告知员工合同相关信息的比例由高而低分别是：深圳43.4%、绍兴43.4%、北京32.8%、宁波22.7%、上海16.9%、余杭14.3%、泉州9.8%、新野3.7%。从企业与国际市场的联系看，较大程度依赖跨国订单生产的企业在合同信息告知方面做得较差，有28.8%的员工指出其在签订合同前未获企业关于合同内容的信息。从企业所有制看，国有企业在这方面做得相对较好，其次是私营企业，做得较差的是外资企业，员工回答未获知合同内容信息的比例达29.8%。从企业的规模看，员工人数低于500人的做得较差，员工回答未获知合同内容信息的比例达30.3%。从员工的户籍身份看，新生代农民工的这一这一比例(28.7%)要高于第一代农民工(24.9%)，更高于城镇工(11.5%)。

第三，劳动合同签订形式化。一些签订了劳动合同的员工未持有劳动合同副本，全部被调查企业中，6个企业员工持有劳动合同副本的比例不足50%，全部被调查员工中，18.3%的人未持有劳动合同副本。从企业所在地看，员工未持有劳动合同副本的比例由高往低分别是：余杭57.1%、新野41.5%、深圳37.8%、宁波31.3%、上海24.6%、北京21.1%、泉州19.1%、绍兴17.1%。从企业所有制看，外资企业员工持有合同副本的比例最高，为42.6%，从企业与国际市场联系看，较大程度依赖跨国订单生产企业员工未持有劳动合同副本的比例最高，为 31.2%，从企业规模看，500 人以下小企业员工未持有劳动合同副本的比例最高，为 31.2%。从员工的户籍身份看，第一代农民工未持有劳动合同副本的比例最高，为 34.4%。

第四，劳动合同短期化倾向。总体来看，企业与员工签订的劳动合同以短期合同为主，签订 2 年及以下合同者占 48.1%，签订 3-5 年者占 32.2%，签订无固定期限合同者 19.6%。从员工户籍身份看，企业与城镇工签订无固定期限劳动合同的比例较高，占 31.1%，而与农民工签订无固定期限合同的比例则更低，这一比例在第一代农民工中为 23%，在新生代农民工中为 14.7%。

第五，未签劳动合同的主要原因在于企业。通过进一步询问未签劳动合同的原因，发现员工本人不想签的比例为 13.0%，其余的都是因为企业不愿意签订或者有意忽略造成。

（四）社会保险

纺织服装行业的 CSC9000T 管理体系以及相应的其他社会责任标准都强调了企业应当遵守不低于国家法律、法规之福利要求，指出企业应按照国家规定按时足额缴纳社会保险费。按照现行《劳动法》和《劳动合同法》的要求，企业需要为员工履行的最基本的社会保险责任包括医疗、养老、失业和工伤保险四个方面。从 24 个被调查企业的基本情况以及员工的问卷调查看，企业在这四个方面的责任履行相对较差。

首先看医疗保险的情况。问卷调查显示，员工参加基本医疗保险的比例为 46%，没有参加的为 50.8%，不知道自己是否参加的为 3.2%。以企业为对象进行分析发现，24 个企业中，有 9 个企业员工参加医疗保险的比例不足 30%，而同时也有 9 个企业员工参加医疗保险的比例超过 60%，基本上员工参加医疗保险比例较高的是国有企业（74.7% 参加）、无跨国订单生产的企业（50% 参加）、员工规模在 1000 人以上的企业（49.6% 参加）。而从户籍身份看，则表现为农民工的医疗参保率（42.3%）低于城镇工（64.3%）。

其次是养老保险的情况。问卷调查显示，24 个企业员工平均参加养老保险的比例为 31.7%，未参加的比例为 64.6%，不知道自己是否参加的为 3.7%，有 9 个企业员工的养老保险参加比例不足 20%，有 5 个企业员工的养老保险参加率超过 60%，其余的都在 20%-59% 之间。参加养老保险情况相对较好的是国有企业（66.3% 参加）、501-1000 人员工这样中等规模的企业（65.1% 参加）、有跨国订单又并不全然依赖国际市场的企业（35% 参加），企业对城镇工履行养老保险责任的情况（64.7% 参加）要好于农民工（参加的只有 25.1%）。

第三是承担失业保险情况。总体来看，24 个企业中的 1021 名员工，有 16.1% 的人参加了失业保险，79.3% 的人没有参加失业保险，员工中有 4.7% 不知道自己是否参与了失业保险。从单个企业情况来看，有 5 个企业完全没有为员工缴纳失业保险，有 5 个企业只为不足 10% 的员工缴纳了失业保险，做得最好的泉州的一家私营企业，也只是为 46.2% 的员工缴纳了失业保险。相比较而言，在失业保险方面承担比例稍微高一些的是国有企业（19.1% 的员工参与）、有跨国订单但又不是全然依赖国际市场的企业（16.6% 参加）、企业员工在 501-1000 人之间的企业（25.3% 参加）、城镇工（32.5% 参加，相比之下农民工参加的比例只为 12.8%）。

第四是工伤保险承担情况。总体来看，24 个企业中的 1021 名员工，有 32% 参加了工伤保险，60.2% 没有参加，7.9% 的员工不知道自己是否已经参加。泉州一家参加了 CSC9000T 的企业，员工参加工伤保险的比例最高，为 80.6%，不过更多的企业对员工工伤保险承担的比例都很低，有 5 个企业只为不足 10% 的员工承担了该项保险，有 7 个企业为员工承担工伤保险的比例在 10-30% 之间。相比较而言，在失业保险方面承担比例稍微高一些的是国有企业（38.3% 的员工参加）、有跨国订单但又不是全然依赖国际市场的企业（35.1% 参加）、员工规模在 1000 人以上的企业（42.5% 参加）、城镇工（48.8%，相比之下，农民工参加的比例为 28.6%）。

表 4.6 非常简要地列出了 24 个企业按所在地统计的社会保险参与的基本情况，结合以上对问卷调查资料的分析，企业在四项社会保险责任的承担方面都有待极大的改进，尤以失业保险为甚，这也是目前企业做得最差的，企业的养老保险和工伤保险也只是覆盖到了三分之一的员工，医疗保险的情况稍好，但企业也只是为不足 50% 的员工缴纳了此项保险。而企业在面对农民工这个群体的社会保险责任履行上，则尤为不足，虽然目前企业在四项保险上的参保比例已经比全国农民工的水平略高。根据人力资源和社会保障部关于年度劳动和社会保障事业发展统计公报的资料，2009 年农民工参加医疗保险的比例为 29.8%，参加养老保险的比例为 18.2%，参加

失业保险的比例为 11.3%，参加工伤保险的比例为 38.4%。

表4.6　24个企业按所在地统计的社会保险参与情况

	参加医疗保险比例（%）	参加养老保险比例（%）	参加失业保险比例（%）	参加工伤保险比例（%）	有效样本（人）
北京	46.8	27.1	3.9	37.6	205
上海	56.8	31.3	4.1	16.4	146
深圳	42.6	8.1	3.4	18.2	148
宁波	42.4	34.3	6.0	57.4	68
绍兴	20.4	33.3	2.8	23.1	108
余杭	18.9	11.3	0	7.4	54
泉州	56.0	47.0	6.0	50.0	184
新野	60.4	58.2	11.0	36.3	91
合计	46.0	31.7	4.7	32.0	1004
农民工	42.3	25.1	12.8	28.6	835
城镇工	64.3	64.7	32.5	48.8	168

总结：被调查企业承担员工社会保险方面的责任不足，多数未为员工全员缴纳各项社会保险费用，有的企业则按照当地行政主管部门核定的比例缴纳。

另一方面，企业员工，尤其是外来工，普遍对社会保险制度缺乏信心，拒绝参保，使得很多企业陷入两难境地。

（五）劳动安全与保护

企业对员工劳动安全与保护的核心责任，应切实保障处于企业控制下的工作场所中所有人员的健康与安全，为此企业需制定劳动安全与保护措施，并落实在日常的运行中，如向员工提供基本的安全生产条件，对员工进行职业健康与安全培训。

我们在问卷中询问了四个问题，通过员工的回答以考察企业在劳动安全与保护方面的责任遵循情况。调查发现：

（1）职业健康和安全培训。在问及“您所在企业是否进行过员工职业健康和安全的培训”时，55.4% 的员工给出了肯定回答，32% 的员工给出了否定回答，13.6% 的员工表示没有注意到。以企业为对象看，有 11 个企业只有不足 50% 的员工提及有过职业健康和安全培训，而其中的 3 个企业为员工进行职业健康和安全培训的比例还不足 20%，只有 4 个企业为超过 90% 的员工提供了此类培训。比较而言，这方面做得相对较好的是国有企业（86% 的员工参加过）、有跨国订单但又不是全然依赖国际市场的企业（57.4% 参加过）、员工人数在 501-1000 的企业（77.5% 参加过）。

（2）**工作场所是否有畅通的紧急出口**。企业在这个方面的责任意识稍好一点，但是依然有需要改进之处，因为员工中依然有 9.2% 的人指出企业中无畅通的紧急出口，有 6.1% 的人根本没有注意到。以企业为对象进行察看时发现，主要是有 11 个企业在这方面的遵循低于平均水平，而表现相对较好的依然是国有企业（92.5% 的员工给出肯定回答）、有跨国订单但又不是全然依赖国际市场的企业（87% 给出肯定回答）、员工人数在 501-1000 的企业（91.7% 给出了肯定回答）。

（3）**工作场所是否张贴了职业健康或安全生产的标志或宣传品**。69.9% 的员工对企业这方面的行动给出了肯定答复，18.1% 的员工给出的是否定的回答，有 11.9% 的员工表示没有注意到企业的此类行动。24 个企业中，有 9 个企业的员工回答工作场所张贴职业健康或安全生产标志或宣传品不足 60%，表现相对较好的是国有企业（88.3% 的员工给出肯定回答）、有跨国订单但又不是全然依赖国际市场的企业（72.3% 给出肯定回答）、员工人数在 501-1000 的企业（89.0% 给出了肯定回答）。

（4）**是否配备防护设备**。54.8% 的员工表示企业做到了配备劳动防护设备，37.7% 的员工表示企业没有做到，7.5% 的员工表示没有注意到。做得较好的企业，差不多为全部的员工提供了防护设备，做得差的企业，仅为不足 5% 的员工提供劳动防护设备，以企业为对象，我们看到 6 个企业向员工提供的防护设备不足 40%，5 个企业向员工提供防护设备在 40-50% 之间，9 个企业提供的在 50-80% 之间，4 个企业提供的在 80% 以上。表现相对较好的是国有企业（81.9% 提供）、无跨国订单生产的企业（73.7% 提供）、员工人数在 501-1000 的企业（80.5% 提供）。

表 4.7 列出了 24 个企业按所在地统计的劳动安全与保护情况，我们看看到企业在这方面的责任履行有待改进，特别是针对农民工群体。

表4.7　24个企业按所在地统计的劳动安全与保护情况

	进行过职业健康和安全培训（%）	工作场所有紧急出口（%）	张贴职业健康或安全标志／宣传品（%）	配备防护设备（%）	有效样本（人）
北京	58.3	80.5	68.8	53.7	205
上海	48.3	84.1	62.1	47.3	146
深圳	23.0	84.5	54.1	36.5	148
宁波	85.5	85.3	80.0	69.1	68
绍兴	51.0	80.0	67.3	49.5	108
余杭	5.8	73.1	52.8	3.8	54
泉州	72.8	90.2	81.9	72.5	184
新野	87.9	95.6	92.3	87.9	91
合计	55.4	84.7	69.9	54.8	1004
农民工	53.0	83.8	68.4	52.2	835
城镇工	67.3	89.2	77.6	67.7	168

（六）尊严地位（人身安全与自由）

CSC9000T 与 SA8000 都有强调应尊重和保障员工的身体和精神健康，禁止并预防骚扰与虐待行为。我们从员工是否被企业扣押证件和财物、是否遭遇侵犯人身自由的恶意行为与恶性事件两个方面来考察企业的履行情况。

（1）**被企业扣押证件与财物**。调查发现，20.2% 的员工在进入企业时需要交纳押金，个别企业甚至有多大 80% 的员工表示交纳了押金。从户籍身份看，23.1% 的新生代农民工指出，在他们进入目前所在企业时，需要交纳押金，有此经历的第一代农民工和城镇工的比例分别 18.2% 和 12.4%；11% 的员工指出目前所在企业曾经扣押过其身份证、暂住证等证件，有此经历的新生代农民工、第一代农民工和城镇工的比例分别为 15.9%、4.2% 和 5.3%。

（2）**遭遇侵犯人身自由的恶意行为与恶性事件**。澳大利亚学者陈佩华曾经对 10 年前私营企业和外资企业中频繁出现的侵犯员工人身自由、强迫劳动等现象有过细致、深入的分析，10 年过去，总体来看，企业中发生侵犯人身自由的恶意行为与恶性事件已大为减少，但依然没有绝迹。调查发现，有 26.3% 的员工遭遇过辱骂，7.2% 遭遇过体罚，4.6% 遭遇过殴打，10.4% 遭遇过搜查，3.4% 遭遇过拘禁，8.2% 遭遇过威胁，13.2% 遭遇过强迫劳动，2.3% 遭遇过性骚扰、性侵害。上述现象更多地发生在较大程度依赖跨国订单生产的企业、外资企业和规模偏小的企业，从户籍身份上看，受侵害更多的是农民工，我们发现，新生代农民工中，33.1% 遭遇过辱骂，9.2% 遭遇过体罚，5.4% 遭遇过殴打，12.9% 遭遇过搜查，4.1% 遭遇过拘禁，15.7% 遭遇过强迫劳动，2.2% 遭遇过性骚扰或性侵害。相比于第一代农民工和城镇工，新生代农民工在上述每一项遭遇的机率均相对偏高。详见表 4.8。

表4.8　员工遭遇过侵犯人身自由的恶意行为与恶性事件

单位：%

		辱骂	体罚	殴打	搜查	拘禁	威胁	强迫劳动	性骚扰、性侵害
合计		26.3	7.2	4.6	10.4	3.4	8.2	13.2	2.3
按企业规模	500人以下	26.1	4.8	3.6	11.2	2.0	9.4	16.3	1.8
	501-1000人	16.0	4.8	3.6	8.4	0	4.9	7.2	0
	1000人以上	27.9	9.3	5.5	10.1	5.0	7.8	11.8	3.1
按企业国际市场联系	无 国订单 产	5.0	5.0	5.0	5.0	5.0	5.0	5.0	5.0
	国订单 产	19.2	5.4	4.3	9.9	3.3	6.4	9.2	1.4
	较槌箸　赖 国订单 产	37.3	9.8	6.4	11.3	3.4	10.8	19.1	3.6
按企业所有制	国有企业	8.5	1.1	0	5.3	1.1	4.3	0	0
	外资企业	37.3	9.3	5.4	11.9	2.7	12.3	20.4	2.7
	私营企业	24.4	7.3	4.9	10.5	4.0	7.1	12.1	2.5
按户籍	城镇工	16.4	3.0	1.8	5.4	1.2	1.8	6.0	3.0
	农民工	28.2	8.0	5.2	11.4	3.8	9.4	14.6	2.2

（七）工会组织与参与

中国《劳动法》第七条规定，员工可以依法参加和组织工会，CSC9000T 以及 SA8000 也制定了相应条款，强调企业应当承认并尊重员工组织和参加工会。

企业“工会设置与参与情况”，从侧面反映了企业员工的权益维护、自主行动、社会交往、生活状态以及同企业之间的关系协调状况。在中国本土的制度环境中，由于工会是在一种“自上而下”的行政化指导下建立的，所以中国企业的工会有别于其他国家的工会制度。在不少企业中，工会实际上与党政系统合为一体。所以，在很多企业中，工会可能只是一个应付上级指令的形式化摆设，员工没有成为真正意义上的工会主体。关于工会制度，本次调查问卷主要设计了两个题目，即“你所在企业里有没有工会”与“你是否参加了工会”。

本次调查的24个企业中，有6个企业还没有建立工会，18个企业都建立了工会。不过从员工参与工会组织的情况看，还是不够理想。根据问卷中企业是否建立工会、员工是否加入工会两个问题以及对企业的实地调查、网上资料，我们重建了一个新的变量：工会组织与参与。统计结果是，企业有工会员工也参与的占26.9%，企业有工会员工无参与的占44.6%，企业无工会员工无参与的占28.5%。我们了解到，截至2009年底，全国工会基层组织数达184.5万个，会员总数达到2.26亿人，入会率达78.4%，农民工会员8014.8万人，占全部农民工的35.4%（中华全国总工会研究室，2009），因此本课题调查企业员工的工会组织和参与比例还是比较低的。从企业层面看，如上述提到的6个企业无工会无参与之外，在18个建立了工会的企业中，有工会但参与程度低于25%的企业有9个，有工会参与程度超过50%的企业只有4个。相比较而言，国有企业的工会组织和参与好于外资企业和私营企业，国有企业有工会有参与的占45.8%，有工会无参与的占46.9%，无工会无参与的占7.3%。城镇工参与工会的程度远高于农民工，850个农民工样本中，属企业有工会本人也有参与的占23%，企业有工会但本人无参与的占46.2%，企业无工会本人也无参与的占30.8%。

结合问卷调查和个案访谈，我们发现工会组织和参与方面还很不尽人意，虽然多数企业已经建立工会组织，但员工参与工会组织的比例偏低，而且即使参与了工会组织，员工对普遍对工会组织缺乏应有的认知，如不知工会组织的职能为何，更不关心工会组织的建设加访谈材料：

在工会的组织方面，部分企业的工会组织架构尚需完善，而有些企业内则由企业高管兼任工会主席，这从另一方面说明企业实际层面上，工会更靠近资方。关于工会到底在多大程度上可以增进工人的福利问题，我们在第七章还会进一步讨论。

三、企业对雇员承担的社会责任与组织信任

以上我们就企业对雇员承担的社会责任状况进行了分析，我们关心的是企业在承担员工社会责任上的差异是否会导致不同的组织信任。

本部分将通过信任和组织信任概念的梳理、相关研究文献的回顾与展望，尝试从经验层面对组织信任进行研究，并试图探讨企业社会责任遵循与组织信任之间的关系。

（一）信任及其相关研究

“信任”是社会学领域一个经久不衰的研究问题，一直以来备受关注。追溯到西方的古典社会学，几位知名社会学家站在不同的视角对信任问题表达了各自的观点。在《社会分工论》与《自杀论》中，涂尔干谈到了社会信任问题，尽管未形成理论体系。他站在社会分工的角度将社会团结划分为机械团结与有机团结，认为信任主要来自于家庭和血缘关系（涂尔干，1893/2000）。齐美尔早在其 1900 年出版的专著《货币哲学》中就曾提到，信任是社会中最为重要的综合力量之一，人际信任对于社会系统的整合以及社会关系的维系都具有举足轻重的作用（齐美尔，1900/2009）。而韦伯则区分了两种信任方式——特殊信任（particularistic trust）与一般信任（universalistic trust），前者以血缘性甚至地缘性共同体为基础，而后者则主要以信仰共同体为基础（韦伯，1920/1995）。这些零散的、未成系统的论点形成了社会学学科对于信任问题研究的最初介入。

自上个世纪 70 年代以来，信任问题获得了多学科的普遍关注，如社会学、心理学、组织行为学、管理学、文化与经济学。其中对于社会学来讲，信任从这一时期开始逐渐成为一个专门的、自成一体的研究领域。其中最具代表性的著作有德国社会学家卢曼的《信任与权力》（卢曼，2005）、巴伯的《信任的逻辑与局限》（Barber，1983）、以色列社会学家艾森斯塔德等人的《保护人、被保护人和朋友》（Eisenstadt，1984）、福山（Fukuyama）的《信任：社会道德与繁荣的创造》（福山，1998）、以及彼得·什托姆普卡的《信任：一种社会学理论》（2005）等。

学者们对信任的研究覆盖了众多的论题：

（1）关于信任概念的辨析。心理学将信任看做是“个体特有的对他人

的诚意、善意及可信性的普遍可靠性的信念。”【赖兹曼（L.Wrightsman），转引自郑也夫，2001:17】。社会学家齐美尔最早给出的信任定义是“那种足以成为实际行动的基础的、关于将来行动确实性的假设，是有关人的知识与无知之间的中介项”（齐美尔，1994：359）。卢曼在齐美尔的基础上，认为信任是一种简化复杂性的机制（卢曼，1990：39），福山则将信任界定为“一个社团之中，成员对彼此常态、诚实、合作行为的预期，基础是社团成员共同拥有的规范，以及个体隶属的那个社团的角色”（福山，1998：35）；

（2）**信任产生机制分析**。经济学家将信任产生的机制归结为重复博弈，社会学家祖克尔（Zucker）对信任产生机制所作的概括非常具有经典意义，根据经济结构中“信任产生”的三种重要模式，她划分了3种机制，即基于过程的信任模式、基于特征的信任模式和基于制度的信任模式（Zucker，1986）。

（3）**信任类型研究**。对信任概念的不同理解和区分，催生了众多的信任类型区分，如特殊信任(particularistic trust)和普遍信任(universalistic trust)（韦伯，1920/1995）；“系统信任”（system trust）（Luhmann，1979）；人际信任(interpersonal trust) 和制度信任(institutional trust)（Luhmann，1979）；“基于制度的信任”（institution – based trust）（Zucker，1986）；“非私人信任”（impersonal trust）（Shapiro，1987）；受托信任(fiduciary trust)（巴伯，1983/1989）；“社会信任”（social trust）（Earle & Cvetkovich，1995）；理性算计的信任（Williamson，1993）；威慑型信任（deterrence –based trust）、了解型信任（knowledge-based trust）和认同型信任（identification-based trust）（Shapiro，Sheppard和Cheraskin，1992，转引自转引自克雷默和泰勒等，2003：157）；工具信任、道德信任和信用信任（什托姆普卡，2005）；认知性信任和情感性信任(Lewis & Weigert ,1985；McAllister ,1995)；特殊信任(specific trust)和一般化信任(generalized trust)(Knack and Keefer， 1997)等。

（4）**信任的作用和意义**。一些学者认为，信任在社会经济发展过程中起着非常重要的作用，如促进经济繁荣(Fukuyama ,1995)、推动经济增长(Knack and Keefer , 1997 ;Zak and Knack , 2001 ;Beugelsdjik et al . , 2004)、发展金融市场(Guiso et al . , 2004 ;Guiso et al.,2005)、改善法制和政府管制(La Porta et al., 1997；Knack ,2002)、防治腐败(Uslaner , 2002

；Bjørnskov & Paldam , 2004）、提高教育质量 (Coleman , 1988 ;La Portaet al.，1997 ; Putnam , 2000）、增进个体健康 (Putnam , 2000 ; Rose , 2000)、减少犯罪 (Putnam , 2000 ;Lederman et al . , 2002 ;Uslaner , 2002）、增进社会福利 Bjørnskov C, 2003 ;Helliwell , 2003）；维系人际和谐和建构社会秩序（Seligman，1992：169）；社会系统运行和组织存在并保持效率的润滑剂等。（5）信任研究理论视角，如文化视角、制度视角、结构视角、关系视角等（什托姆普卡，2005）。

而在关于信任的众多研究中，有相当一部分文献是研究中国的。中国人的信任问题早已获得东西方社会学家的关注，涌现了较为丰富的研究成果（Weber，1920/1995；Hamilton，1990；福山，1998；彭泗清，1998；郑也夫，2001；杨中芳、彭泗清，1999；王飞雪、山岸俊男，1999；王绍光、刘欣，2002；李伟民、梁玉成，2002 等）。而在西方学者当中，以韦伯、福山和汉密尔顿（Hamilton）的影响最大。韦伯将信任区分为特殊信任与普遍信任，特殊信任是以血缘性社区为基础，建立在私人关系和家庭或准家族关系之上；普遍信任则以信仰共同体为基础（韦伯，1920/1995），他认为中国人的信任是建立在血缘关系和宗族关系基础之上的特殊信任，这种特殊信任具有一定的封闭性色彩，其主要体现在中国人对血缘、宗族关系以外的“外人”普遍表现为不信任，韦伯将这种不信任归咎于中国的文化（韦伯，1920/1995）。福山延伸并发展了韦伯的观点，认为文化间的差异导致了不同社会信任度的差异，其中美、日、德属于高信任度社会，而中国、意大利南部和法国属于低信任度社会，并指出，低信任社会是建立在血缘关系上的社会，而高信任社会是超越血缘关系、建立在弱关系之上的社会 (福山 ,1998))。汉密尔顿则在研究中国“行会”组织的基础之上，认为商业上的信任关系也是建立在亲戚、血缘或宗族关系之上（Hamilton，1991）。

从以上可以看出，不少西方学者将中国视为一个不诚实且不信任他人的国度，但中国社会变革的现实已经证明了这些论断是片面的和不准确的（李伟民、梁玉成，2002）。事实上，不少西方学者是照搬西方的信任观念和模式来看中国人，而不是依据中国自身的社会文化体系来探讨中国人的信任行为，因此他们的偏颇在所难免（彭泗清，1998）。当然，针对这些西方的观点，不少华人学者从理论与经验研究方面给予了充分的回应（陈介玄、高承恕，1991；黄绍伦，1991；张建新等，1993；张静，1997；王飞雪、山岸俊男，1999；彭泗清，1998；杨中芳、彭泗清，1999；王绍光、刘欣，2002；李伟民、梁玉成，2002等）。如王飞雪的调查显示，中国人虽然对陌生人的信任低于美国和日本，但是对人性的估计却明显要比美国人和日本人更趋向正面，也就是说，中国人虽然不信任陌生人，但普遍认为陌生人不是坏人。张建新与Bond于1993年对北京、香港和美国的大学生对于具体对象的信任程度进行了跨文化比较研究，结果发现三地大学生对他人的信任程度都随着与他人关系的亲密度的增加而增加（张建新等，1993）；三组被试对亲人的信任程度没有差异，但是北京被试对熟人和陌生人的信任程度则要高于美国和香港的被试。在复杂性方面，近期的一些研究也发现，中国人信任结构的构成有其本土和多元的特点，与西方人的信任结构构成有较为明显的差别（王飞雪、山岸俊男，1999；郑伯埙，1991）。彭泗清1999的实证研究显示，在中国人的人际信任建构中，相互之间的信任的程度，并非取决于双方拥有的关系中所包含的先天的联结（如血亲关系）或后天的归属（如同学、同事关系），而主要是取决于两人之间实质关系的好坏（彭泗清，1999）。

1、为什么关注组织信任

上世纪80年代以来，信任问题的研究逐渐突破了原有的“人际关系”这一单一视角，开始将信任问题置于一定的组织或情境中去思考，“组织信任”问题也随即步入了人们的视野。而近年来，学界对组织信任问题的研究也日渐增多，交易费用经济学、企业伦理学、博弈论、战略联盟等领域都将组织信任作为重要的研究内容。学界对组织信任的关注，在很大程度上源自对组织信任与组织绩效及组织本身存续之间关系的探讨。已有的研究发现：信任是建立和维持亲密、合作关系的前提。韦特纳（Whitener）及其合作者在对经营者与雇员信任关系进行理论研究的基础上，指出经营者对员工的信任对于改善两者关系具有重要作用；信任可以改善员工工作态度，增加工作满意度，增强组织承诺，提高组织绩效；信任可减少组织内的冲突，增加员工的组织公民行为；信任可降低企业成本。当企业与员工之间缺乏信任时，企业的运行成本将会变得很高，因为员工一定会采取自我保护行动并对他人的机会主义行为保持警惕[转引自吉普尼斯，大卫（David Kipnis），2003]。泰勒（Tyler）与克雷默（Kramer）在1996年指出，在缺乏信任时，人们变得日益不愿冒险，要求更大的针对背叛可能性的保护，要求更花费成本的机制来保护其利益（克雷默、泰勒等，2003）。玛尼嘎特（Manigart）等人在对 144 位企业家和投资人之间信任问题的研究基础上，发现两者之间的信任有助于克服监督问题，尤其是存在严峻的代理人风险和契约不完全时更是如此，因此信任对控制起着重要补充作用。如果一个企业里的员工都遵循共通的伦理规范，彼此信任，那么企业的经营成本就会降低。高度信任感能容许多样化的社会关系产生，因此这样的组织也有较好的创新开发能力。因此，西方研究组织信任的学者认为，信任是组织中的基本问题之一，缺乏信任的企业是低效率、高成本，难以在激烈竞争中脱颖而出的。在诸如婚姻、人际关系以及团体等多种不同领域内的研究均显示出，人们之间或人与团体之间的信赖是建立和谐社会关系以及消除毁灭性冲突的必要前提。好、善良、道德这样一些价值判断词常用来指述信任的行为，而邪恶、不道德、马基雅弗里主义等同样具有价值判断的词则用来指述违背信任的行为 [转引自吉普尼斯，大卫（David Kipnis,2003:47）。

2、组织信任的研究视角

研究者自身的学科背景决定了组织信任研究视角的多元化。社会学更多地从社会网络、文化与制度、系统与结构等角度界定信任的内涵，并探索信任形成的社会机理；心理学主要从人际关系、人格特征、心理机制的角度分析影响组织信任的因素；组织行为学更多地关注组织信任与相关组织行为之间的关系，如组织承诺、忠诚度、工作满意度、离职行为等；经济学则主要从降低企业交易成本的角度，将信任作为一种隐藏在经济交换背后的重要推动力量。从这个层面上来讲，对于信任问题，西方社会科学中主要存在四种研究取向：(1)“将信任理解为对情境的反应，是由情境刺激决定的个体心理和行为”；(2)“将信任理解为个人人格特质的表现，是一种经过社会学习而形成的相对稳定的人格特点”；(3)“将信任理解为人际关系的产物，是由人际关系中的理性计算和情感关联决定的人际态度”；(4)“将信任理解为社会制度和文化规范的产物，是建立在法理（法规制度）或伦理（社会文化规范）基础上的一种社会现象”（彭泗清，1999）。这四种取向基本概括了目前信任的主要研究视角，其在组织信任的具体研究中也有较为广泛的应用。其中社会学主要运用后两种研究视角展开对信任问题的研究。

当然，在信任问题的研究上，学科之间的区隔正在被打破，这尤其表现在社会学与经济学的相互融合。近年来，新经济社会学对组织信任研究影响日增，形成了以科尔曼为代表的封闭组织观、以博特为代表的开放网络观与以格兰诺维特为代表的关系嵌入观（沈毅，2008）以及组织社会学的制度信任观。

“封闭性”的组织信任观，首先强调组织边界的存在，认为组织团体的封闭性是产生组织信任和社会资本的根本缘由，意在实现组织内部的有效的社会规范。以科尔曼为代表的社会资本或社会网络学派认为，一方面，信任是产生于一定封闭性组织的一种社会资本，是组织内部社会资本的核心要素，组织在此扮演了一种创造信任合作环境的良好角色；另一方面，封闭性组织内部的信任关系促进了内部的社会联结，同时有助于组织内部规范的有效整合与目标达成（Coleman，1999；Ghoshal et.al，1996；Yamagishi，Cook & Watabe，1998）。总而言之，封闭性的组织信任观比较强调组织环境本身的优势，这主要区别于所谓的自由市场论以及组织层级与权威论的相关论点，其最终的目的是创造一个合作环境以实现组织内部的规范运作。

区别于“封闭性的信任观”，“开放网络观”关注关系网络与组织团体之间联结与断裂的问题，其中以格兰诺维特的“强弱关系说”与博特的“结构洞说”为主要代表。格兰诺维特于1973年首次提出了强弱关系的概念，区分了强关系与弱关系，划分标准主要有互动频率、情感强度、相互信任的程度及互惠交换的多少等四个要素，其中强关系是基于同质性的个体之间发展起来，而弱关系则是基于异质性的个体之间发展而来（Granovetter，1973）。如果将外延扩展到具体的组织，那么强关系代表了内部的关系联结，即内部的信任关系，而弱关系代表了组织网络间的信任关系，其两者的作用与影响溢于言表。博特在1992年提出了结构洞的概念，其代表了另一种社会网络分析取向。他认为关系连带的强弱并不重要，重要的是社会网络中联结人在资源竞争与信息控制方面的天然优势（Burt，1992）。当然这样一种优势也体现在组织间的社会网络之中。相对于关注组织内部团结整合的以科尔曼为代表的封闭网络观，博特更关注组织团体外部的竞争行动（Adler，2002）。总而言之，封闭性的组织信任观持一种保守主义的立场，而以博特为代表的开放网络观是一种相对开阔的普遍性的信任观。

“关系型的信任观”得益于格兰诺维特在1985年提出的“嵌入”(embeddedness)理论,其强调信任产生于一定的关系或网络。针对威廉姆森关于“市场或科层”的替代式观点,格兰诺维特认为市场中的组织本身具有高度的内部秩序,至于现实中出现的失序、诚实或欺诈等问题,其主要与组织的关系网络而非组织形态产生关联(Granovetter,1985)。实际上,格兰诺维特摒弃了经济学的机会主义与社会学的普遍主义立场,认为组织与市场均嵌入于关系网络之中。在此基础之上,后续的相关学者通过理论与经验研究继承并深化了这一“嵌入性”观点,认为组织间的嵌入性关系能够有效促进组织合作(Uzzi,1997);在科层与市场之外,“网络”作为一种独立的组织形式而存在,而信任机制是这一“网络”的核心特征,其使得“网络”具备比科层与市场更高的效率(Powell,1990)。总而言之,信任的研究从此形成了一种由市场、组织与网络组合的三元分析框架。

制度信任观强调应将信任置于一定的制度、文化、社会情境中加以思考,探讨诸如信任的形成与制约机制,制度对于信任的形塑,不同制度、文化情境下的信任等话题。作为一种在后天社会交往活动中所习得的对周围其他人行为表现的预期(Barber,1983)以及嵌入于特定社会结构与制度之中的一种功能化的社会机制(Luhmann,1979),信任的产生与发展自然离不开制度环境和社会结构的制约与影响。在《信任与权力》中,卢曼曾站在一种新功能主义的理论视角去界定信任本身,并指出信任是简化社会复杂性的一种机制。卢曼认为,“在任何情况下,信任都是一种社会关系,社会关系本身从属于特殊的规则系统。信任在互动框架中产生,互动既受心理影响,也受社会系统影响,而且不可能排他地与任何单方面相联系”(卢曼,2005:6-7)。从这个意义上来讲,信任与社会结构、制度系统存在着明确的互动关系,且随着社会制度与结构的变迁,信任的内涵、形式与功能也会随之发生改变(Luhmann,1979)。卢曼常使用的概念是“系统信任”,并将信任分为人际信任与制度信任。沿着这样一条学术理路,科尔曼认为,信任是“社会资本”[1]的一种形式,现实中那些建立在人际互动基础之上的人际信任关系,能够发挥诸如减少监督成本与惩罚成本等作用(科

[1] 在《社会理论的基础》一书中,科尔曼(Coleman)曾将“资本”划分为“物质资本”、“人力资本”与“社会资本”。其中“社会资本”主要是指个体所拥有的以社会结构资源为特征的资本财产。

尔曼，1999）。吉登斯将信任界定为个人“对一个人或一个系统之可依赖性所持有的信心，在一系列给定的后果或事件中，这种信心表达了对诚实或他人的爱的信念，或者，对抽象原则（技术知识）之正确性的信念”（吉登斯，2000 ：30）。这个界定其实与卢曼对信任的二元区分非常相似，即信任包括“人对人的信任”与“人对系统的信任”。同时，吉登斯认为，随着现代性制度的变迁，“人际信任”将逐步被“系统信任”所替代，即社会的信任类型与信任机制会随之发生相应的变化（Giddens，1991）。祖克尔则分析了信任的产生与建构，并从发生学的角度提出了信任的三个层面，即 ：基于交往经验的信任 ；基于行动者具有社会、文化特性的信任 ；基于制度的信任。从这三个层面来看，信任的产生与建构是一个由私人信任扩展到公共性的专家系统、制度系统或法律系统的过程（Zucker，1986）。

从以上综述可以看出，相关研究者站在不同的角度指出了制度、文化、法律等结构因素对于信任的形塑作用。可以总结出这些研究在两点上存在共性 ：第一，研究者都是站在信任如何产生、形成并发展的过程中去思考结构性因素的影响与作用 ；第二，“制度”既被视为信任的基础，同时被视为信任的对象 ；第三，从更为微观的角度来讲，研究者未能阐述制度从哪些具体的方面去影响信任的产生与建构，仅仅局限于一些学理性的探讨。

3、中国企业组织信任问题研究

有关中国企业组织信任问题的社会学研究，在西方的文献中并不多见，而在中国本土，大部分的相关研究成果来源于港台（转引自彭泗清，1998）。其中有代表性的西方学者为怀特利与祖克尔（转引自杨中芳、彭泗清，1999）。祖克尔曾建立了人际信任的三过程理论（Zucker，1986），怀特利则基于这个理论，研究了华人企业中的信任行为，其发现，中国人主要根据由个人信誉和与人际关系来发展信任，而较少采用制度化的手段，衍生出诸如“拟亲化”、“身份确立”等策略与手段（Whitley，1991）。不过，随着我国市场经济发展的不断深入，借助于制度建立起来的信任在企业经营中发挥的作用愈加明显，并逐步取代怀特利所讲的“身份”信任（储小平，2002）。所以，从这两者的细微比较来看，在不同的社会情境之下，信任的建立与发展过程表现出极大的制度与文化差异。

关于华人企业组织的信任问题，陈介玄、高承恕（1991）论及了台湾企业中的“信任格局”，认为在企业中老板对员工的信任分为几个等级，其中影响信任程度主要有“传统的人情连带关系”与“后天成就的理性计算”两个因素。郑伯 （1999）则关注了企业上司与下属间的信任关系，其中上司对下属的信任主要由关系、忠诚度与才能三个因素决定；同时认为，在研究华人企业组织内部的信任关系时，必须考虑到信任的方向性问题，即上级对下级的信任还是下级对上级的信任，因为其在表现形式、衡量指标等方面都不相同。樊景立（Farh，J.L.，1998，转引自彭泗清，1999）等人的研究发现，企业上下属间的信任程度同二者之间的关系强弱、年龄、教育程度等个人背景方面的相似性大小成正比。黄绍伦（Wong，S.L.）（1991）发现，同西方文化的接触，在香港等地的华人企业中已经建立了普遍信任的机制（转引自 Hamilton，1991）。

由此我们可以看出，关于中国企业组织的组织信任研究，主要集中于“人际信任”层面的探讨。组织内部“人际信任”的建立与发展过程、影响因素、社会影响等方面是研究者关注的重点。至于组织内部的“系统信任”，理论与实证研究似乎并不多见。而将企业社会责任履行与组织信任之间联系起来，对两者之间以及与其他要素之间关系的探讨，则更是欠缺。

4、本研究的视角

目前对于组织信任的社会学研究大多是一些理论性、学理性的探讨，这些探讨为相关学科的组织信任研究提供了坚实的理论基础，但很多宏观的理论或结论还有待实证研究加以验证。当然，国内目前不乏相关的实证研究，对于组织信任的经验性文献可谓“满天飞”，铺天盖地、大同小异的研究成果彰显了这个领域的浮躁之风。这一方面为组织信任的研究提供了比较丰富的实证材料与实践参考，另一方面却愈加减弱了组织信任的学理性，使得组织信任的研究完全服务于具体的人力资源管理、管理问题诊断等具体的管理实践，带有强烈的目的性与功利性色彩。从上文可知，信任研究很早就成为社会学研究的相对独立的专业领域。社会学不乏对信任的理论建构，形成了比较系统、规范的具有社会学学科色彩的理论体系。这为社会学，包括心理学、组织行为学、管理学、经济学等学科的信任研究提供了比较坚实的理论基础。目前相对缺乏的一点，也是社会学在此领域更为深入的介入方式，即如何通过具有本学科理论色彩的微观实证研究，去验证这一系列宏大的理论与结论。

本研究将从制度信任观视角对企业社会责任与组织信任之间的关系进

行探讨。制度信任观强调应将信任置于一定的制度、文化、社会情境中加以思考，探讨诸如信任的形成与制约机制，制度对于信任的形塑，不同制度、文化情境下的信任等话题。从概念的界定来看，组织的“社会制度环境”是指“一个组织所处的法律制度、文化期待、社会规范、观念制度等等为人们‘广为接受’的社会事实”（周雪光，2003：72）。虽然组织作为一种嵌入于社会制度环境的产物而存在，都会经历一个所谓的组织制度化的过程，但组织本身具有一定的封闭性，这就形成了组织内部自成一体的社会生态系统，也即“组织内部的制度环境”。一方面，“组织内部的制度环境”在组织之间存在异质性，需要具体问题具体分析。另一方面，既然组织受到社会制度环境的影响与形塑，那么组织从创建那一刻开始就将社会制度环境的影响延伸到了组织的内部环境之中，所以“组织内部的制度环境”也是社会制度环境所形塑的产物，只不过这种产物具有一定的封闭性特点。本研究主要站在封闭性组织观的立场，运用制度分析的视角来探讨企业社会责任与组织系统信任、组织人际信任间的关系。

本研究认为，企业社会责任实际上就是一种制度，是一套关于企业对包括股东在内的利益相关者的认知性的、结构性的、规范性的系统。可以从“制度安排与实践”、“制度认知与评价”两个方面来对作为制度的企业社会责任进行考察。企业社会责任制度安排与实践将集中考察企业在核心社会责任即“劳动时间、工资待遇、劳动合同、社会保险、劳动安全与保护、尊严地位（人身安全与自由）、工会组织与参与”方面的制度安排与参与。社会责任制度认知与评价，一定程度上反映了员工在参与社会责任制度之后的直接感受，本研究将集中考察员工对诸如工资水平、工作时间、福利待遇、工作环境等核心社会责任制度安排与实践的认知与评价，这四个方面既关系到企业员工的切身利益与工作状态，同时也从各个侧面反映了一个企业的内部制度环境是否完善。

以往的相关社会学研究，较多地关注制度安排或制度设置对信任的形塑（Luhmann，1979；福山，1998），至于制度参与、制度认知与评价似乎在以往研究的框架中较少出现。而本研究认为，社会责任制度虽然是一个影响信任形成与发展的外在客观因素，但它是在一定的过程中发挥作用的。其中社会责任制度安排、社会责任制度参与、社会责任制度认知与评价三者本身就是一个连贯性的过程，既可以按照这样一种顺序观察其中的影响机理，同时也可以单独考察这三个方面对信任的影响程度，因为三者本身的侧重点就有差异。

秉承上述研究立场，我们关于企业社会责任与组织信任间关系的基本假设是：假设一：企业关于社会责任的制度安排越是完善，越是能够切实遵行，员工参与社会责任制度的程度越广，则组织系统信任和组织人际信任水平越高。假设二：员工越是对于所属企业组织的相关社会责任制度有较好的认知与评价，则其对所属企业的组织系统信任和人际信任越高。

5、组织信任可以从哪些方面进行测量？

组织信任可分为组织内信任与组织间信任。本研究关注的是组织内信任。一些社会学家对组织内信任概念进行了辨析 (Mayer, Davis, &Schoorman, 1995), 但仍未取得普遍共识。梅耶（Mayer）等人把组织内信任定义为：基于组织内部成员之间互动后对彼此的认知和了解，一方期望另一方会执行对自身有重要意义的某种行动，而无须用监控等方式控制对方的行为，并愿意接受对方行动可能带来的伤害（Mayer, Davis, &Schoorman, 1995）。郑伯□(1999) 强调了组织内高层管理者对组织信任的重要作用，提出组织内信任是员工对最高行政主管以及高级管理者的信任。另一些研究者 (Spector & Jones, 2004) 则把组织内信任划分为向下信任和向上信任两种类型，并认为这两种信任的构成要素是不完全相同的。以上这些定义都将组织内信任视为组织中的人际信任 (interpersonal trust), 包括组织成员对上级、上级对下级以及同事之间的信任关系。不过有学者认为，组织成员之间的信任仅仅是组织内信任的一个层面而已，组织内信任还有更丰富的内涵（Nyhan & Marlowe ，1997），组织内信任是指员工对组织重视员工贡献与关心员工福利程度的整体信任（Elangovan & Shapiro，1998）。柯斯廷根（Costigan）等学者在 1998 年提出，一方面组织内信任可分为垂直信任和水平信任两种，另一方面，信任又可以被划分为关系信任和系统信任，同时他们还指出信任具有认知和情感两种属性。他们将组织信任的主体概括为组织的制度、高层管理者、监督者和同事，从而提出了一个完整的组织内信任架构图（Costigan,Ilter & Berman，1998）。这样一来，组织内信任就从单纯的人际信任扩展到非人际信任的系统信任（organization/system trust），即组织系统信任。以往有些学者没有区分组织系统信任与组织人际信任，一般学者将组织信任界定为个人对公司或群体 / 集体的信任，有时也指制度信任

(Mcknight, Cummings & Chervany1998)，实际上两者差异很大，一个是人际间信任，一个是非人际信任。Hwee Hoon Tan 和 Christy S. F. Tan 指出了信任主管（supervisor）和组织（organization）的区别，并实证分析两者变量和后果变量的差异（转引自 Tan H H, Tan C S F，2000）。

从“组织内信任”的角度来看，目前的实证研究大多集中在讨论“个体 - 个体信任”与“个体 - 管理者信任”等人际间信任问题，至于“个体 - 组织信任”，即“组织系统信任”，则仍处于一般性的学理性探讨。当然这是有具体原因的：第一，信任的产生与建构是一个从“人际信任”拓展到“系统信任”的过程（Zucker，1986），探讨“人际信任”问题必然成为研究“系统信任”乃至“总体信任”的基础与过渡；第二，“个体 - 个体信任”、“个体 - 管理者信任”所代表的“组织内部人际信任”在具体的研究中比较容易测量，这减少了测量的压力，同时其研究结果比较容易被应用于具体的管理实践；第三，“个体 - 组织信任”所代表“组织系统信任”看似一个比较宏观性的概念，其不光涉及个体的人格特质、个体之间的关系，同时也关系到一个组织环境乃至一个社会制度环境，带有浓郁的制度色彩。不过，“制度”变量是一个相对模糊的宏大概念，测量的难度十分大；第四，社会学不乏“信任”的理论与实证研究，可“组织信任”在很长一段时期内未能形成一个专门的社会学研究领域，社会学学科除了在理论视角具备独特性之外，选取独特的研究对象也不能不说是一种介入“组织信任”研究的方式。

因此，组织信任的经验研究必须区分组织系统信任与组织人际信任。以往关于组织系统信任的理论探讨和经验研究较少，有的学者认为组织系统信任体现的是员工对一个组织中系统（包括组织政策、规则、关于报酬、绩效评估、安全、人力资源政策等方面的程序）可靠性、可信性的看法（McAllister，1995）。Mishra1996 年在进行组织信任的研究时，曾将组织信任的主要维度概括为：对员工的关心、安全感、照顾（caring）、容忍和同情 (empathy)、公开与诚实、真诚和信息准确、可靠、行动一致性、能力（转引自克雷默和泰勒等，2003）。对员工的关心 / 关注意味着企业能够保护员工利益（Mayer et al.,1995;Mishra,1996，转引自克雷默、泰勒等，2003）、不将利益获取建立在员工痛苦的基础上（Bromiley & Cummings,1995）、对员工的需求敏感（McAllister，1995），而员工能因此感受到被企业关爱、同情、容忍、安全；公开与诚实体现了在避免模糊信息，以真诚、合适方式进行沟通信息的量与准确性方面的努力；行动一致性是员工感受到的即使在面对不确定和风险的情况下，组织的言、行始终是一致的、富于帮助的（Matthai，1989）；可靠意味着个体持有的关于另外一个个人或者群体、组织的言辞、承诺、口头的或者书写的是可以指望和信赖的期望（Rotter，1980：1）；能力体现的是员工对于组织能否在竞争和市场环境下生存的信念。

人际层面的员工信任（即组织人际信任）表现为员工感受到的对管理者/同事的信心以及在多大程度上相信管理者/同事所告诉他们的（Saskin，1990：6）。Mishra 通过与管理者的访谈分出了信任的四种尺度：能力、坦诚、关心和信赖。能力取决于对管理者作出正确选择的信任。坦诚和忠实反映了对管理者直率评估问题的信任，即相信管理者不会利用他人，行为符合包括自己在内的雇员的利益。信赖反映的是人们言行的符合程度（转引自克雷默和泰勒等，2003：11）。以一个校长、系主任或一个公司经理为例，他首先必须有能力，有真学历、好阅历、研究专长、办事经验等等；他还必须坦诚、按规章办事、不徇私舞弊等等；他应当关心体贴下属，为大家办事，不只为自己升官发财而专走上层路线；他更需要有好的人品，言行一致，表里如一，诚信可靠（什托姆普卡，2005）。

结合过往学者关于信任、组织信任的研究及其测量，本研究对组织系统信任的测量集中在可信性、可靠性、能力、公正、效率这几个方面。对组织人际信任的测量集中在坦诚、关心和信赖三个方面。

在“工人工作与生活状况调查”问卷中，课题组专门为“组织信任”设计了一个量表，包括“组织系统信任”、“员工-管理者信任”和“员工-员工信任”三个方面。此量表通过员工对17个问题的评价来间接测量“组织信任”。

关于组织系统信任测量的8个问题是：

“我很乐意继续在这个工厂里工作”，

“我愿意向我的朋友推荐这个工厂”，

“我觉得只要企业效益好，我们员工的工资和福利待遇就会好”，

“我相信我们厂是尽力为员工们着想的”，

“工厂的纪律和管理安排是合情合理的”，

“厂里的安排总有它的道理”，

“如果发生工伤，企业会对我们负责”，

“我相信在金融危机的情况下，企业不会丢下我们不管”。

人际信任：员工—管理者信任测量通过下述 6 个问题进行：

“我相信管理者所说的话都是诚实的”，

“通常，管理者实际做的跟他说的不一样”，

“我觉得管理者对我的奖惩是公平的”，

“我乐意向管理者坦白我的想法或建议”，

“管理者通常能够设身处地考虑我的处境”，

“如果生活上有困难，我也愿与管理者倾诉”。

人际信任：员工—员工信任测量通过下述 3 个问题进行：

“如果我生活中遇到了什么困难，我相信我的工友们会尽量帮助我”，

“如果有更好的岗位信息或工作信息，工友们会相互告知”，

“工友在工作中遇到难点和疑点时，常来找我咨询”。

（二）组织信任的基本状况

1、量表构建与信度检验

本部分将对组织系统信任和组织人际信任的基本状况进行分析。组织系统信任由包括 8 个子问题的量表来进行间接测量。由统计分析软件得出，这个量表的总体信度为 0.89，信度非常高，完全满足了数据统计分析对于数据最基本的信度要求。人际信任：员工 - 管理者信任由包括 6 个子问题的量表进行间接测量，由统计软件计算得出的信度系数为 0.80，人际信任：员工 - 员工信任由 3 个问题进行测量，信度系数为 0.60。总体来看，组织系统信任和组织人际信任：员工 - 管理者信任量表的信度系数较高，而人际信任：员工 - 同事信任量表的信度系数偏低，但属于尚可接受的范围。为便于读者直观了解组织信任状况，我们先给出了组织信任量表原始问题的频次分布，见表 4.9。

表4.9　组织信任相关题项基本情况

	非常不同意（%）	有些不同意（%）	一般（%）	有些同意（%）	非常同意（%）	样本数（人）	平均值
我很乐意继续在这个工厂里工作	5.9	12.7	36.5	23.6	21.3	1007	3.42
我愿意向我的朋友推荐这个工厂	10.5	15.8	30.7	24.5	18.4	1005	3.24
我觉得只要企业效益好，我们员工的工资和福利待遇就会好	6.6	13.2	20.9	33.4	26.0	1001	3.59
我相信我们厂是尽力为员工们着想的	10.7	14.6	34.4	23.5	16.7	999	3.21
工厂的纪律和管理安排是合情合理的	6.3	16.1	40.5	24.0	13.2	1001	3.22
厂里的安排总有它的道理	5.5	13.7	32.6	32.9	15.2	993	3.39
如果发生工伤，企业会对我们负责	4.5	7.6	22.6	33.9	31.4	985	3.80
我相信在金融危机的情况下，企业不会丢下我们不管	8.5	14.0	30.0	27.9	19.6	998	3.36
我相信管理者所说的话都是诚实的	12.3	26.0	32.2	18.6	10.9	998	2.90
通常，管理者实际做的跟他说的不一样	10.0	23.5	32.4	22.1	12.0	997	3.03
我觉得管理者对我的奖惩是公平的	10.4	22.5	37.3	19.0	10.8	1000	2.97
我乐意向管理者坦白我的想法或建议	5.0	12.3	33.0	30.0	19.7	991	3.47
管理者通常能够设身处地考虑我的处境	12.6	22.0	35.7	18.2	11.5	992	2.94
如果生活上有困难，我也愿与管理者倾诉	13.4	20.3	33.6	19.5	13.1	990	2.99
如果我生活中遇到了什么困难，我相信我的工友们会尽量帮助我	3.6	10.2	31.8	29.9	24.6	1001	3.62
如果有更好的岗位信息（或工作信息），工友们会相互告知	4.1	11.8	30.9	30.8	22.4	994	3.56
工友在工作中遇到难点和疑点时，常来找我咨询	3.0	6.7	41.2	29.0	20.1	987	3.56

2、组织系统信任和人际信任之总体水平

接下来，本研究首先将测量组织系统信任 8 个问题的分数进行汇总，得出每一个调查对象的组织系统信任分数，即组织系统信任度，其上下限分别为 40 与 8 分。组织人际信任中的“员工 - 管理者信任”由 6 个问题的分数汇总，最高分为 30 分，最低分为 6 分，组织人际信任中的“员工 - 员工信任”由 3 个问题的分数汇总，最高分为 15 分，最低分为 3 分。

对于 24 个企业 1021 名员工的调查分析显示，组织系统信任度的最大值为 40，最小值为 8，均值为 27.2，平均信任度处于中间状态。员工—管理者信任度的最大值为 30 分，最小值为 6 分，平均值为 18.2 分。员工—员工信任度的最大值为 15 分，最小值为 3 分，平均值为 10.7 分。从平均得分来看，组织人际信任也处于中间状态。相比较而言，员工—员工信任度平均得分最高，其次是组织系统信任度得分，最低的是员工—管理者信任度得分。详见表 4.10。

表4.10　组织信任得分基本情况

组织信任	有效样本	极小值	极大值	均值	标准差
组织系统信任度（分）	1006	8.00	40.00	27.1968	6.89762
员工-管理者信任度（分）	1004	6.00	30.00	18.2371	4.86032
员工-员工信任度（分）	1006	3.00	15.00	10.7157	2.32244
组织系统信任度(0-1取值得分)	1006	.00	1.00	.5999	.21555
员工-管理者信任度（0-1取值得分）	1004	.00	1.00	.5099	.20251
员工-员工信任度（0-1取值得分）	1006	.00	1.00	.6430	.19354

对组织系统信任、员工—管理者信任以及员工 - 员工信任三者之间的关系分析发现，组织系统信任与员工—管理者信任的相关系数为 0.73，组织系统信任与员工—员工信任之间的相关系数为 0.34，员工—管理者信任与员工—员工信任之间的相关系数为 0.35。这种相关关系说明，对管理者的信任、对同事的信任会影响到对于组织（企业）的信任。管理者不道德的行为会损害员工对于管理者的信任，并大大地损害到对整个组织的信任。Wong Siu-lun（1991）在研究香港和海外华人企业时也认为，制度化信任或系统信任不可能在真空中存在，必须嵌入关系网络之中，因此制度化信任与私人信任之间是相互加强，而非相互排斥（转引自 Hamilton,1991）。

3、企业社会责任的不同层面与组织信任水平

劳动时间与组织信任水平。分析显示：(1) 劳动时间与组织系统信任、员工 - 管理者信任之间存在一种反向的相关关系，前者的相关系数是 -0.248 (双侧检验的显著性为 .000)，后者的相关系数为 -.234（双侧检验的显著性为 .000)，而与员工—员工信任之间不存在相关关系。说明企业在劳动时间责任方面的履行越差，则员工对组织本身的信任以及对管理者的信任度越低。(2) 加班的与不加班的人在组织信任度的两个层面有显著性差异。对于组织系统信任度，有加班者为 26.4 分，不加班者为 28.6 分，两者具有统计学意义上的显著性差异（独立样本 T 检验的结果是 F=.091，显著性为 .34,t 值为 4.694，显著性为 .000)。对于组织人际信任：员工 - 管理者信任，有加班者为 17.8 分，不加班者为 19.1 分，两者具有统计学意义上的显著性差异（独立样本 T 检验的结果是 F=9.659，显著性为 .002,t 值为 3.896，显著性为 .000)。对于组织人际信任：员工—员工信任度而言，回答企业有加班者与企业不加班者之间无显著性差异。详见表 4.11。

表4.11　劳动时间与组织信任

	组织系统信任	组织人际信任：员工-管理者信任	组织人际信任：员工-员工信任
每月工作时间（相关系数）	-.248***	-.234***	-.018
有加班者（均值）	28.6	19.1	10.8
不加班者（均值）	26.4	17.7	10.7
检验	方差相等，t检验显著性小于.000	方差不相等，t检验显著性小于.000	方差相等，t检验显著性=.594

*P<0.05，**P<0.01，***P<0.001

工资待遇与组织信任水平。(1) 每月收入相当于当地职工平均月收入比例只与组织系统信任度有正相关关系，相关系数为 0.104，显著性为 .001，小时工资水平与组织系统信任和员工—管理者信任有正相关关系，前者的相关系数为 .21，显著性为 .000，后者的相关系数为 .122, 显著性为 .000。(2) 工资能否按时发放显著地影响了组织系统信任和员工—管理者信任水平。工资总能够按时发放者，组织系统信任度得分为 29.2 分，员工 - 管理者信任度得

分为 19.4 分，均显著地高于工资经常不能按时发放者。(3) 工资能否足额发放与组织系统信任、员工 - 管理者信任之间有显著相关，总能够足额发放工资者，组织系统信任、员工 - 管理者信任的水平就越高，如工资总能够足额发放者，组织系统信任度得分为 28.2 分，远高于那些经常不能足额发放工资者，其组织系统信任度得分为 22.75 分。(4) 加班是否有加班工资与组织系统信任、员工 - 管理者信任和员工 - 员工之间信任都存在显著相关，总体而言，加班有加班工资者，组织系统信任度、员工 - 管理者信任度、员工 - 员工信任度的得分就越高。(5) 加班工资计算方式显著地影响组织系统信任。加班工资高于平时工资者，组织系统信任度得分就越高。详见表 4.12。

表4.12　工资待遇与组织信任

		组织系统信任	组织人际信任：员工—管理者信任	组织人际信任：员工—员工信任
每月收入相当于当地职工平均月收入比例（相关系数）		.104**	.031	.056
小时工资水平（相关系数）		.210***	.122***	.010
工资发放	工资总能按时发放	29.2	19.4	10.8
	工资偶尔不能按时发放	24.3	16.6	10.5
	工资经常不能按时发放	22.7	15.2	10.7
	方差检验	方差齐性，F=80.58，显著性=000	方差齐性，F=58.51，显著性=000	方差不齐
工资能否足额发放	总　额发放	28.2	18.7	10.8
	尔　额发放	24.7	17.3	10.4
	经悱　额发放	22.8	17.1	10.8
	疤资应该发多少	23.4	16.0	10.5
	方差检验	方差齐性，F=27.7，显著性=.000	方差不齐	方差齐性，F=1.496，显著性=.214
加班是否有加班工资	没有	24.3	16.9	10.4
	有	27.3	18.3	10.9
	不知道	26.9	18.0	10.3
	方差检验	方差齐性,F=13.67,显著性=.000	方差齐性,F=5.23,显著性=.006	方差齐性,F=5.48,显著性=.004

加班工资计算方式	宥嫣　时疤资计算	25.8	17.5	10.6
	宥嫣疤资漻 徤 时疤资	29.6	19.6	11.1
	不知道	26.4	18.0	10.5
	方差检验	方差齐，F=14.37，显著性=.000	方差不齐	方差齐，F=2.87，显著性=.057

*P<0.05，**P<0.01，***P<0.001

劳动合同与组织信任。(1) 签订劳动合同的与未签订劳动合同的相比，其组织系统信任度得分和员工—管理者信任度得分显著较高（详见表 4.13），签劳动合同者组织系统信任度得分为 28 分，比未签劳动合同者高 3.1 分，签劳动合同者员工—管理者信任度得分 18.8 分，比未签劳动合同者高 2.1 分。(2) 签订劳动合同前是否告知员工关于“工作内容、工作条件、工作地点、职业危害、安全状况、劳动报酬”等信息，会显著地影响员工的组织系统信任和组织人际信任。签订劳动合同前告知合同内容信息者，组织系统信任度得分为 29.4 分，高出未被告知信息者 5.8 分；员工管理者信任度得分为 19.6，高出 3.5 分；员工—员工信任度得分 10.9 分，高出 0.8 分。(3) 是否持有劳动合同副本显著地影响了组织系统信任水平和员工—管理者信任水平。持有劳动合同副本者，组织系统信任度得分为 28.5 分，高出未持有合同副本者 2.0 分；员工—管理者信任度得分 19.1 分，高出 1.3 分。

表4.13　劳动合同与组织信任水平

		组织系统信任	组织人际信任：员工—管理者信任	组织人际信任：员工—员工信任
有无签订劳动合同	没有签订	24.9	16.7	10.7
	签订	28.0	18.8	10.7
	检验	方差齐，t=-6.18，显著性=.000	方差不齐，t=-6.32，显著性=.000	方差齐，t=-.35，显著性=.724
签订劳动合同前告知合同内容信息	没有	23.6	16.1	10.1
	有	29.4	19.6	10.9
	检验	方差齐，t=-10.55，显著性=.000	方差不齐，t=-9.31，显著性=.000	方差齐，t=-4.24，显著性=.000

是否持有劳动合同副本	没有	26.5	17.8	10.9
	有	28.5	19.1	10.7
	检验	方差齐，t=-3.46，显著性=.001	方差齐，t=-3.12，显著性=.002	方差齐，t=-.795，显著性=.426

社会保险与组织信任。(1) 四项基本社会保险的参与状况对组织系统信任水平有显著影响。组织信任度得分，参加医疗保险者29.6分，比未参加者高4.4分，参加养老保险者30.6分，比未参加者高5分，参加失业保险者30.7分，比未参加者高4.2分，参加工伤保险者29.8分，比未参加者高3.8分。(2) 四项基本社会保险的参与状况对员工-管理者信任水平有显著影响。员工-管理者信任度得分，参加医疗保险者19.7分，比未参加者高2.7分，参加养老保险者20.3分，比未参加者高3分，参加失业保险者20.7分，比未参加者高2.9分，参加工伤保险者19.8分，比未参加者高2.3分。(3) 四项社会保险的参与状况对员工—员工信任水平基本上没有显著影响。详见表4.14。

表4.14　社会保险与组织信任水平

		组织系统信任	组织人际信任：员工—管理者信任	组织人际信任：员工—员工信任
是否参加基本医疗保险	未参加	25.2	17.0	10.5
	参加	29.6	19.7	11.0
	检验	方差齐，t=-10.74，显著性=.000	方差不齐，t=-9.03，显著性=.000	方差齐，t=-3.36，显著性=.001
是否参加基本养老保险	未参加	25.6	17.3	10.7
	参加	30.6	20.3	10.9
	检验	方差齐，t=-11.26，显著性=.000	方差不齐，t=-9.10，显著性=.000	方差齐，t=-1.34，显著性=.180
是否参加失业保险	未参加	26.5	17.8	10.7
	参加	30.7	20.7	10.8
	检验	方差齐，t=-7.13，显著性=.000	方差齐，t=-7.15，显著性=.000	方差齐，t=-.28，显著性=.784

是否参加工伤保险	未参加	26.0	17.5	10.6
	参加	29.8	19.8	11.0
	检验	方差齐，t=-8.3，显著性=.000	方差不齐，t=-6.8，显著性=.000	方差齐，t=-2.4，显著性=.015

劳动安全保护与组织信任。企业劳动安全保护状况会显著地影响员工的组织信任水平。(1) 所在企业是否进行过员工职业健康和安全培训对组织系统信任和组织人际信任有显著影响，有过培训者的信任度得分都要高于未有培训者。(2) 工作场所是否有畅通的紧急出口也会显著地影响组织系统信任和组织人际信任，有畅通紧急出口的企业，员工的组织系统信任度和组织人际信任度得分都较高。(3) 工作场所张贴职业健康与安全标志会显著地提高员工的组织系统信任和组织人际信任水平。(4) 工厂配备保护设备（如手套、防护服等）会显著地提高员工的组织系统信任水平和员工—管理者信任水平。详见表 4.15。

表4.15　劳动安全保护与组织信任水平

		组织系统信任	组织人际信任：员工–管理者信任	组织人际信任：员工–员工信任
所在企业是否进行过员工职业健康和安全培训	没有	24.0	16.1	10.5
	有	29.8	20.0	10.9
	检验	方差齐，t=-14.34，显著性=.000	方差齐，t=-13.22，显著性=.000	方差齐，t=-2.76，显著性=.006
工作场所是否有畅通的紧急出口	没有	24.2	17.2	10.3
	有	27.7	18.4	10.8
	检验	方差齐，t=-5.89，显著性=.000	方差齐，t=-2.74，显著性=.006	方差齐，t=-2.38，显著性=.017
是否张贴职业健康与安全标志	没有	24.2	16.5	10.4
	有	28.5	18.9	10.9
	检验	方差不齐，t=-9.59，显著性=.000	方差不齐，t=-7.27，显著性=.000	方差齐，t=-2.95，显著性=.003

工厂是否配备保护设备	没有	24.8	16.9	10.6
	有	29.2	19.3	10.8
	检验	方差齐，t=-10.61，显著性=.000	方差不齐，t=-8.12，显著性=.000	方差齐，t=-1.62，显著性=.105

尊严地位与组织信任。(1）进入企业时是否交押金、所在企业是否扣押过证件（身份证、暂住证、资格证书、学位证书等）会显著地影响员工的组织系统信任水平，而对组织人际信任水平无显著影响。(2）企业如果有侵犯员工人身自由的恶意行为与恶性事件，则会显著地降低员工的组织系统信任水平和组织人际信任水平。问卷询问了员工是否在目前企业遭遇过辱骂、体罚、殴打、搜查、拘禁、威胁、强迫劳动、性骚扰/性侵害，我们通过量表建构，重新建构了遭遇侵犯人身自由的恶意行为与恶性事件变量。在进行转换时，没有遭遇过，赋值为0，遭遇过，无所谓，赋值为1，遭遇过，不能接受，赋值为2，8个项目相加得分，最高的为16分，最低的为0分。得分越高，说明遭遇侵犯人身自由的恶意行为与恶性事件越严重。将此变量与组织信任诸变量进行相关分析，发现其与组织系统信任度得分的相关系数为-.381，与员工-管理者信任度的相关系数为-.248，与员工-员工信任度的相关系数为-.096，即遭遇人身自由的恶意行为与恶性事件越严重的员工，其组织系统信任水平和组织人际信任水平越低。我们还同时建构了另外一个关于遭遇侵犯人身自由的恶意行为与恶性事件的变量，将那些从未遭遇过任何侵害者与遭遇过侵害者的组织信任水平进行比较，通过独立样本t检验证明，有过被侵害经历者的组织系统信任水平、组织人际信任水平要低于没有遭遇过侵害的员工。详见表4.16。

表4.16　尊严地位与组织信任水平

		组织系统信任	组织人际信任：员工-管理者信任	组织人际信任：员工-员工信任
进入企业时是否交押金	是	27.5	18.3	10.8
	否	26.2	17.9	10.4
	检验	方差不齐，t=2.1，显著性=.037	方差齐，t=1.13，显著性=.261	方差齐，t=2.37，显著性=.018

所在企业是否扣押过证件	是	27.5	18.3	10.7
	否	24.6	17.5	10.5
	检验	方差齐，t=4.26，显著性=.000	方差齐，t=1.7，显著性=.090	方差齐，t=.843，显著性=.400
遭遇侵犯人身自由的恶意行为与恶性事件状况	没有遭遇过	29.2	19.3	10.8
	遭遇过	23.3	16.2	10.5
	经验	方差齐，t=14.09，显著性=.000	方差不齐，t=10.54，显著性=.000	方差齐，t=2.39，显著性=.017
遭遇侵犯人身自由的恶意行为与恶性事件状况（相关系数）		-.381***	-.248***	-.096**

*P<0.05，**P<0.01，***P<0.001

工会组织与参与和组织信任。工会组织的建立以及员工的参与状况，在很大程度上影线到的是员工的组织系统信任，而对于组织人际信任的影响并不明显。统计分析发现，企业有工会员工也有参与者，组织系统信任度的平均得分为 30.1 分，高出企业无工会者 5.5 分。详见表 4.17。

表4.17　工会组织与参与和组织信任

	组织系统信任	组织人际信任：员工-管理者信任	组织人际信任：员工-员工信任
有工会有参与	30.1	20.4	11.1
有工会无参与	27.1	18.1	10.4
无工会无参与	24.6	16.3	10.8
检验	方差齐，F=47.71，显著性=.000	方差不齐	方差齐，F=7.43，显著性=.001

4、员工对企业社会责任的认知和评价与组织信任水平

员工对工资水平、福利待遇、工作时间、工作环境等方面的认知和评价是否会影响到员工的组织信任状况呢？统计分析发现：(1) 员工对工资水平是否合理的认知和评价，对组织系统信任、员工 - 员工信任有显著影响，如认为工资水平不合理的员工，其组织系统信任得分为 23.02 分，比那些认为工资水平合理的员工低近 9 分。(2) 工作时间、工作环境与组织信任之间的关系不好判断，主要是因为进行方差分析检验时，发现方差不相等。(3) 员工对福利待遇的评价对组织系统信任、员工—员工信任水平有显著影响，认为福利待遇差的员工，其组织系统信任水平显著较低。详见表 4.18。

表4.18　对企业社会责任的认知和评价与组织信任水平

		组织系统信任	组织人际信任：员工-管理者信任	组织人际信任：员工-员工信任
工资水平	不合理	23.02	15.77	10.50
	一般	27.31	18.17	10.54
	合理	32.34	21.57	11.40
	检验	方差齐，F=147.15，显著性=.000	方差不齐	方差齐，F=12.53，显著性=.000
工作时间	过长	24.75	16.42	10.96
	一般	27.30	18.53	10.36
	过长	29.46	19.66	10.90
	检验	方差不齐	方差不齐	方差齐，F=7.17，显著性=.001
福利待遇	差	23.28	15.77	10.56
	一般	28.14	18.78	10.58
	好	33.26	22.25	11.45
	检验	方差齐，F=172.88，显著性=.000	方差不齐	方差齐，F=10.17，显著性=.000
工作环境	差	21.94	15.16	10.23
	一般	26.29	17.65	10.62
	好	32.53	21.46	11.23
	检验	方差不齐	方差不齐	方差齐，F=12.77，显著性=.000

5、组织特性与组织信任水平

关于组织特性与组织信任水平之间的关系，目前可以查阅到的文献非常有限，从有限的阅读中，我们发现学者主要关注的是组织规模与所有结构。布诺米列和柯敏（1992）认为，组织形式不同，信任和狡黠（不信任）的水平也不同，两者都会给组织带来迥乎不同的后果（转引自克雷默、泰勒等，2003：28），Chrisman 与 Archer 的研究指出，企业规模和所有结构（ownership structure）是最为重要的。大公司通常比小公司有更大的市场能力和资源去分配社会责任，大公司应该比小公司在社会责任做得更好，他们的研究显示小企业的管理者更多地把精力放在对企业生存至关重要的顾客上 (Chrisman and Archer, 1984)，小企业有拒绝政府推动的甚至必须做的社会责任的历史，因为他们不愿意把稀缺而有限的资源用到不具有生产性的方面，在与大企业相竞争时处于更加不利的位置。另外小企业可能缺乏实施社会责任的技能和资源 (Smith, 1994)。

对企业的规模和所有结构与组织信任之间的关系进行探讨是非常重要的，不过已有的研究没有考察这些组织特性要素与组织信任的不同方面的关系。同时，在经济全球化的时代，组织越来越与国际市场发生联系，以国际市场为生产导向还是以国内市场为生产导向，从中国企业组织的实践看，会在组织结构与制度设计上、生产组织与组织行为上有所体现。因此，我们将主要考察企业所有制、企业与国际市场联系、企业规模三个组织特性与组织信任的关系。

（1）企业所有制与组织信任。我们看到，国有企业的组织系统信任得分为 32.2 分，高于外资企业 6.1 分，高于私营企业 5.3 分，方差分析显示，不同所有制企业员工的组织系统信任度得分差异，主要是国有企业与外资、私营企业的差异，而外资企业与私营企业间则并无显著差异。国有企业的员工 - 管理者信任度得分也比外资企业和私营企业高，但是因为不满足方差分析的条件，无法得出具有推论性的结论。统计检验显示，员工 - 员工信任度得分在不同的所有制企业之间也有显著差异，不过我们看到实际的分差并不大。(2) 企业与国际市场联系与组织信任。从组织系统信任看，无跨国订单生产的得分最高，为 29.2 分，其次是有跨国订单生产但依赖程度较低的，得分为 28.1，较大程度依赖跨国订单生产企业的员工，其组织系统信任度得分最低。方差分析显示，组织系统信任度得分的这种差异，主要是无跨国订单生产与较大程度依赖跨国订单生产企业之间的差异。从员工 - 管理者信任看，也是无跨国订单生产的企业最高，其次是有跨国订单生产但依赖程度较低者，最后较大程度上依赖跨国订单生产者，不过因不满足方差分析的条件，无法得出具有推论性的结论。至于员工 - 员工信任，在生产依赖国际市场不同的企业之间也有显著性差异，主要体现在有跨国订单但依赖程度较低的企业与其他两类企业之间，不过从实际的得分差距来看，还不是很大。(3) 企业规模与组织信任。从组织系统信任和员工 - 管理者信任看，员工在 501–1000 人的中等规模企业得分显著较高，其次是员工超过 1000 人的大企业，信任度得分最低的是员工规模在 500 人以下的小企业。从员工 - 员工信任看，主要的差异是中等规模企业与其他两类规模企业间的差异，不过从表 15 的数据看到，实际得分差距并不大。详见表 4.19。

表4.19　组织特性与组织信任水平

		组织系统信任	组织人际信任：员工—管理者信任	组织人际信任：员工—员工信任
企业所有制	国　业	32.2	21.5	11.7
	纥资 业	26.1	18.1	10.3
	私营 业	26.9	17.8	10.8
	检验	方差齐，F=31.16，F=.000	方差不齐	方差齐，F=13.02，显著性=.000
企业与国际市场联系	无 国订单 产	29.2	19.6	10.4
	国订单 产	28.1	18.5	11.0
	较槌箸　赖 国订单 产	25.8	17.8	10.4
	检验	方差齐，F=13.81，F=.000	方差不齐	方差齐，F=7.27，显著性=.001
企业规模	500人以下	26.3	17.3	10.8
	501-1000人	30.5	19.9	10.0
	1000人以上	27.3	18.7	10.8
	检验	方差齐，F=13.14，显著性=.000	方差齐，F=14.75，显著性=.000	方差齐，F=3.75，显著性=.024

6、员工个人特性与组织信任水平

一些学者曾探讨过个体特性与信任水平之间的关系（Uslaner，1999，2002; Putnam，2000），诸如性别、年龄、婚姻状况、受教育程度、收入水平、就业情况、宗教信仰、职业类型、健康状况、居住时间等都被不同程度的涉及到。基于美国1972—1994年度“一般社会调查”数据，布兰姆等发现，较高的受教育程度、较高的收入水平、没有处于失业状态都会提高居民的社会信任水平，而婚姻状况对居民社会信任水平的影响并不显著（Brehm & Rahn，1997）。使用同样的数据，将样本起始年份设为1974年，阿利斯娜（Alesina）等发现，男性、年龄越大、没有经历过离异或丧偶、受教育程度越高、收入水平越高、工作为兼职、健康状况越好的居民，其社会信任水平较高；而婚姻状况、宗教信仰则对居民的社会信任水平没有显著影响（Alesina & Ferrara，2002）。利用“世界价值观调查”1981—1997年期间66个国家的三次调查数据，奎索（Guiso）等推论，年龄、受教育程度、收入水平、宗教信仰、健康状况对居民的社会信任水平都有着积极作用，而性别因素的影响并不显著（Guiso et al.，2003）。尤斯兰纳（Uslaner）的研究证实，如果居民居住在当前社区的时间越长，或者居民的出生地在当前社区所在的城市，那么基于过往的长期交往经验和未来的长期交往预期的居民的社会信任水平会更高（Uslaner，2002）。国内一些学者的研究认为，随着年龄的增长，人们对他人的信任度也提高。在通常情况下，年龄越大者参加工作的时间较长，他们在工作中与同事、领导以及邻居的接触较多，因此他们的一般信任度也较高。另一方面，目前许多工作单位的晋升还是需要论资排辈，资历与个人在工作单位的地位有着紧密的联系，年长者因为有着较高的地位，所以能够在与同事的交往中更具有自信，因而对同事也具有更高的信任度（王绍光、刘欣，2002；胡荣，2005）。王绍光等人为，学历程度是评价一个人社会地位的重要指标。所以从理论上讲，教育程度越高，信任度也越高。他们的研究证实文化程度较高者的综合信任度也较高（王绍光、刘欣，2002）。

上述研究主要针对的是社会信任水平，个人特性要素中的年龄、教育程度、收入水平、职业地位、居住时间被认为对社会信任水平有积极的作用，而性别、婚姻状况、宗教信仰的作用在不同的研究中有不同的呈现。那么，个人特性要素中的哪些方面会对组织信任水平有影响呢？组织文献中关于个体人口学特征与组织信任关系之间的探讨并不多，其中一个研究是由 Wright 与 Bonnett 在 1993 年完成的，研究发现个体人口学特征（工作类别、教育程度、努力状况、年收入等）与组织信任之间没有统计学意义上的显著相关（Wright & Bonnett，1993）。另一项由 Elangovan 与 Shapiro1998 年做的研究探讨了工作时间对组织信任的影响，他们发现组织信任度最高的是至少有 5 年工作时间者，那些每隔 2 年就换工作的人或者刚从学校出来工作没多久的人，在职业生涯的这个时候还没有多强的信任，而那些临近退休者，则对组织很少有信任。因为职业期望的未能实现、年龄歧视以及工作到退休年龄的过分关注（Elangovan & Shapiro,1998）。

受上述研究的影响，并考虑到中国社会一些独特的制度安排如户籍制度对于个体的影响，我们将主要考察员工性别、婚姻状况、文化程度、居住方式、户籍身份、职业、在目前企业工作时间等 7 个方面的个人特性与组织信任之间的关系。基本情况详见表 4.20。

表4.20　员工个人特性与组织信任水平

		组织系统信任	组织人际信任：员工-管理者信任	组织人际信任：员工-员工信任
性别	男	26.4	17.5	10.8
	女	27.8	18.7	10.7
	检验	方差齐，t=-3.17，显著性=.002	方差齐，t=-3.93，显著性=.000	方差齐，t=0.44，显著性=.659
婚姻状况	未婚	25.4	17.2	10.4
	已婚	28.7	19.1	11.0
	检验	方差齐，t=-7.93,显著性=.000	方差齐，t=-6.25,显著性=.000	方差齐，t=-4.16,显著性=.000
文化程度	炤学及以下	28.2	19.2	11.2
	初中	26.8	18.0	10.9
	职　专	27.6	18.5	10.6
	槌专及以上	27.4	18.2	9.7
	检验	方差齐，F=1.47，显著性=.220	方差齐，F=1.65，显著性=.177	方差齐，F=5.81，显著性=.001

居住方式	不居住工厂集体宿舍	28.7	19.2	10.7
	居住工厂集体宿舍	25.9	17.4	10.7
	检验	方差齐，t=6.61，显著性=.000	方差齐，t=5.98，显著性=.000	方差齐，t=.192，显著性=.848
户籍身份	城镇工	29.7	19.7	10.9
	农民工	26.7	17.9	10.7
	检验	方差齐，t=5.16，显著性=.000	方差不齐，t=3.88，显著性=.000	方差齐，t=.938，显著性=.349
职业	普通工人	26.7	17.9	10.7
	技术工人	29.8	20.2	11.3
	低层管理人员（生产组长等）	28.3	18.7	10.5
	检验	方差齐，F=9.34，显著性=.000	方差齐，F=7.2，显著性=.001，三者间均有差异	方差不齐
目前企业工作时间（相关系数）		.271***	.269***	.163**

*P<0.05，**P<0.01，***P<0.001

（1）性别与组织信任。不同性别的员工在组织系统信任和员工 - 管理者信任上都有显著性差异，女性的组织系统信任和员工管理者信任显著高于男性。（2）婚姻状况与组织信任。已婚者的组织系统信任、人际信任显著高于未婚者，分别高出 3.3 分和 1.9 分。（3）文化程度与组织信任。组织系统信任和员工—管理者信任在不同文化程度者之间并无显著性差异，但员工 - 员工信任在不同文化程度者之间有显著性差异，主要是大专文化程度及以上者与其他文化程度者之间的差异，其员工—员工信任度得分显著较低。（4）居住方式与组织信任。相比于居住在工厂集体宿舍者，居住其他地方的员工，其组织系统信任度得分和员工—管理者信任度得分显著较高。（5）户籍身份与组织信任。城镇工的组织系统信任度得分为 29.7 分，显著高于农民工（高出 3 分），城镇工的员工—管理者信任度得分为 19.7 分，也显著高于农民工（高出 1.8 分）。（6）职业与组织信任。我们把员工的职业身份分为三类：普通工人、技术工和低层管理人员（如生产组织等）。统计分析显示，普通工人的组织系统信任度得分和员工—管理者信任度得分最低，技术工人的上述两项得分最高，像生产组长这样的低层管理人员排在中间。(7) 工作时间和组织信任。员工在目前企业工作的时间越长，则其组织系统信任和组织人际信任的水平也越高，目前企业工作时间与组织系统信任度之间的相关系数为 0.271，与员工—管理者信任度之间的相关系数为 0.269，与员工 - 员工信任度之间的相关系数为 0.163。

（三）组织信任差异解释

以上我们分别考察了企业社会责任制度和实践的主要方面、企业社会责任认知与评价与组织信任之间的关系，并进行了初步的检验，我们发现，对于组织系统信任而言，核心考察的社会责任制度和实践的各个方面都与其有显著的相关，大凡企业在这些核心层面遵循较好的，组织系统信任水平就较高，反之，那些在企业社会责任制度和实践上较差的企业，组织系统信任的水平则较低。员工对工资水平、福利待遇的认知与评价，非常显著地影响到组织系统信任水平，认为工资水平不合理的、福利待遇差的，员工对组织的系统信任越低。对于员工—管理者信任而言，我们也发现在工作时间、工资水平、劳动合同、社会保险、劳动安全、尊严地位等方面做得较好的企业，其信任水平也越高。同时，员工对工资水平是否合理、福利待遇状况好差的认知与评价，明显地对员工 - 管理者信任水平有影响。而工作时间和工作环境认知对信任的影响，则并清晰。

个人特性与组织信任间的关系，主要表现为男性、已婚、不居住工厂集体宿舍、城镇工、低层管理人员、在目前企业工作时间较长者的组织系统信任和员工—管理者信任水平较高。就组织特性与组织信任间的关系看，主要表现为国有企业、无跨国订单或较少跨国订单、员工规模在 501-1000 人企业的组织系统信任水平较高，而员工 - 管理者信任则主要与组织规模有关，而与所有制与订单依赖状况并不明晰。

我们现在的问题是：如果企业社会责任制度安排与实践、员工对企业社会责任的认知与评价、员工个人特性、组织特性四个方面综合起来进行考察，上述仅在两两关系考察时存在的相关性，在各影响要素综合起来进行考察时，其影响是否依然存在？如果存在，是哪些要素对组织信任的影响更为重要？或者对组织信任差异的解释更有说服力？在控制员工个人特性和组织特性要素之后，企业社会责任制度安排与实践、员工对企业社会责任的认知与评价，其对于组织信任的影响相比于未有控制之时，是否会有显著的变化？

对于上述诸项问题，我们将通过多元线性回归分析来进行回答。

1、变量特征与描述

模型的因变量为组织信任，区分为组织系统信任、员工 - 管理者信任和员工—员工信任三个方面，本研究着重考察的是前两者。为便于模型系数的解释，作为因变量的组织系统信任和员工 - 管理者信任，我们对原始分加总后的变量进行了转化，转换成为百分制的变量。

模型中的自变量分为四个组。第一组是关于企业社会责任制度安排与实践方面的变量，经过以上两两关系的分析后，我们以每月工作时间、公司是否加班作为劳动时间制度安排和实践的测量。以小时工资、每月收入相当于当地职工平均月收入比例、是否按时发放工资作为对工资待遇制度安排和实践的测量。对于劳动合同制度安排与参与，将集中考察企业与员工是否签订合同。对员工与企业来讲，“是否签订合同”表达的是两者之间的“法律契约”问题。不过，这样一种“法律契约”关系往往会影响到员工同企业之间在建立关系之初的“心理契约”状况。当然，合同签订制度是企业在招聘员工过程中所应该履行的基本准则，它从侧面反映了一个企业是否遵守国家法律条例、是否履行企业社会责任、是否真正重视员工的根本权益、企业制度是否规范以及企业形象的好坏。而从员工的角度来讲，合同制度使员工在法律意义上真正确立了自己在所属企业中的身份认同，同时为员工提供了坚实的法律保障。总而言之，合同制度对于员工与企业的意义都非常重大深远。关于社会保险，之前是通过养老、医疗、工伤和失业保险四个方面来进行分别测量的，我们发现有的企业让一些员工参加了一项某几项的保险，而有的员工则一项保险也没有参与，所以，最后在模型中使用的是一个合成的变量，在对四项保险进行综合考察后，将一项保险也没有参加者区分为一类，至少参加一项保险的区分为另一类。劳动安全和保护状况，之前分析时也是分别以四个变量来进行测量，在模型中，我们将四个变量重新建构后生成一个新变量：劳动安全与保护状况：建构的方法是将原始的四个项目，在重新赋值后相加而得总分，然后转化为百分制测量。具体方法是：每一项目，回答“是“者，赋值 2 分，回答“没注意”者，赋值 1 分，回答“否”者，赋值 0 分。对于缺少值的处理，按照“没注意”处理，赋值 1 分。加总后最高分为

8 分，最少分为 0 分，然后再进行百分制转化。经检验，由四个变量合成的该变量的信度系数为 0.63。关于尊严地位，我们用百分制的遭遇侵犯人身自由的恶意行为与恶性事件状况来进行分析，该变量的信度系数为 0.812。工会设置与参与情况"，包括"有工会且有参与"、"有工会但无参与"、"无工会"。

第二组自变量是员工对企业社会责任的认知与评价，主要从四个方面来进行测量。一是"工资水平是否合理"，体现的是对工资制度安排与实践的一种主观认知；二是"福利待遇好差"，侧重于企业员工所享受的收入以外的福利与待遇的认知与评价；三是"工作时间是否过长"，主要关注企业对于员工基本权益的维护以及员工对劳动时间制度安排的基本评价；四是"工作环境好差"这一总体性评价，背后涉及一个企业工作环境的安全、健康卫生条件、机器设备状况等诸多方面。

第三组自变量是员工个人特性，主要考察的是性别、婚姻状况、文化程度、职务、户籍身份、目前企业工作时间。

第四组自变量是企业特性，主要考察企业所有制、与国际市场关系以及规模。

表 4.21 为组织信任和四组自变量的基本特征与描述。

表4.21　变量的特征与描述（N=1021）

变量	平均值	标准差	变量描述
组织系统信任度p1	0.60	0.216	将8个变量建构的组织系统信任度得分换算成百分
员工-管理者信任度f1	0.51	0.203	制
员工-员工信任度g1	0.64	0.194	将6个变量建构的信任度得分换算成百分制
性别sex	0.41	0.491	将3个变量建构的信任度得分换算成百分制
目前企业工作时间	4.19	5.493	1为男；0为女
workyear			最小值为0.08年，最大值为47.2年
职务job	1.45	0.802	1为普通工人；2为技工；3为低层管理人员
婚姻状况marr	0.45	0.498	1为未婚；0为已婚
受教育程度edu	0.67	0.469	1为初中及以下；0为高中、中专、技校及职高及以上
户籍身份status1	0.91	0.375	0为第一代农民工，1为新生代农民工，2为城镇工
居住方式dom	0.53	0.649	为居住工厂集体宿舍，0为其他地方
每月工作时间montime	273.08	71.258	最小值为120小时，最大值为565.5小时
公司是否加班jb2	0.17	0.377	1为加班无加班工资；0为不加班或加班有工资
小时工资hourwage	6.48	2.646	最小值0.90元，最大值30.8元
每月收入相当于当地职工	0.66	0.379	最小值为0.085，最大值为3.243
平均月收入比例			1为总能按时；2为偶尔不能按时；3为经常不能按时

是否按时发放工资c2	1.47	0.653	1为签订，0为未签
是否签订合同cont	0.74	0.438	1为参家，0为未参加
医疗保险参与med	0.46	0.498	1为参家，0为未参加
养老保险参与pen	0.31	0.464	1为参家，0为未参加
失业保险参与unemp	0.16	0.366	1为参家，0为未参加
工伤保险参与eon	0.32	0.466	1为参与至少一项，0为四项保险均未参加
社会保险	0.56	0.497	由四个变量建构，最小值0分，最大值1分
劳动安全与保护ldaq1	0.70	0.281	由8个变量建构，最小值0分，最大值分1分
人身及健康侵害经历lbc3	0.07	0.149	1为有工会有参与；2为有工会但无参与；3为无工会；
工会组织与参与unioncy			1为不合理；2为一般；3为合理
工资水平是否合理	2.02	0.740	1为差；2为一般；3为好
福利待遇好差			1为不过长；2为一般；3为过长
工作时间是否过长	1.94	0.704	1为差；2为一般；3为好
工作环境好差	1.8	0.701	1为国有企业；2为外资/合资企业；3为私营企业
业 质realqyxz	2.01	0.785	1为无跨国订单生产，2为有跨国订单，3为较大程
对 国 燧订单 产 赖程	2.08	0.708	度依赖跨国订单生产
度dingdanyi	2.55	0.660	1为500人以下；2为501-1000人；3为1000人以上
企业规模scalgroup	2.39	0.526	
	2.14		

2、企业社会责任制度安排与实践对组织信任的影响

（1）组织系统信任及其影响差因素分析

模型一

在制度与组织系统信任关系的“模型一”分析中，企业社会责任制度与实践主要在是否加班及加班是否发放加班工资、工资是否按时发放、社会保险、劳动安全与保护、尊严地位、工会设置与参与六个方面对组织系统信任水平构成一定影响。

在控制其他因素的情况下，“加班且无加班工资者”的组织系统信任要比“不加班或加班有加班工资者”低 0.073 个标准差单位；工资的按时发放能够对员工组织系统信任度的提升产生积极的影响。与“经常能按时发放工资”相比，“偶尔不能按时发放”与“经常不能按时发放”对员工组织系统信任度的提升产生负面影响，其中前者的回归系数在统计意义上更加显著。这也一定程度上符合实际的访谈情况。在劳动密集型的行业，工资是员工工作的首要目的和最基本的保障，同时也是员工获得成就感、提高生活质量的基本来源，如果这一点都不能得到及时的满足，必然会直接影响

员工对于所属企业的信任度。

在控制其他要素的情况下，社会保险制度设置与参与显著地影响着员工对组织的系统信任，与那些不参与任何保险者相比，至少参加一项保险的员工，其对组织的系统信任会高 0.12 个标准差单位。

在控制其他要素的情况下，劳动安全与保护对组织系统信任产生积极的影响，而遭遇侵犯人身自由的恶意行为与恶性事件状况则对组织系统信任产生负面的影响。

最后，工会设置与参与情况对组织系统信任有显著的正面影响，与“有工会且有参与”的员工相比，“有工会但无参与”的员工对所属企业的信任度明显较低。工会作为一种基于共同利益而自发组织的社会团体，企业工会对于员工的利益维护、社会交往、精神生活的提高、心理状态的改善、企业关系的协调等方面都会起到一定的作用。但仅“有工会”还不够，如果没有员工的实际参与，甚至员工连公司是否有工会、工会是什么都一无所知，那么“工会制度”只会变成一种自上而下的形同虚设的空壳。只有在员工的“参与”之下，工会才能对员工构成实际的影响，从而对员工的组织系统信任度的提升产生积极影响。所以，“有工会”与“有参与”两者缺一不可。

在控制其他诸要素后，是否签订劳动合同对组织系统信任没有显著性影响，这种情况可能与纺织服装这种劳动密集型行业的劳工的职业流动率比较高、“离职”现象司空见惯有关，这一点已经得到了相关学者的证实(Knight & Yueh, 2004 等)。在这种情况之下，“合同”在企业与劳工之间形成的契约效果逐渐减弱，劳工对于合同签订与否似乎也不是特别重视，除了当涉及具体利益的时候，这与劳工的法律意识较弱以及合同制度所带来的实际效果不明显有关。在实际的问卷调查与深度访谈中，课题组也得到了类似的回应。“模型一”分析结果显示，合同的签署情况对于员工组织系统信任度不构成显著性影响。

就“模型一”中标准回归系数的绝对值而言，企业社会责任制度安排与实践对于组织系统信任度水平的影响，按照相对重要性而言依次是“劳动安全与保护状况”、“尊严地位（遭遇侵犯人身自由的恶意行为与恶性事件状况)”、“社会保险”、“劳动时间（是否加班及发放加班工资)”、“工会设置与参与”、“工资发放”。

模型二

在控制社会人口学变量（包括性别、文化程度、婚姻、职务、户籍身份、目前企业工作时间等）的前提下，某些企业社会责任制度安排与实践的回归系数在数值与显著性上都发生了一定的变化。

首先，在控制社会人口学变量的情况下，“是否加班且加班是否发放加班工资”对员工组织系统信任水平依然构成积极的影响，且回归系数的绝对值增加了。“工资发放”、“社会保险”、“劳动安全与保护”、“尊严地位（遭遇侵犯人身自由的恶意行为与恶性事件状况）”依然对组织系统信任水平有显著影响，却影响的方向也没有发生变化，但标准回归系数的绝对值略有减少。

其次，在控制社会人口学变量的情况下，较“模型一”，“工会设置与参与”这个变量的回归系数方向未变，但“有工会无参与”的回归系数在统计意义上由显著变为不显著。而反映工资待遇的“每月收入相当于当地职工平均月收入比例”对组织系统信任的影响有原来的不显著转变为显著。

在控制了社会人口学变量的情况下，就“模型二”中标准回归系数的绝对值而言，企业社会责任制度安排与实践对于组织系统信任度水平的影响，按照相对重要性而言依次是“劳动安全与保护状况”、“尊严地位（遭遇侵犯人身自由的恶意行为与恶性事件状况）”、“社会保险”、“工资待遇（每月收入相当于当地职工平均月收入比例）”、“劳动时间（是否加班及发放加班工资）”、“工资发放”。

模型三

在控制社会人口学变量以及企业特性变量的前提下，企业社会责任制度安排与实践变量对员工组织系统信任度的影响情况类似于“模型二”，主要表现在：(1) 在控制社会人口学变量和企业特性变量的情况下，“是否加班且加班是否发放加班工资”、“工资发放”对员工组织系统信任水平影响依然存在，但回归系数的绝对值和显著性有所减少。“社会保险”、“劳动安全与保护”、“尊严地位（遭遇侵犯人身自由的恶意行为与恶性事件状况）”对组织系统信任水平影响的方向和显著性未有变化，但标准回归系数的绝对值略有减少。(2) 反映工资待遇的“每月收入相当于当地职工平均月收入比例”对组织系统信任的影响进一步增强，同时小时工资的影响由原来的不显著开始变为显著。(3)“工会设置与参与”再度对组织系统信任产生影响，与有工会有参与者相比，无工会者的组织系统信任度得分显著偏低。

表4.22　组织系统信任的多元回归分析结果

	模型一		模型二		模型三	
	标准回归系数	标准误	标准回归系数	标准误	标准回归系数	标准误
月工作时间	-0.002	0.000	-0.030	0.000	-0.058	0.000
加班无加班工资者	-0.073***	0.014	-0.078***	0.014	-0.056**	0.014
偶尔能按时发放	-0.067**	0.012	-0.051**	0.012	-0.049*	0.012
经常不能按时发放	-0.023	0.021	-0.019	0.021	-0.029	0.021
每月收入相当于当地职工平均月收入比例	0.066	0.025	0.087**	0.025	0.119**	0.029
小时工资	-0.046	0.004	-0.071	0.004	-0.097*	0.004
签订合同	0.005	0.014	0.009	0.014	0.005	0.014
四项社会保险中至少参加一项	0.120****	0.012	0.109****	0.012	0.104****	0.012
劳动安全与保护状况	0.160****	0.024	0.154****	0.023	0.153****	0.023
遭遇侵犯人身自由的恶意行为与恶性事件状况	-0.158****	0.036	-0.146****	0.036	-0.132****	0.036
有工会无参与	-0.070**	0.013	-0.031	0.013	-0.046	0.013
无工会	-0.050	0.017	-0.009	0.017	-0.103**	0.023
工资水平一般	0.123****	0.013	0.117****	0.013	0.112****	0.013
工资水平合理	0.180****	0.017	0.160****	0.017	0.158****	0.017
福利待遇一般	0.100***	0.013	0.100****	0.012	0.086***	0.012
福利待遇好	0.152****	0.019	0.163****	0.018	0.153****	0.018
工作时间一般	-0.002	0.014	-0.003	0.013	0.005	0.013
工作时间不过长	0.077**	0.014	0.089***	0.014	0.092***	0.014
工作环境一般	0.127****	0.014	0.123****	0.014	0.124****	0.014
工作环境好	0.308***	0.017	0.304****	0.017	0.295****	0.017
男性			-0.060**	0.010	-0.060**	0.010
初中及以下			0.021	0.012	0.024	0.012
未婚			-0.070**	0.014	-0.057*	0.014
技工			0.023	0.023	0.016	0.022
低层管理（生产组长）			-0.011	0.014	-0.018	0.014
居住工厂集体宿舍			-0.071**	0.012	-0.057**	0.012
新生代农民工			-0.056*	0.015	-0.067**	0.015
城镇工			-0.025	0.017	-0.031	0.017
目前企业工作2-5年			0.039	0.012	0.038	0.012
目前企业工作5年以上			0.025	0.015	0.008	0.015
外资、合资企业					-0.063	0.025
私营企业					-0.072	0.020

较大程度上依赖国际订单生产					-0.056*	0.015
501-1000人					-0.018**	0.026
1000人以上					-0.118**	0.019
R平方	0.534		0.561		0.572	
样本量	907		907		907	

注：*P<0.1，**P<0.05，***P<0.01，****P<0.001

注：作为参照类删除的变量有：女性、高中及以上、已婚、普通工人、不居住工厂集体宿舍、第一代农民工、在目前工厂工作2年以下者、加班有加班工资或不加班者、总能按时发放、未签订合同者、有工会有参与、工资水平不合理、福利待遇差、工作时间过长、工作环境差、国有企业、500人以下小规模企业、有订单但并不依赖国际订单。

（2）员工-管理者信任及其影响差因素分析

模型四

在制度与员工-管理者信任关系的“模型四”分析中，企业社会责任制度安排与实践主要在工资待遇（每月收入相当于当地职工平均月收入比例、小时工资、工资发放）、社会保险、劳动安全与保护、尊严地位、工会设置与参与五个方面对员工-管理者信任水平构成一定影响。

在控制其他因素的情况下，企业社会责任制度安排与实践相关要素对于员工-管理者信任度影响的重要性而言，分别是：(1)“工会设置与参与”情况对员工-管理者信任的影响最为明显，与“有工会且有参与”的员工相比，“有工会但无参与”的员工与“无工会”的员工对所属企业管理者信任度明显较低。(2)工资待遇对员工-管理者信任度状况有显著的影响。每月收入相当于当地职工平均月收入比例越高的人，对管理者的信任越高，与“经常能按时发放工资”相比，“偶尔不能按时发放”与“经常不能按时发放”对员工管理者信任度的提升产生负面影响，其中前者的回归系数在统计意义上更加显著。而小时工资对于员工管理者信任度的影响是负面的。(3）劳动安全与保护对于员工-管理者信任度的影响排在第三位，这方面做得越好，员工对管理者的信任越高。(4）社会保险参与能够显著改善员工对于管理者的信任。(5）如果管理者在企业中对员工有侵害人身自由的恶意行为和事件，则发生得越多，员工对管理者的信任度越低。

模型五

在控制社会人口学变量（包括性别、文化程度、婚姻、职务、户籍身份、目前企业工作时间等）的前提下，企业社会责任制度安排与实践的主要方面对于员工 - 管理者信任的影响有一定程度的变化，表现为：(1) 工资待遇对员工 - 管理者信任度影响的重要性提升，由原来的第二位要素升至首位；(2) 工会设置与参与的影响依然重要，仅次于工资待遇；(3) 反映劳动时间制度实践的月工作时间对员工 - 管理者信任度影响开始显著，每月工作时间越长者，对管理者的信任度越低，与此同时，之前对员工 - 管理者信任有显著性影响的“遭遇侵犯人身自由的恶意行为与恶性事件状况”要素，其显著性在控制社会人口学变量后消失。

模型六

在控制社会人口学变量以及企业特性变量的前提下，企业社会责任制度安排与实践变量对员工 - 管理者信任度的影响情况类似于“模型二”，对员工管理者信任有显著性影响的要素依次为：工资待遇（每月收入相当于当地职工平均月收入百分比、小时工资）、工会设置和参与、劳动时间制度（月工作时间）、劳动安全与保护。

表4.23 员工-管理者信任的多元回归分析结果

	模型四		模型五		模型六	
	标准回归系数	标准误	标准回归系数	标准误	标准回归系数	标准误
月工作时间	-0.042	0.000	-0.069*	0.000	-0.081*	0.000
加班无加班工资者	-0.035	0.015	-0.038	0.015	-0.029	0.015
偶尔能按时发放	-0.057*	0.013	-0.044	0.013	-0.045	0.013
经常不能按时发放	-0.037	0.023	-0.029	0.022	-0.032	0.023
每月收入相当于当地职工平均月收入比例	0.087*	0.026	0.099*	0.028	0.137**	0.032
小时工资	-0.137***	0.004	-0.161***	0.004	-0.175***	0.004
签订合同	0.027	0.015	0.030	0.015	0.026	0.015
四项社会保险中至少参加一项	0.068**	0.013	0.056*	0.013	0.048	0.013

劳动安全与保护状况	0.081**	0.025	0.075**	0.025	0.070**	0.025
遭遇侵犯人身自由的恶意行为与恶性事件状况	-0.050*	0.039	-0.041	0.039	-0.040	0.039
有工会无参与	-0.133****	0.014	-0.091***	0.014	-0.089**	0.014
无工会	-0.136***	0.018	-0.095**	0.019	-0.091	0.025
工资水平一般	0.106***	0.014	0.096***	0.014	0.104***	0.014
工资水平合理	0.199****	0.019	0.179****	0.019	0.184****	0.019
福利待遇一般	0.104***	0.014	0.105***	0.013	0.101***	0.013
福利待遇好	0.176****	0.020	0.186****	0.020	0.180****	0.020
工作时间一般	0.058*	0.015	0.050	0.015	0.055	0.015
工作时间不过长	0.080**	0.016	0.088**	0.015	0.093***	0.015
工作环境一般	0.102***	0.015	0.100***	0.015	0.104***	0.015
工作环境好	0.243****	0.019	0.240****	0.019	0.239****	0.019
男性			-0.083***	0.011	-0.084***	0.011
初中及以下			0.018	0.013	0.018	0.013
未婚			-0.058	0.015	-0.045	0.015
技工			0.060**	0.024	0.058**	0.024
低层管理（生产组长）			-0.001	0.015	0.002	0.015
居住工厂集体宿舍			-0.065**	0.013	-0.058*	0.013
新生代农民工			-0.052	0.016	-0.059	0.016
城镇工			-0.036	0.018	-0.045	0.018
目前企业工作2-5年			0.056*	0.013	0.054*	0.013
目前企业工作5年以上			0.037	0.016	0.018	0.016
外资、合资企业					-0.047	0.027
私营企业					-0.123**	0.022
较大程度上依赖国际订单生产					-0.025	0.016
501-1000人					-0.001	0.029
1000人以上					-0.004	0.020
R平方	0.386		0.416		0.422	
样本量	907		907		907	

注：*P<0.1，**P<0.05，***P<0.01，****P<0.001; 作为参照类删除的变量有：女性、高中及以上、已婚、普通工人、不居住工厂集体宿舍、第一代农民工、在目前工厂工作 2 年以下者、加班有加班工资或不加班者、总能按时发放、未签订合同者、有工会有参与、工资水平不合理、福利待遇差、工作时间过长、

工作环境差、国有企业、500人以下小规模企业、有订单但并不依赖国际订单。

(3)“企业社会责任认知与评价”对组织信任的影响

工资制度

在“模型一”、“模型二”、“模型三”中，员工对于工资水平的认知与评价能够对员工组织系统信任度的提升产生非常积极的影响。与“工资水平不合理”相比，认为“工资水平合理”与“工资水平一般”的员工会更加信任企业，两者的回归系数在统计学意义上具有相当高的显著性。在“模型一”中，相对于“工资水平不合理”，认为“工资水平合理”的员工对企业组织的系统信任会高0.180个标准差单位，认为“工资水平一般”的员工则提高了0.123个标准差单位。“模型二”显示，在控制了社会人口学变量和企业特性变量的情况下，工资水平认知与评价依然对组织系统信任产生显著影响，回归系数的方向与显著性不变，只是系数的绝对值稍许有些下降。

同样，员工对于工资水平的认知与评价对员工-管理者信任度的提升有非常积极的影响。“模型四”、“模型五”、“模型六”的回归系数与显著性水平以及系数的绝对值充分说明了这一点。与“工资水平不合理”相比，认为“工资水平合理”与“工资水平一般”的员工会更加信任管理者，在不控制社会人口学变量和企业特性的情况下，那些认为“工资水平一般”或者“工资水平合理”的员工，其对管理者的信任度要比那些认为“不合理”者高0.106和0.199个标准差单位，这种影响，即使在控制了社会人口学变量和企业特性变量的情况下，也依然存在。

因此，“工资水平”合理与否是影响员工组织信任度的一个关键性因素，虽然每位员工对于“工资水平”都有自己的个性判断，但这种判断包含了对行业工资水平的认知，对企业工资制度的评价，以及与其他员工劳动投入和收入获取与自己的劳动投入和收入水平之间关系的认识。

福利待遇制度

在概念上，“福利待遇”具备较“工资水平”更为阔广的外延，其包括工资收入以外的其他福利与待遇情况。“模型一”、“模型二”、“模型三”中显示，员工对于福利待遇制度的认知与评价会积极影响到其对企业组织的信任度。总体而言，与“福利待遇差”相比，认为“福利待遇好”与“福利待遇一般”的员工更倾向于信任企业组织，即随着福利待遇的改善，员工对于企业组织的信任度也会不断提高。在不控制社会人口学变量和企业特性的“模型一”中，相对于“福利待遇差”，认为“福利待遇好”与“福利待遇一般”的员工对企业组织的系统信任度要分别高出 0.152 和 0.100 个标准差单位。在控制了社会人口学变量和企业特性变量的情况下，对福利待遇合理与否的认知和评价对于组织系统信任度影响进一步强化。

关于福利待遇制度的认知与评价对员工 - 管理者信任水平的影响也是积极的、正面的影响，“模型四”、“模型五”、“模型六”展示了在不同情况下员工 - 管理者信任水平与其他要素之间的关系。我们看到，在只有企业社会责任制度安排和实践、制度认知和评价要素的“模型四”中，相比于“福利待遇差”，认为“福利待遇好”与“福利待遇一般”的员工对管理者的信任度要分别高出 0.176 和 0.104 个标准差单位。在控制了社会人口学变量和企业特性变量之后，福利待遇认知对于员工 - 管理者信任度的影响增强。

工作时间制度

“模型一”、“模型二”、“模型三”中显示，员工对于工作时间制度的认知与评价在一定程度上会影响到其对企业组织的信任。在三个模型中，与“工作时间过长”相比，认为“工作时间不过长”的员工倾向于信任其所属的企业组织。“模型一”、“模型二”、“模型三”结果分析显示，不管有无控制变量，相对于“工作时间过长”，认为“工作时间不过长”的员工对企业组织的信任度要高 0.077、0.089 和 0.092 个标准差单位，而“工作时间一般”对于组织系统信任度的影响则不显著。

员工对于工作时间制度的认知与评价对员工 - 管理者信任的影响与上述组织系统信任的情况类似，在“模型四”、“模型五”、“模型六”中，不管有无控制变量，相对于“工作时间过长”，认为“工作时间不过长”的员工对管理者的信任度更高，分别高出 0.080、0.088 和 0.093 个标准差单位，而“工作时间一般”对于组织系统信任度的影响则不显著。

实际上，对于纺织服装行业大多数劳动密集型企业而言，因基础工资水平较低，在采用计件工资制度的情况下，员工的收入增长与劳动时间成正比，所以，对于一些员工而言，他们希望存在一定的“加班”，延长一定的工作时间，这样能够为他们提供增加一定收入的渠道。但过多加班或工作时间过长，都会对员工的组织系统信任度和员工 - 管理者信任度构成一定的负面影响。

工作环境

工作环境的好差会影响到员工在企业中实际工作的感受，进而影响到员工对于企业整体的信任度。“模型一”、“模型二”、“模型三”显示，员工对于“工作环境”的认知与评价会对员工组织系统信任度产生积极的影响。在不控制社会人口学变量和企业特性变量的模型一中，相对于“工作环境差”，认为“工作环境好”与“工作环境一般”的员工，其对企业组织的信任度分别要高出 0.308 和 0.127 个标准差单位，且两者的回归系数具有非常高的显著性。在控制社会人口学变量和企业特性的情况下，工作环境认知与评价依然对组织系统信任产生显著影响，回归系数的方向与显著性不变，只是系数的绝对值稍许有些下降。

同样，员工对于工作环境的认知与评价对员工 - 管理者信任度的提升有非常积极的影响。与“工作环境差”相比，认为“工作环境好”与“工作环境一般”的员工会更加信任管理者，在不控制社会人口学变量和企业特性的情况下，那些认为“工作环境一般”或者“工作环境好”的员工，其对管理者的信任度要比那些认为“工作环境差”者高 0.102 和 0243 个标准差单位，这种影响，即使在控制了社会人口学变量和企业特性变量的情况下，也依然存在。

（4）控制变量对组织系统信任的影响

社会人口学变量

在不考虑企业社会责任制度安排和实践、制度认知和评价以及企业特性的情况下，全部社会人口学变量能够解释组织系统信任度差异的 12.2%，能够解释员工 - 管理者信任度差异的 10.5%。性别、婚姻状况、职业身份、居住方式、在目前企业工作年份对组织系统信任水平和员工 - 管理者信任水平产生显著影响，女性的组织系统信任和员工 - 管理者信任高于男性，未婚员工的组织系统信任和员工 - 管理者信任低于已婚的，底层管理人员对组织系统信任的程度高于普通工人，而技术人员对员工 - 管理者的信任度要高于普通工人，无论是组织系统信任还是员工 - 管理者信任，居住在工厂集体宿舍之外的员工的都要高于居住在集体宿舍之中的员工，相比于在目前企业工作 2 年以下者，在目前企业工作 2-5 年和工作 5 年以上的员工，对组织的系统信任、对管理者的信任都显著较高。

表4.24　社会人口学变量与组织信任

	组织系统信任		员工—管理者信任	
	标准回归系数	标准误	标准回归系数	标准误
男性	-0.105***	0.014	-0.138****	0.013
初中及以下	-0.040	0.016	-0.028	0.015
未婚	-0.122***	0.019	-0.080*	0.018
技工	0.051	0.030	0.072**	0.029
低层管理（生产组长）	0.067**	0.018	0.050	0.017
居住工厂集体宿舍	-0.128****	0.015	-0.141****	0.014
新生代农民工	-0.018	0.020	-0.006	0.019
城镇工	0.047	0.023	0.030	0.021
目前企业工作2-5年	0.089**	0.016	0.093***	0.016
目前企业工作5年以上	0.132***	0.020	0.128***	0.019
R平方	0.122		0.105	
样本量	907		907	

注：*P<0.1，**P<0.05，***P<0.01，****P<0.001

在考虑了企业社会责任制度安排和实践、制度认知和评价以及企业特性的情况下，社会人口学变量中对组织系统信任度和员工 - 管理者信任度依然有显著影响的是性别和居住方式（见表 4.22“模型三”和表 4.23“模型六”），不过影响的程度有所降低，其中性别对组织系统信任度影响的标准回归系数绝对值下降了大约 40% 左右，对员工 - 管理者信任度影响的标准回归系数绝对值下降了大约 34%。居住工厂方式对组织系统信任度影响的标准回归系数绝对值下降了 55% 左右，对员工 - 管理者信任度影响的标准回归系数绝对值下降了大约 60%。婚姻状况对组织系统信任的影响依然存在，但对员工 - 管理者信任的影响不再在统计上显著，而非常值得指出的是组织系统信任差异的影响因素中，职业身份、在目前企业工作时间影响减弱，而户籍身份的影响却凸显了出来，相比于第一代农民工，新生代农民工的组织系统信任明显较低。

企业特性变量

在不考虑企业社会责任制度安排和实践、制度认知和评价以及社会人口学变量情况下，全部企业特性变量能够解释组织系统信任度差异的12.1%，能够解释员工 - 管理者信任度差异的10.4%。在考虑了企业社会责任制度安排和实践、制度认知和评价以及社会人口学特性变量的情况下，对组织系统信任度依然产生显著性影响的是企业规模与企业与国际市场之关系。与那些有订单但并不依赖国际订单的企业相比，较大程度上依赖国际订单生产企业的员工组织系统信任度较低，与员工规模少于500人的企业相比，员工规模超过1000人的组织系统信任度显著较低，而中等规模的企业，组织系统信任度介于两者之间。对于员工 - 管理者信任而言，在控制其他各类要素之后，仅有所有制性质对其产生影响，相比于国有企业而言，私营企业的员工 - 管理者信任明显较低。

表4.25　企业特性变量与组织信任

	组织系统信任		员工-管理者信任	
	标准回归系数	标准误	标准回归系数	标准误
外资、合资企业	-0.239****	0.032	-0.195***	0.030
私营企业	-0.378****	0.024	-0.376****	0.022
较大程度上依赖国际订单生产	-0.199****	0.019	-0.135***	0.018
501-1000人	0.213****	0.027	0.190****	0.026
1000人以上	0.094****	0.014	0.168****	0.014
R平方	0.121		0.104	
样本量	907		907	

注：*P<0.1，**P<0.05，***P<0.01，****P<0.001

四、企业社会责任、组织信任与劳资冲突

（一）劳资冲突相关研究

劳资冲突又称产业冲突(Industrial Dispute)，是指劳动者（劳方）与管理方（或资方）之间由于种种利益冲突而导致纠纷和矛盾显性化，双方或者其中一方以某种特定的方式来表达自己的诉求和争取自己的权益的社会行为，其主要的表现形式为围绕着各种利益之争而展开的个体性或集体性劳动争议以及

以罢工、集体上访、静坐、示威游行、集会等方式表现的集体行动。就劳动争议而言，1996年当年受理的案件数为48121件，2009年上升到684379件，集体劳动争议由1996年1350件上升到2009年的13779件，劳动者当事人数由1996年的189120人上升到2009年的1016922人，根据劳动和社会保障部的统计，近年来我国的劳资冲突急剧上升，集体争议以每年30%的速度递增（见中国咨询行统计数据库 http://www.bjinfobank.com）。劳资矛盾和劳资冲突，已经成为影响我国社会和经济和谐稳定发展的最为重要的因素之一。

对于当下中国劳资冲突之加剧趋势，学界、政界都给予了相当的关注。中国和西方的一些学者认为，随着中国经济改革的深化以及与全球经济联系的加强，劳动抗争随之增加。西方一些学者尤其研究了外资 / 合资企业的劳资矛盾与冲突问题及其影响要素。李静君指出，从劳动力市场、招聘与劳动法律实施状况而言，香港与深圳的企业有着明显的差异，外资企业中的专制主义管理使得工人向劳动部门抱怨或拒绝工作（Lee，1998）；潘毅研究了港资的生产体系，发现在中国南方的港资企业中，工人抵抗的目标是工厂工作的节奏。生产机器将人们的身体转变成了劳动机器，控制工作节奏成为扭转工作场所权力的有效策略。当工作节奏太快时，集体生病常出现（潘毅，2005b）。Perry 利用二手资料分析了1995年前外资企业的劳动冲突，她发现在珠海和深圳，1993年有74起罢工发生，涉及10000工人，在天津主要的罢工是10起，9起是在韩资企业，1起是在日资企业，工人待遇恶劣是韩资企业罢工的主要原因（Perry，1995）。这些分析显示，对工人的不人道、虐待和威权管理是外资 / 合资企业中劳动争议出现并恶化的重要原因。有些学者如陈佩华认为，残酷的剥削必然会导致工人抗议或罢工（Chan，2001）。陈佩华收集了农民工的日记、信件，报刊杂志上关于南方中国农民工在工厂的遭遇，发现农民工处于剥削劳动关系之中，进行着强迫劳动（陈佩华，2002）。Choi,Young-Jin 运用组织和劳动社会学的概念框架，分析了影响东亚投资企业（香港、台湾、韩国、日本投资）劳动冲突的关键因素，认为劳动冲突受到多方面因素的影响，包括组织因素、制度安排、工作条件、劳动力与外籍管理者构成、管理风格等。工作时间、不当解雇、工资、人权侵犯是劳动争议增加的主要原因（Choi,Young-Jin, 2003）。国内劳动关系研究方面的著名学者常凯认为，引发劳资冲突的原因主要有：(1) 劳动者的权益受到侵害又不能适时合理解决。(2) 劳资力量对比极端不平衡，特别是工会还没有成为真正代表劳动者的组织。(3) 劳动立法和执法的不健全（常凯，2006)。有劳动部门的官员也认为，“当前我国劳动关系矛盾频发高发，正是集体协商机制没有发挥作用或发挥作用不够的结果。”[1]

可以看出，已有研究强调了制度安排、劳动力市场构成与供求关系、管理风格、工作状况、组织特性等对劳资冲突的影响，这些探讨虽然没有提到企业社会责任，但对制度安排与工作状况、剥削等的强调，实际上间接地揭示了企业未能履行社会责任而导致劳资冲突的事实。鉴于以往关于此方面直接研究的欠缺，我们期望在本研究中能够就企业社会责任制度安排与实践、制度认知与评价与劳资冲突之间的关系进行探讨。特别地，我们希望考察组织信任与劳资冲突之间的关系，通过之前关于企业社会责任与组织信任之间关系的研究，我们有一种猜测，即企业社会责任实施状况可能通过形塑员工组织信任而对劳资关系状况产生影响。我们的假设是：

假设三：企业关于社会责任的制度安排越是完善，越是能够切实遵行，员工参与社会责任制度的程度越广，则组织系统信任和组织人际信任水平越高，劳资冲突越少，劳动关系越是和谐。

假设四：员工越是对于所属企业组织的相关社会责任制度有较好的认知与评价，则其对所属企业的组织系统信任和人际信任越高，劳资冲突越少，劳动关系越是和谐。

（二）劳动冲突状况

我们从两个方面来考察劳资冲突状况，一是员工与目前所在企业是否在工资待遇、劳动时间、福利、劳动保护、劳动合同、社会保险、职务晋升等方面发生过纠纷，二是发生纠纷时工人的行动方式，是采取个体性行动还是集体性行动?

与现企业的劳动纠纷

调查发现，有 34.5% 的人因为权益受损而与目前所在企业发生过不同程度的纠纷，按照纠纷事项及发生的比率，依次为：工资待遇（标准过低、拖欠）（占 20.8%)，劳动时间（占 14.9%)，员工福利（6.4%)，劳动合同（占 5.4%)，劳动保护（占 5.3%)，社会保险（占 4.7%)，职务晋升（占 2.4%)。

发生纠纷时工人的行动方式

[1] http://acftu.people.com.cn/GB/67560/12192337.html

赫希曼（Hirschman）对消费者行动的研究中将面对组织绩效衰减时消费者或成员的行动回应分为退出与呼吁两类，受其启发，我把劳动权益受损的工人可能的行动选择分为退出、服从和行动三大类（刘爱玉，2003）。

发生纠纷时工人的行动回应方式具有以下特点：

1、“退出”作为一种选择

在所调查的24家服装、纺织企业中，退出普遍存在，在问及“如果您在企业里遇到不公正待遇，你会采取什么样的办法？”时，25.9%的工人表示会离开这个老板或雇主。选择退出的工人，更常见的行为是另寻“下家”而不是“闹事”，在他们看来，现在要找一份工作是“蛮容易的”，所以也就没有必要与工厂继续闹下去。

2、“服从”：能忍则忍

服从可分为主动服从与消极服从两种类型。主动服从者认同企业目标，行为上表现为合作与投入。他们是让做什么就做什么的“好战士”。消极服从者不认同企业目标，但在行为上不抱怨，不退出，并服从企业的各项要求。调查发现，40.3%的工人在遭遇不公正待遇时倾向于采取不表达（利益诉求）、不申诉（权益受损状况）的行动方式。

3、个体行动

个体行动主要有三种情况：

一是采用“怠工、旷工、消极参与”等“弱者的武器”来表达怨愤，在那些与企业有过个体性劳动纠纷的人中，有36.4%曾经采取过“消极怠工，不好好干活”的行动。

二是采用个人倾诉的方式。个人倾诉最常见的方式就是发牢骚和工友之间的抱怨，这种方式能很有效，能很快化解农民工心里的不满和怨恨，另一种方式是向领导、上级反映自己的问题。在农民工看来，跟领导反映也能得到解决，或者跟上级发发脾气，也能释放心里的怨气。在一些农民工看来，工厂的领导“还是可以比较公平对待自己的”，跟他们反映一下问题，也就可以很好的解决问题。集体行动、反抗等过激行为对于他们来说是比较遥远的。

三是个体维权。主要是通过政策、法律等制度安排来维护劳动权益。

4、集体行动

集体行动是那些旨在改变规范与价值的集体努力，是一种利益组织起来的行动，如请愿、联名上诉、集体上访、集体争议、罢工、示威等集体抗议是常见的集体行动。在调查的纺织服装业工人中，集体行动参与的比例为 6.4%。

总体而言，从劳动纠纷与工人行动回应方式看，6.4% 的人有劳动纠纷有集体性行动，22.6% 的人有劳动纠纷有个体性行动，71.0% 的人无劳动纠纷无行动。

（三）企业社会责任、组织信任与劳资冲突

劳资冲突到底在多大程度上受到企业社会责任、组织信任的影响，是一个有待探讨的问题。借助二分类和多分类对数线性模型，运用 8 个城市 24 个纺织服装企业的问卷调查资料，我们将尽可能探讨三者之间的关系。

劳资冲突将从两个方面进行考察，一是员工是否与企业发生过劳动纠纷，二是发生劳动纠纷是工人的应对方式。

企业社会责任将从两个方面进行考察，一是企业社会责任制度安排与实践，二是企业社会责任制度认知与评价。

组织信任主要考察的是组织系统信任和员工 - 管理者信任，员工 - 员工信任不做重点考察，一方面是由于员工 - 员工信任度指标的信度系数较低，另一方面也是因为本课题研究关注侧重点所致。

我们首先考察企业社会责任、组织信任与是否发生劳动纠纷。 表 4.26 中我们设计了个人社会人口学变量、企业特性变量、企业社会责任制度安排与实践、企业社会责任制度认知与评价、组织信任诸要素与劳资冲突之间关系的 7 个嵌套模型，并进行了比较，从似然比卡方的变化、BIC 的变化以及模型的检验结果看，考虑企业社会责任制度与实践、制度认知与评价、组织信任对于员工是否与企业发生劳动纠纷而言是十分有必要的。

表4.26　企业社会责任、组织信任与劳资冲突的logit模型比较

模型	似然比卡方	自由度	BIC
(1):社会人口学变量	53.37	11	1129
(2):(1)+企业特性	96.54	16	1173
(3):(2)+组织系统信任 +员工-管理者信任	177.62	17	1106
(4):(2)+企业社会责任制度安排	203.33	27	1148
(5):(2)+制度认知与评价	157.18	23	1167

(6):(2)+ 企业社会责任制度安排与实践+制度认知与评价	222.01	35	1184
(7):(2)+ 企业社会责任制度安排与实践+制度认知+组织系统信任+员工-管理者信任	239.79	37	1179
模型对比			
(2)-(1)	43.18	5	44
(3)-(2)	81.08	2	-67
(4)-(2)	25.71	10	42
(5)-(2)	46.15	4	19
(6)-(2)	64.83	12	17
(7)-(2)	17.78	2	-5

注：所有模型对比结果均统计显著

在表4.27中，我们选择了三个模型进行进一步的分析，“logit模型一”是只考虑个人社会人口学特性和企业特性情况下的劳动纠纷状况，“logit模型二”是在考虑社会人口学特性、企业特性和组织信任情况下的劳动纠纷状况，“logit模型三”是将企业社会责任制度安排和实践、制度认知和评价也纳入进来，考察其与其他各项要素对于劳动纠纷的影响。

对于员工是否与企业发生劳动纠纷而言，从“logit模型三”看，具有统计学意义的影响要素分别是性别、户籍身份、企业与国际市场联系、企业规模、组织系统信任、工资发放、遭遇侵犯人身自由的恶意行为与恶性事件状况、工资制度认知与评价。

个人社会人口学特性中只有性别与户籍身份两个要素对劳动纠纷发生的差异有显著影响，在控制其他变量不变时，男性工人发生劳动纠纷的比例是女性工人的1.425倍，新生代农民工发生劳动纠纷的比例是第一代农民工的1.6倍。

企业特性要素中，企业与国际市场联系、企业规模对劳动纠纷发生的状况有显著影响。在控制其他变量的情况下，相比于有订单但并不依赖国际订单的企业工作的员工而言，那些在较大程度上依赖国际订单生产企业的员工，其劳动纠纷发生的比例会高出80%。从企业规模看，相比于500人以下的小型企业，员工人数在500-1000人的企业劳动纠纷发生的比例是其5.5倍，1000人以上规模的企业，劳动纠纷发生的比例是其2.5倍。

企业社会责任制度安排和实践诸要素中，只有工资发放、遭遇侵犯人身自由的恶意行为与恶性事件状况对劳动纠纷是否发生有显著影响。在控制其他变量的情况下，回答“经常不能按时发放工资”的员工，其发生劳动纠纷的可能性是“按时发放工资”者的2.2倍，越是遭遇过侵犯人身自由的恶意行为与恶性事件者，其发生劳动纠纷的机率也越高。

在控制其他要素的情况下，对工资制度的认知与评价显著地影响着劳动纠纷发生的机率。与认为“工资水平不合理”者相比，认为“工资水平一般”者的劳动纠纷发生机率会减少42%，认为“工资水平合理者”的劳动纠纷发生机率会减少50%。

从组织信任与劳资冲突的关系看，组织系统信任对劳资冲突有显著影响，而员工 - 管理者信任对劳资冲突的影响并不显著。组织系统信任越低，劳资冲突发生的可能性越大，那些未与企业发生过劳动纠纷者，组织系统信任度的平均得分为0.65，而发生过劳动纠纷者，组织系统信任的得分为0.50分。在“Logit模型三”中，组织系统信任对于劳动纠纷发生机率的优势比为0.064，意味着在控制其他变量不变时，组织系统信任度得分增加一个单位，劳动纠纷发生比变为原来的0.064倍，可见组织系统信任度的提升对于劳动纠纷发生比例的下降还是非常重要的。

表4.27　企业社会责任、组织信任与劳资冲突logit分析

	logit模型一		logit模型二		logit模型三	
	优势比 Odds ratio	标准误	优势比Odds ratio	标准误	优势比 Odds ratio	标准误
男性	1.667***	0.153	1.496**	0.242	1.425**	0.248
初中及以下	1.162	0.176	1.150	0.213	1.118	0.221
未婚	1.675**	0.204	1.501**	0.325	1.334	0.310
技工	1.178	0.346	1.421	0.514	1.764	0.685
低层管理（生产组长）	0.760	0.208	0.824	0.180	1.031	0.248
居住工厂集体宿舍	0.915	0.175	0.822	0.151	0.803	0.165
新生代农民工	1.506*	0.224	1.449	0.342	1.601*	0.404
城镇工	0.844	0.274	0.854	0.244	0.895	0.265
目前企业工作2-5年	0.860	0.179	0.977	0.184	1.085	0.223
目前企业工作5年以上	1.227	0.225	1.385	0.324	1.392	0.354
外资、合资企业	2.448**	0.406	1.933	0.822	1.961	0.925
私营企业	2.363**	0.353	1.716	0.633	1.677	0.692
较大程度上依赖国际订单生产	2.046****	0.205	1.668**	0.362	1.802**	0.426

501-1000人	1.482	0.309	2.442***	0.801	5.513****	2.574
1000人以上	1.232	0.170	1.328	0.243	2.508**	0.898
组织系统信任			0.017***	0.009	0.064***	0.043
员工-管理者信任			2.252	1.322	2.275	1.415
月工作时间					1.000	0.002
加班无加班工资者					0.973	0.214
偶尔能按时发放					1.310	0.256
经常不能按时发放					2.204**	0.741
每月收入相当于当地职工平均月收入比例					0.493	0.241
小时工资					1.080	0.075
签订合同					0.759	0.170
四项社会保险中至少参加一项					0.737	0.145
劳动安全与保护状况					0.594	0.229
遭遇侵犯人身自由的恶意行为与恶性事件状况					7.638****	4.629
有工会无参与					0.775	0.173
无工会					1.585	0.654
工资水平一般					0.574****	0.116
工资水平合理					0.495**	0.145
福利待遇一般					0.917	0.273
福利待遇差					0.596	0.196
工作时间一般					0.767	0.174
工作时间不过长					1.028	0.250
工作环境一般					0.916	0.202
工作环境好					0.953	0.279
Chi-Square	96.54		177.62		239.79	
-2log likelihood	532.12		491.59		460.50	
R Square / Nagelkerke R Square	0.083		0.153		0.207	

注：*P<0.1，**P<0.05，***P<0.01，****P<0.001；作为参照类删除的变量有：女性、高中及以上、已婚、普通工人、不居住工厂集体宿舍、第一代农民工、在目前工厂工作2年以下者、加班有加班工资或不加班者、总能按时发放、未签订合同者、有工会有参与、工资水平不合理、福利待遇好、工作时间过长、工作环境差、国有企业、500人以下小规模企业、有订单但并不依赖国际订单。

接下来我们考察企业社会责任、组织信任与工人行动回应方式之间的关系。我们依然设计了个人社会人口学变量、企业特性变量、企业社会责任制度安排与实践、企业社会责任制度认知与评价、组织信任诸要素与工人行动回应方式之间关系的 7 个嵌套模型，并进行比较，从似然比卡方的变化、BIC 的变化以及模型的检验结果，然后对模型进行选择，我们认为发生劳动纠纷后工人行动回应方式需要考虑企业社会责任制度与实践、制度认知与评价、组织信任等要素的影响。

表4.28　企业社会责任、组织信任与工人行动回应方式的mlogit模型比较

模型	似然比卡方	自由度	BIC
(1):社会人口学变量	68.19	20	1454
(2):(1)+企业特性	116.23	30	1474
(3):(2)+组织系统信任 +员工-管理者信任	190.01	34	1421
(4):(2)+企业社会责任制度安排与实践	231.46	54	1523
(5):(2)+制度认知与评价	199.06	46	1501
(6):(2)+ 企业社会责任制度安排与实践+制度认知与评价	274.31	70	1589
(7):(2)+ 企业社会责任制度安排与实践+制度认知+组织系统信任+员工-管理者信任	291.25	74	1592
模型对比			
(2)-(1)	48.04	10	20
(3)-(2)	73.78	3	-53
(4)-(2)	41.45	21	102
(5)-(2)	32.40	8	-22
(6)-(2)	75.25	24	88
(7)-(2)	16.93	3	3

注：所有模型对比结果均统计显著

在表 4.28 呈现的是企业社会责任、组织信任与工人行动回应方式之间关系的多分类 logit 模型，“mlogit 模型四”是只考虑个人社会人口学特性和企业特性情况下的工人行动回应方式，“mlogit 模型五”是在考虑社会人口学特性、企业特性和组织信任情况下的工人行动回应方式，“mlogit 模型六”是将企业社会责任制度安排和实践、制度认知和评价也纳入进来，考察其与其他各项要素对于工人行动回应方式的关系。

员工发生劳动纠纷后的行动回应方式，有三种情况，以是有劳动纠纷采取集体行动，二是有劳动纠纷采取个体性行动，三是无劳动纠纷无行动。从表 4.28 的“mlogit 模型六”看，工人行动回应方式有以下特点：

（1）社会人口学变量中，文化程度、婚姻、职业身份、户籍身份三个要素对工人行动回应方式有显著影响。相比于高中文化程度及以上者，初中及以下文化程度者更倾向于集体行动而不是无行动，其集体行动发生的比例要高出前者 1.6 倍，但两者在劳动纠纷发生后采取个体性行动上没有显著性差异；未婚者比已婚者更倾向于在劳动纠纷发生后采取集体行动而不是无行动，其集体行动的发生比是已婚者的 3.3 倍，但两者在采取个体性行动而不是无行动上没有显著性差异；与普通工人相比，底层管理者有劳动纠纷有集体行动而不是无行动的比例更高，其集体行动的发生比是普通工人的 2.5 倍，但两者在采取个体性行动而不是无行动上没有显著的差异；与第一代农民工相比，新生代农民工采取个体性行动而不是无行动的机率更高，其个体性行动的发生比是第一代农民工的 1.6 倍，但户籍身份不同的人在集体行动上的发生比则没有统计学意义上的显著性差异。

（2）企业特性要素中，企业与国际市场联系、企业规模均对工人行动回应方式有显著影响。相比于在“有订单但并不依赖国际订单生产企业”工作者，那些在“较大程度上依赖国际订单生产企业”的工人有集体行动和个体性行动而不是无行动的发生比分别是 3.5 倍和 1.56 倍。相比于在 500 人以下小规模企业工作的员工，那些在 1000 人以上大型企业工作者，其采取集体行动、个体行动而不是无行动的比例均较高，集体行动和个体行动的发生比分别为 5.4 倍和 2.1 倍，那些在 501-1000 人中等规模企业工作者，其发生个体性行动而不是无行动的比例较高，个体性行动发生比为 4.4 倍，但在是否采取集体行动上没有显著性差异。

（3）企业社会责任制度安排与实践诸要素中，工资发放、工资水平、社会保险和尊严地位对工人行动回应方式有显著相关。工资不能及时发放，更容易招致集体行动，与能够按时发放工资相比，偶尔能按时发放工资者有纠纷和集体行动而不是无行动的发生比是 2.08 倍，经常不能按时发放工资者有纠纷和集体行动而不是无行动的发生比更高，为 3.25 倍。如果每月收入相当于当地职工平均月收入比例能够提高，则发生个体性行动的比例会降低，但在集体行动的发生上没有显著性差异。若企业能够为工人上至少一项社会保险，那么工人个体性行动的发生比例也会降低。而当工人遭遇人身自由的恶意行为与恶性事件时，既会激发其集体行动也会激发个体性行动，且集体行动和个体性行动发生的比例随侵害程度的增加而增加。

（4）企业社会责任制度认知与评价。对工资制度有积极认知与评价者，其有纠纷与集体行动、有纠纷与个体性行动的机率都会降低。与认为工资水平不合理者相比，认为工资水平一般者有纠纷有集体行动的比例会少 56%，有纠纷有个体性行动的比例会少 52%，认为工资水平合理者，有纠纷有集体行动的比例会少 95%，有纠纷有个体行动的比例会少 52%。我们发现，在控制其他要素的情况下，福利待遇认知与评价与工人行动回应方式有显著相关（卡方 =27.7，显著性 =.000），认为福利待遇差者，有纠纷有集体行动的比例为 10.8%，有纠纷有个体行动的比例为 26.1%，认为福利待遇好者，有纠纷有集体行动的比例为 2.5%，有纠纷有个体行动的比例为 17.4%。不过在控制其他各类要素的情况下，福利待遇认知与评价对工人行动回应方式的影响力下降，至少福利待遇认知与评价与采取集体行动而不是无行动上的关系并不显著，但在采取个体性行动而不是无行动上依然有一定的相关，认为福利待遇差者发生个体性行动而不是无行动的比例较低。最后，工作时间的认知和评价对于工人行动回应有一定的影响，与那些认为工作时间长者相比，认为工作时间一般者有劳动纠纷有集体行动的发生比为 0.45，但在个体性行动的回应上没有显著性差异。

(5) 从组织信任与工人行动回应方式的关系看，组织系统信任对行动回应方式有显著影响，而员工 - 管理者信任对行动回应方式的影响并不显著。组织系统信任越低，工人发生集体行动和个体性行动的比例越高。有纠纷有集体行动者的组织系统信任度得分为 0.45，有纠纷有个体行动者的组织系统信任得分为 0.50 分，无纠纷无行动者的组织系统信任度得分为 0.64 分。在“mLogit 模型六”中，组织系统信任对于有纠纷有集体行动发生机率的优势比为 0.136，意味着在控制其他变量不变时，组织系统信任度得分增加一个单位，劳动纠纷发生比变为原来的 0.136 倍，可见组织系统信任度的提升对于工人集体行动发生比例的下降有着非常重要的作用。

表4.29　企业社会责任、组织信任与工人行动回应方式mlogit分析

	mlogit模型四		mlogit模型五		mlogit模型六	
	有纠纷有集体行动	有纠纷有个体行动	有纠纷有集体行动	有纠纷有个体行动	有纠纷有集体行动	有纠纷有个体行动
男性	1.543	1.613**	1.425	1.425* *	1.281	1.326
初中及以下	2.282**	0.968	2.225**	0.957	2.647**	0.906
未婚	2.992**	1.330	2.697**	1.179	3.314**	0.988
技工	1.505	1.119	2.256	1.308	3.908	1.875
低层管理（生产组长）	1.710	0.682	1.821	0.745	2.463**	0.965
居住工厂集体宿舍	1.572	0.785	1.359	0.712*	1.064	0.752
新生代农民工	1.138	1.573*	1.033	1.511	0.920	1.648*
城镇工	0.727	0.941	0.724	0.947	0.579	1.005
目前企业工作2-5年	0.489*	1.052	0.530	1.196	0.527	1.429
目前企业工作5年以上	0.960	1.247	1.069	1.403	1.097	1.471
外资、合资企业	0.481	2.906**	0.393	2.191	0.239	2.231
私营企业	0.856	2.661**	0.617	1.872	0.464	1.988
较大程度上依赖国际订单生产	3.984****	1.791**	2.990***	1.505*	3.511***	1.561*
501-1000人	0.000	1.340	0.000	2.132**	0.000	4.434***
1000人以上	1.021	1.103	1.144	1.191	5.439**	2.141*
组织系统信任			0.014****	0.024****	0.136*	0.074****
员工-管理者信任			2.278	1.484	3.773	1.240
月工作时间					0.997	1.002
加班无加班工资者					0.731	1.269
偶尔能按时发放					2.083*	1.168
经常不能按时发放					3.253**	1.762
每月收入相当于当地职工平均月收入比例					0.391	0.321**
小时工资					1.107	1.122
签订合同					1.814	0.686
四项社会保险中至少参加一项					1.033	0.654*
劳动安全与保护状况					0.317	0.670
遭遇侵犯人身自由的恶意行为与恶性事件状况					5.693*	4.407**

有工会无参与					0.637	0.794
无工会					4.255	1.487
工资水平一般					0.442**	0.474***
工资水平合理					0.046***	0.479**
福利待遇一般					0.962	0.899
福利待遇差					0.724	0.546*
工作时间一般					0.448*	0.816
工作时间不过长					0.542	1.451
工作环境一般					0.771	1.062
工作环境好					0.766	1.205
Chi-Square	116.23		190.01		291.25	
-2log likelihood	628.49		591.60		540.98	
R Square / Nagelkerke R Square	0.085		0.138		0.212	

注：*P<0.1，**P<0.05，***P<0.01，****P<0.001；作为参照类删除的变量有：女性、高中及以上、已婚、普通工人、不居住工厂集体宿舍、第一代农民工、在目前工厂工作2年以下者、加班有加班工资或不加班者、总能按时发放、未签订合同者、有工会有参与、工资水平不合理、福利待遇好、工作时间过长、工作环境差、国有企业、500人以下小规模企业、有订单但并不依赖国际订单。

五、结论与讨论

（一）结论

1、企业对雇员社会责任基本状况

首先，我们从制度安排和实践、制度认知和评价两个方面，对企业在劳动时间、工资待遇、劳动合同、社会保险、劳动安全与保护、尊严地位（人身安全与自由）、工会组织与参与7个主要社会责任遵循状况进行了考察。总体而言，不同企业在上述社会责任的履行方面还存在着不少问题，表现为：(1) 超时劳动、违规加班现象普遍存在，部分企业员工每天晚上加班4到5个小时，36%的员工每月劳动时间超过了300小时；(2) 工资水平低下，劳动付出与回报不相称，员工在平均每天工作9.9个小时、每月工作27.2天、每月劳动时间平均273个小时的情况下，平均每月的工资值才1705元，却仍有一些员工未能按时、足额获得工资。(3) 劳动合同签订存在不规范、形式化、短期化现象。(4) 社会保险参与水平偏低，医疗、

养老、失业和工伤保险的参保率分别为46%、31.7%、16.1%和32%，却外来工参保存在制度障碍及信心缺乏现象。(5) 职业健康和安全培训不足，劳动保护管理有待提高。(6) 少部分员工（约五分之一）被企业扣押证件与财物，却企业未能通过制度设计和管理杜绝侵犯员工人身自由的恶意行为与恶性事件的发生。(7) 员工参与工会组织的比例偏低，却工会在工人权益维护上的职能未有真正发挥。

2、企业社会责任制度与组织信任

作为制度的企业社会责任是一整套关于企业对包括股东在内的利益相关者的认知性的、结构性的、规范性的系统。企业社会责任制度安排与实践、制度认知与评价必然会影响到员工对组织的信任、对管理者的信任。调查显示，目前员工的组织系统信任水平和员工-管理者信任水平都不高，只是处于中间状态。是什么影响了员工的组织信任水平呢？基于制度视角的分析表明：(1) 制度安排与制度参与的良好结合，才能影响员工的组织系统信任度和员工-管理者信任度。模型分析结果显示，“工会”制度对于员工组织系统信任的提高能够产生积极的影响，但光有工会制度不行，还需要有员工的实际参与，这样才能发挥实际效果。一个企业连工会都没有，或者员工连工会有没有或工会是干什么的都不知道的话，反而会起到一定的负面影响。“工资待遇”制度对于员工组织系统信任度的提高发挥着非常显著的积极影响，在某种程度上，企业是否做到及时发放工资、发放的工资水平与当地职工平均水平间的差距状况，直接影响到员工是否信任企业，因为其涉及员工的最直接也是最根本的利益。“福利制度”、“劳动安全与保护”、保障员工“尊严地位”的制度实践都对组织系统信任水平的提升有积极的影响，而“合同”与“加班”制度对员工组织系统信任度的影响不太明显，两者在本土文化环境中的具体运作具有一定的特殊性，同时员工对于两者的实际态度与书面理论相差太远。对于前者而言，“合同”在实际中不能构成对员工的法律捆绑，再加上劳动密集型行业中劳工的高流动率以及员工较弱的法律意识，从而导致员工在实际的工作与生活中很少将“合同签订”作为一项必须之举。对于后者而言，员工对“加班”制度的认知与评价更加不具备统一性。从理论上来讲，或者说从法律政策方面来看，“加班”被贴上了负面的标签，因为过多的加班会对员工构成一定的利益折损。但从实际看来，员工更加倾向于“加班”，因为加班是他们增加收入、提高生活水平的唯一渠道，所以只要加班时能够发放合理的加班工资，员工对于组织的系统信任水平不会减少。综合而言，在影响组织系统信任度方面，制度安排与制度参与相辅相成，缺一不可。对于员工—管理者信任度而言，对其有显著性影响的制度安排与实践要素分别有工资待遇（每月收入相当于当地职工平均月收入百分比、小时工资）、工会设置和参与、劳动时间制度（月工作时间）、劳动安全与保护，其作用方式和机制与对于组织系统信任度的影响类似。(2) 制度认知与评价，则反映了员工制度参与后的实际感受，这种感受直接影响到员工的组织系统信任度和员工 - 管理者信任度。本研究主要从工资水平、福利待遇、工作时间与工作环境四个方面来直观地反映员工的感受。模型分析显示，这四个方面都会影响到员工对企业组织的总体信任以及员工—管理者的信任度，其影响程度从高到低分别为工作环境、工资水平、福利待遇与工作时间。工作环境能够反映员工对于企业劳动条件、工作氛围、劳动关系等方面最真切的感受，因此对于员工的组织系统信任和员工 - 管理者信任的影响最为明显。工资水平直接关系到员工的实际利益，所以其对员工组织系统信任和员工 - 管理者信任的影响也是理所当然的，且这种影响最为直接，也最为深刻。福利待遇主要指工资收入以外的福利与待遇条件，其能够反映企业对员工的额外照顾与支持，虽然其影响程度较工资水平低一些，但细微的改善会产生最为直观的影响，即能够起到“锦上添花”的作用。工作环境可以说是员工每天待的时间最长的地方，其包括安全设施、健康卫生条件、便利设施等方面。而工作时间的问题实际上跟加班存在一定关联，员工更倾向于认为，只要工作时间能够在合理的范围内，一定的工作时间的增长，反而会提高员工对企业的信任，因为这能为员工带来直接的收入。(3) 以往的相关研究，比较重视“制度安排”对信任的影响，本研究在加入“制度参与”的基础之上，第一次引入“组织制度的认知与评价”，认为其能够反映组织中个体在制度参与后的真实感受，这一真实感受能够直接影响到个体对于组织的总体信任，也影响到员工对于管理者的信任。(4) 社会人口学特性与企业特性控制变量也在某种程度上影响到了组织信任。对于组织系统信任而言。男性相比于女性、未婚的相比于已婚的员工、居住工厂集体宿舍相比于不居住的员工、新生代农民工相比于第一代农民工而言，对组织的系统信任度更低，较大程度上依赖国际订单生产、大中型企业相比于小型企业而言，员工对于组织的系统信任度更低。对于员工 - 管理者信任而言，有显著性影响的因素分别是性别、职业身份、居住方式、目前企业工作时间、企业所有制。(5) 研究证实：企业关于社会责任的制度安排越是完善，越是能够切实遵行，员工参与社会责任制度的程度越广，则组织系统信任和组织人际信任水平越高；员工越是对于所属企业组织的相关社会责任制度有较好的认知与评价，则其对所属企业的组织系统信任和人际信任越高。

3、企业社会责任、组织信任与劳资冲突

企业社会责任、组织信任与劳资冲突之间的关系，是以往研究一直非常欠缺的领域。本研究在上述三者之间的关系进行了初步探讨，并得出了一些初步结论。(1) 有 34.5% 的员工因权益受损而与目前所在企业在工资待遇、劳动时间、员工福利、劳动合同、劳动保护、社会保险、职务晋升等方面发生过不同程度的纠纷，从劳动纠纷与工人行动回应方式看，71.0% 的人无劳动纠纷无行动，22.6% 的人有劳动纠纷有个体性行动，6.4% 的人有劳动纠纷有集体性行动。(2) 企业社会责任制度安排与实践对于劳资冲突有显著影响。工资不能及时发放，更容易激发劳动纠纷，招致集体行动；对员工不尊重，在制度设计及管理行为上有侵犯员员工身自由的恶意行为与恶性事件发生，则发生劳动纠纷的机率越高，且激发工人集体行动和个体性行动的机率也越高。如果每月收入相当于当地职工平均月收入比例能够提高，则发生个体性行动的比例会降低，但在集体行动的发生上没有显著性差异。若企业能够为工人上至少一项社会保险，那么工人个体性行动的发生比例也会降低。(3) 企业社会责任制度认知与评价对于劳资冲突有显著影响。在考察的工资、福利、工作时间和工作环境四类制度认知和评价要素中，最应该引起重视的是工资制度认知与评价，对工资制度有积极认知与评价者，发生劳动纠纷的机率下降，其与企业纠纷与集体行动、有纠纷与个体性行动的机率都会降低。其他如福利待遇和工作时间制度的认知与评价，虽然有一定的影响，但在影响程度以及显著性方面，都不及工资制度认知和评价重要。(4) 从组织信任与劳资冲突的关系看，组织系统信任对劳资冲突有显著影响，而员工 - 管理者信任对劳资冲突的影响并不显著。组织系统信任越低，劳资冲突发生的可能性越大，工人发生集体行动和个体性行动的比例越高，组织系统信任度的提升对于工人集体行动发生比例的下降有着非常重要的作用。(5) 研究证实：企业关于社会责任的制度安排越是完善，越是能够切实遵行，员工参与社会责任制度的程度越广，则组织系统信任和组织人际信任水平越高，劳资冲突越少，劳动关系越是和谐；员工越是对于所属企业组织的相关社会责任制度有较好的认知与评价，则其对所属企业的组织系统信任和人际信任越高，劳资冲突越少，劳动关系越是和谐。

（二）理论框架的建构

作为一次尝试，本研究在研究企业社会责任与组织信任、劳资冲突之间的关系方面做出了一定的探索与尝试。基于以上模型分析结论，本研究建构了自身的理论框架体系，形成了以下分析模型：

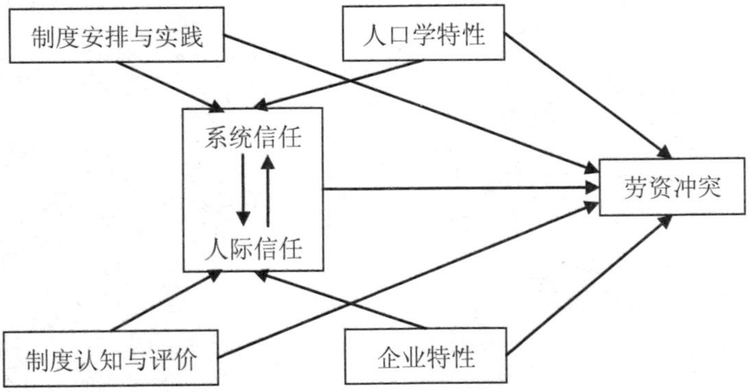

第三部分　制度、结构、行动主体与社会责任制度化的现实困惑

第五章
制度视角下农民工：劳动合同拒签行为研究

一、 问题的提出

改革开放30年来，随着我国计划经济体制向市场经济体制的转变，劳动用工制度也从国家统包统配转变为用人单位与劳动者双向选择，通过签订劳动合同确定双方的劳动关系，明确双方的权利和义务。然而，劳资关系问题，尤其是劳动合同问题一直困扰着政府。早在1995年1月1日，政府就颁布实施《中华人民共和国劳动法》，将劳动合同制度作为法定的用工制度，规定“建立劳动关系应当订立劳动合同”，使劳动合同制从劳动用工的一项具体措施上升为具有广泛性、普遍性和得到全面肯定的劳动制度。但我们也看到，劳动合同的执行效果仍不理想，损害劳工利益的事件层出不穷，特别是从事“中国制造”的主体——农民工的生存状况和各项权益情况一直令人担忧。自2008年1月1日起，专门针对劳动合同的立法《中华人民共和国劳动合同法》开始实施，这是政府推进以改善民生为重点的社会体制改革中的重要一环。因为农民工问题从表面看是保护农民工合法权益，而关键是在于消除在就业、社会保障、教育制度，等方面的不合理限制和歧视，给予农民工应有的国民待遇的问题。冯同庆也认为，劳动合同问题，实质是劳动就业问题。劳动就业问题的解决，劳动合同问题是一个环节，还涉及到就业政策、就业服务、就业培训、就业保障等（冯同庆，2008:16）。因此，可以说劳动合同作为劳动保障工作的源头，也是劳动关系规范化、和谐化的基础，更是构建和谐社会的重要保障。

虽然从1995年开始，我国劳动合同制度已经推行了15年，也取得了一定的成绩，但从总体上来说还存在着劳动合同签订率低的现象。如《2008年度中国农民工调查报告》[1]显示：全国79.3%农民工没有与用人单

[1] http://www.kanwenzhang.com/fw/b0ad13dce35fa99f/c/0848/kwz5_20848.html

位签订劳动合同；《2009年农民工监测调查报告》[1]显示：2009年以受雇形式从业的外出农民工中，与雇主或单位签订劳动合同的占42.8%。这方面的统计数据非常多，这里也无须多列，单从上述两组数据，我们就不难发现农民工劳动合同签订率之低。

一直以来，一方面，司法行政机关等相关职能部门以及新闻媒体对《劳动法》等相关法律、法规进行了广泛宣传；另一方面，不签订劳动合同所引发的各种劳动纠纷，如工伤、辞工等案件，也屡见不鲜，各种媒体对这类案件也进行了广泛的报道。不论是1995年的《劳动法》，还是2008年的《劳动合同法》，都是为了保护劳动者的合法权益，完善劳动合同制度，调整劳动关系，明确劳动合同双方当事人的权利和义务，构建和发展和谐稳定的劳动关系。同时，也是处理劳动争议的直接证据和依据。虽然，国家以法律的形式推行劳动合同，并且推行与执行力度也如此之大，但各行各业还存在着大量农民工没有签订劳动合同的问题。

农民工自身通过各种媒体的报道和身边亲朋好友的聊天，也都知道劳动合同法的重要性。但还是有很多人不愿意签订劳动合同，如《2008年度中国农民工调查报告》显示，在没有签订劳动合同的农民工中，有44.9%的农民工由于担心受到约束等原因自己不想签订劳动合同；尤其是16-23岁的新生代农民工中，59.8%不愿意与用人单位签订劳动合同。在一些农民工眼中，外出就业只是"权宜之计"，"对农民工来说，就是签劳动合同的也不愿意签的时间太长，还有很多他们是不愿意签订劳动合同的。他也有道理的，我来就是挣钱的，你把钱给我就行，该给我你就给我，钱比合同重要"（冯同庆，2009:39）。那么，他们明明知道劳动合同的重要性，为什么还没有签订劳动合同呢?

从国家的角度来说，制定和实施劳动合同法的目的就是为了明确劳动关系双方的权利和义务、保障劳动者的合法权益，构建、发展和谐的劳动关系；从农民工个人来说，他们背井离乡来到城市工厂中，"吃着各种各样的苦"、"受着各种各样的气"，他（她）出来打工的目的不论是"赚钱"，还是"出来玩玩"、"学习新东西"或是"见见世面"，总是要和工厂、企业发生劳动关系，而劳动合同是保护劳动者合法权益、维护劳动关系重要的手段。那么，在这种情况下，处于弱势地位的农民工为什么不愿意签订劳

[1]　http://www.stats.gov.cn/tjfx/fxbg/t20100319_402628281.htm

动合同呢？对于国家和政府来说，他们是从整个国家、社会稳定和发展的角度出发，颁布实施劳动合同法的，通过地方政府和企业共同的努力实现劳动合同的签订，用制度和法律手段实现劳资关系的构建。国家和政府就是想用劳动合同制度将劳资关系治理纳入制度化的理性轨道，保障劳动者的合法权益。那么，在这种情况下，为什么农民工还不愿意签订劳动合同呢？当然，这在一定程度上是与农民工个体的文化水平、认知水平等方面有着密不可分的关系。而事实上，在各个地区、各个行业都存在着这么多不愿意签订劳动合同的现象，这似乎不仅是农民工个体的问题，而是制度与结构上出现问题了呢?

从以往研究我们可以看到，劳动合同的研究主要集中在整体劳动者劳动合同签订情况的描述与个体原因分析上，他们更多的还是从劳动者身上找答案，将劳动合同拒签行为的原因归因在农民工个体的认知水平、文化水平等方面。然而，处于弱势地位的农民工怎么会愿意用自身微弱的力量对抗强大的资本、或是眼见自身利益受到资本的侵害而不愿意接受国家制度的保护呢？这似乎没有看清劳动合同问题的根源所在，没有从根本上找到他们不愿签订劳动合同的原因。本研究认为，要找到问题的根源，不应该将问题停留在农民工个体身上，更应该从制度上、结构上寻找原因。

我们希望将农民工个体与制度联结在一起，从制度角度考察个体与从个体角度反思制度结合起来，试图找出农民工不愿意签订劳动合同问题的根本原因所在。因此，本研究拟从制度分析理论出发，以深入的个案访谈为基础，对深圳服装厂农民工劳动合同问题进行深入探讨，试图从制度角度找出农民工不愿意签订劳动合同行为的影响因素，探讨作为社会行动者的农民工在与制度互动过程中，制度如何影响农民工的认知和反思，致使农民工不愿意签订劳动合同的结构性原因。

以往的制度主义视角的研究多是从宏观层面上研究，关注制度与结构，而较少关注行动者主体。在本研究中，我们试图将行动者，即农民工的行动，纳入到制度主义研究的视角中，更多地从行动者出发，关注作为行动主体的行动者的感受和行为。尝试在进行宏观和中观层面的研究时，将微观层面的行动者个体纳入其中，试图关注行动者主体的感受与行为，而这正是以往制度主义视角研究所缺失的，他们过多地关注制度与结构，而较少关注行动者主体。本研究试图弥合以往研究中宏观与微观间的裂痕，实现制度与行动相互作用的结合，从农民工个体的心理认知与行为出发，探讨导致农民工个体不愿意签订劳动合同的制度性原因。从而，找出农民工拒签劳动合同行为的根本性原因。

二、相关研究综述

本研究主要关注的是农民工不签订劳动合同行为的原因，因此对相关理论进行回顾和整理是确定文章分析框架的必要，同时也有利于相关概念的界定和文章脉络的理清。本部分将主要阐述国外劳动合同的有关理论，以及关于中国劳动合同经验的研究。

（一）国外相关研究综述

一直以来，西方学者的相关研究重点都在契约上。专门针对劳动契约的研究成果较少，且多数都是散落在市场与企业的研究中，归纳起来主要有以下几个方向：

亚当·斯密在其古典经济学巨著《国富论》中，开始意识到雇主与雇员之间的契约关系的本质。斯密（2005）指出，普通劳动工资的确定取决于双方经常性的契约，而双方的利益并不相同，工人希望得到的更多，而雇主则希望给付越少越好。在斯密看来，劳资双方在劳动过程中是相互依赖的，而他们的权力却是不对等的。但是，斯密还是固执地认为劳动契约还是要强调市场的自然秩序和经济交换，并且认为劳动契约是帕累托最优的，能解决劳动市场和企业内部的效率问题。显然，在古典经济学看来，虽然雇主与员工在劳动过程中相互依赖，但他们之间的谈判能力是非对称的，雇佣关系当事人之间主要是冲突式的经济利益关系（赵深徽，2006:1）。

到了新古典主义那里，他们假设每一个市场参与者都具有完全的理性和对称的信息，并且每一个市场都具有完全的竞争性。因此，劳资双方所签订的劳动契约也是完备的，有关劳动的所有条款在事前都能够明确地写出，在事后都能够得到完全地执行；如果发生劳资纠纷，完全可以强制执行。劳动契约签订和执行成本为零，除了所有者兼经营者的企业家以外，其他所有投入要素的价格和产出的价格都是由市场决定的均衡价格。劳动契约是劳动关系双方进行市场交易达到均衡的结果。所以，在整个生产和分配的过程中，也就不存在“搭便车”与“偷懒”等问题了（李世英，2004:104）。因而，这一理论也被称为完全契约理论。

80 年代以后，完全契约理论受到越来越多的批评。交易中行动者的有限理性、信息的不完全性及交易事项的不确定性受到研究者的重视。1937 年科斯在他的《企业的性质》一文中提出了“由于预测方面的困难，有关物品或劳务供给的契约期限越长，实现的可能性就越小，因此买方也就越不愿意明确规定对方该干什么”（Coase，1937：3）。沿着这一个思路发展出不完全契约理论的两个分支：威廉姆森等人的“交易费用理论”与格罗斯曼、哈特与摩尔的“产权理论”。

在威廉姆森（2001）看来，契约是不可能完全的，不完全契约才是必然和经常存在的。而契约的不完全性主要是由于不确定性和人的有限理性造成的。威廉姆森认为作为主要签约者的员工其本身的产权属性必然成为决定劳动契约性质的直接因素，劳动契约的不完备性和交易成本不为零。威廉姆森在 1985 年就提出了“契约人”这一概念，使人们更深入地认识到了劳动契约不完全性的本质。第一，人类在收集、处理和使用信息方面的能力是有限的，这被称为“有限理性”；第二，人类在追求其自身利益时具有实施诡计、欺骗和狡诈等倾向，这一人性特性被称为“机会主义”（李世英，2004:104）。因此，威廉姆森假定处于交易过程中的人们不但具有有限理性而且还具有机会主义行为倾向。由于有限理性、契约是不完全性以及人类的机会主义行为的存在，契约必须起到防护作用和防止机会主义可能造成的危害。因此，契约的事后治理具有非常重要的作用（王国顺、周勇、汤捷，2005：172）。

格罗斯曼、哈特与摩尔（Grossman、Hart & Moore）共同发展起一个被称为“不完全契约理论”的分析框架，简称 GHM 理论。哈特认为，只有非人力资产的所有者才对资产拥有支配权。也就是说，一项资产的所有者拥有对该资产的剩余控制权，才可以按照任何不与事前的合同、惯例或法律相违背的方式决定资产所有用法的权利（哈特，2006）。事实上，用哈特的话来说，拥有剩余控制权实际上已经被作为所有权的定义。哈特等人认为由于交易成本的存在，特别是相关变量的第三方（尤其是法院）不可证实性使得契约是不完全的——不可能在初始契约中对所有的或然事件及其对策做出详尽可行的规定，所以，契约必然是不完全的。格罗斯曼和哈特还认为，产权的边界影响交易双方对专用性投资的激励。事前剩余控制权的安排会通过投资效率水平影响事后的盈余分配。所以某一方的资产越是专用于特定的合约关系中，他就越有激励实现纵向一体化而拥有另一方的资产。这是获取剩余控制权并将事前投资扭曲最小化的最好方法（Grossman & Hart，1986：691-719）。与此同时，哈特等人还断言在契约不完全的环境中物质资本所有权是权力的基础，而且对物质资产所有权的拥有将导致对人力资本所有者的控制，因此企业也就是由它所拥有或控制的非人力资本所规定（Hart & Moore，1990:98-115）。由于有了这种独特的契约与权力观，再加上当事人风险偏好中性与信息对称假设，以及当事人不能承诺事后不要求再谈判这三个假设，GHM 理论就挣脱了完全契约理论的分析框架，转而研究物质资本所有权或剩余控制权的最佳安排。

在现代契约理论中，还有一种契约理论叫做隐性契约理论，它是在解释劳动力市场工资刚性和非自愿失业等特殊现象中发展起来的一种理论。所谓隐性契约是指对交易双方利益的维护，但并不出现在交易双方的正式契约中，而是作为一种双方心照不宣的、对双方有约束力的制度规则隐含在正式契约中的那一部分契约内容。契约之所以是隐性的，是因为工人要想从雇主那里获得保险，工人与雇主必须事前预先达成默契，以使工人能够对企业有某种类型的依附关系。显性合约的优点在于对双方都是硬约束，是一种明确的制度。而隐性合约则由于它在一定范围内较低的订约成本、协调成本和信息成本，因此在一定范围内比正式契约具有优势。在贝利、戈登和阿扎里迪斯（Baily、Gorden & Azariadis）的研究中，他们以现实经济中充满着不确定性为依据，把雇佣关系不再简单地看作为一种以劳动服务换取货币的连续现货交易，而是将其看作为一种更为复杂的长期合约关系。他们以完全信息(即双方的相关信息都是共同知识)和风险偏好不对称(即工人厌恶风险、企业风险中性)为假设前提，在这个假设前提下，厌恶风险的工人为了避免收入不确定性而与风险中性的企业达成的一种非明文规定的长期保险合约，就是所谓的“隐性合约”(Baily，1974:37-50；Azariadis，1975：1183-1202；Gorden，1974:431-459)。由于假设签订契约的双方拥有对称的信息，他们都能直接观察到各种自然状态，因此契约能够为双方所执行。这样，实际工资就脱离了劳动的边际收益产出而表现出相对稳定性，而就业就会因此出现一定的波动，从而解释了在就业波动情况下的实际工资刚性问题（程莉莉，2007：22-24）。

从以上的讨论，我们可以看出，斯密从劳资双方的权力不平等关系指出雇佣双方之间主要的冲突来自于经济利益关系，虽然他看出了劳资双方的冲突关系，需要用契约保证双方经济利益，但没有充分认识到国家和制度在这一问题上的重要性；威廉姆斯看到了契约的不完全性，强调建立的制度重要性，但没有看到契约双方的不平等地位；不完全契约理论虽然对资产的所有者可以拥有对资产剩余的控制权有充分认识，即资方可以不按照事前的合同、惯例或法律决定资产用法，但对国家、制度的认识却不够；隐性契约理论看到了签约双方之间的隐性规则，而规避了工人在实际劳资关系中的弱势地位。总的来说，西方的契约研究为我们的研究提供了理论依据，指出了契约在劳资关系中具有重要作用，同时为保证契约的有效运行，国家的法律、法规和制度又是必不可少的。由此可见，经济学视角的制度研究主要是从个体行为出发，从微观层面的抽象为逻辑起点，将社会成员的行动抽象为最基本的经济学行为，排除了制度与结构的因素的干扰。因此，无法实现社会成员个体与制度、结构的结合，也很难将研究与现实有机结合起来，解决转型中国的现实问题。

经济学在研究契约的时候，强调契约可以保障各方的利益，但是这一结论是基于契约的公平性前提的。事实上，我们知道在现实的契约缔结过程中，契约双方的地位却并非完全平等的，更常见的是契约对资本的倾斜。这一直是经济学在契约研究上所忽略的。另一方面，在现实生活中，还存在不少隐性契约，这又强化了农民工在实际在劳资关系中的弱势地位。此外，劳动合同作为一种契约，也是不完全的，即不可能穷尽实际劳资关系中的冲突和矛盾。那么，处于劳动合同不平等地位，并且是弱势地位的农民工对不平等、不完全性的劳动合同是如何看待的呢，他们对劳动合同又是如何评价和认知的呢?

（二）国内相关研究综述

20 世纪 80 年代中期以来，随着我们改革开放的深入进行，社会主义市场经济的建立和完善，中国的用工制度也由计划经济的固定用工制度向市场经济的劳动合同制度转变。

劳动合同亦称劳动契约、劳动协议，是指劳动者与其所在的用人单位之间，为实现一定的劳动过程，明确相互之间的权利义务关系的协议（强磊、李娥珍，1994:1）。1994 年颁布的《中华人民共和国劳动法》（以下简称《劳动法》）规定："劳动者与用人单位确立劳动关系、明确双方权利和义务的协议"[1]。劳动合同一方面是劳动者的生产任务、工作任务，并有义务遵守劳动纪律和内部规章制度；另一方面也是用人单位义务支付劳动报酬，提供劳动条件、劳动保护及保险、福利等待遇的制度保障（汤树劳、司龙生，1994:342）。因此，劳动合同是确立劳动者与用人单位之间存在劳动关系的法律形式，是明确劳动任务、劳动报酬、工作时间、休息休假、劳动安全卫生、保险福利、职工培训、劳动纪律以及劳动定额的重要文本。

从《中华人民共和国劳动法》与《中华人民共和国合同法》施行以来，劳动合同制在各类企业当中得到广泛推行，而关于劳动劳动合同的研究也一直层出不穷，从劳动合同的理论基础考查，到劳动合同的文本研究，再到与劳动合同的相关的实施效果的研究，都有不少学者在关注。概括起来主要是两个方面：劳动法学研究与劳动合同执行状况研究。

1、劳动合同的法学研究

与本研究较相关的有：(1) 对《劳动法》的适用范围进行了讨论，何斌、张杨与雷佑新、雷红指出"除特殊规定外，进城务工的农民工就应该适用劳动法"（何斌、张杨，2004：48；雷佑新、雷红，2005：102）。2005年发布的《关于加强建设等行业农民工劳动合同管理的通知》中明确指出"用人单位使用农民工，应当依法与农民工签订书面劳动合同"。这就明确了农民工也是适用劳动合同法的，受到劳动合同法保护的；(2) 关于劳动合同解除和终止的讨论。《劳动合同法》第36条规定"用工单位与劳动者协商一致，可以解除劳动合同。在当前"强资本、弱劳动"的形势下，资方单方面撕毁合同是轻而易举的，学界关于资方解除劳动合同的研究观点比较统一，主要是如何赔偿劳动者的损失。然而，劳动者单方面解除劳动合同的研究分歧就比较大，主要形成两大派：保护倾斜与利益失衡。保护倾斜者主要认为，劳资双方的关系中劳动者处于弱势地位，国家应当在双方关系中有所倾斜（董保华，1999:174）。利益失衡者认为，劳动合同的订立是遵循合法、公平、平等自愿、协商一致、诚实信用的原则[2]，那么劳动合同的权利和义务应该也是平等的，劳动合同法赋予劳动者单方面解除劳

[1]　《中华人民共和国劳动法》第2条规定："用人单位主要包括企业、个体经济组织以及国家机关、事业单位、社会团体。"

[2]　《劳动合同法》第3条规定："订立劳动合同，应当遵循合法、公平、平等自愿、协商一致、诚实信用的原则。"

动合同的权利，必然会造成劳动双方利益失衡，应当平衡劳资双方的权利。冯彦君认为，“劳动合同法规定的劳动者可以随意单方面解除劳动合同，这样势必会造成用工单位人员缺失，给用工单位造成损失”、“劳动者违法行使单方面解除权，自当判令其赔偿用人单位损失”（冯彦君，1999:39）。

可见，从《劳动法》和《劳动合同法》颁布实施后，法律界的学者没有停止过对这两部法律的研究、对条文的适用性和约束性完善、用法律武器保护劳动者的权益的探索。法学的研究主要是在法理学层面上的讨论，这对我们进一步了解劳动合同法条款提供了很大帮助。另一方面，法学界的研究也发现了劳动合同法的颁布实施必须有相关的法律、制度配套实施，如户籍制度改革，等等，才能有效地保障劳动合同法的有效执行。这为我们从制度上研究农民工劳动合同签订行为提供了有益的思路。

2、劳动合同执行现状、原因及对策研究

已有的研究主要涉及以下三个方面：第一，农民工劳动合同签订状况的研究。主要体现在对我国劳动合同签订现状的描述，如国务院研究室 2004 年对全国 40 个城市的抽样调查，农民工劳动合同的签订率仅为 12.5%；国家统计局 2006 年 8 月在全国范围内开展的一次城市农民工生活质量状况的专项调查[1]: 在调查的 29425 名农民工中，仍有 46% 的农民工并没有签订劳动合同；国家统计局 2010 年 3 月发布的《2009 年农民工监察调查报告》[2] 显示，近六成农民工没有签订劳动合同；北京致诚农民工法律援助与研究中心通过对全国 15 个省份的 16 个农民工法律援助专门机构受理的 865 件农民工案件及 581 份调查问卷的分析表明：仅有 27.5% 农民工与用人单位签订了劳动合同，等等。这些研究主要显示，当前，我国劳动合同签订率低下，大量农民工没有与用人单位签订劳动合同。第二，劳动合同签订率低下原因的研究。已有研究主要从农民工的角度与企业的角度考察了劳动合同签订率低下的原因。如刘林平、刘辉等人从企业的角度讨论了劳动合同签订率低下的原因，他们认为企业性质、企业规模对农民工的签约行为都有不同程度的影响（刘林平、郭志坚，2004:68；刘辉、周慧文，2007:30）；李谦、雷佑新等人认为，劳动合同缺失的根本原因是“强资本、弱劳动”的总体格局，企业为了降低经营成本拒绝与工人签劳动合

[1] http://www.stats.gov.cn/was40/gjtjj_detail.jsp?channelid=33728&record=54
[2] http://www.stats.gov.cn/tjfx/fxbg/t20100319_402628281.htm

同（李谦、袁玉洪，2004:26；雷佑新、雷红，2005:102-103）。李谦等人还从农民工角度讨论了不愿意签订劳动合同的原因，如“求职心切，担心失去工作机会”、“认为合同就是一张纸；签了合同不自由，对今后跳槽流动不利”（李谦、袁玉洪，2004:26）。“农民工大都缺乏相关职业技能，行为习惯也相对散漫，达不到劳动合同规定的标准和要求”、“一部分农民打工具有季节性、短期性特征，无法签订时间稍长的劳动合同”、“一部分农民工抱有明显的‘跳槽’意愿，不希望受到劳动合同的制约”以及“农民工法制观念薄弱也的确造成了某些劳动合同的缺失”（雷佑新、雷红，2005:102-103）；刘东、何斌、张杨等人认为在当前“强资本，弱劳动”的劳动力市场中，农民工在与用人单位之间的博弈中处于劣势；政府职责缺位，再加上农民工自身法律意识淡薄，维权成本过高，从而抑制了农民工的维权要求和意识（刘东，2006:23；何斌、张杨，2004:48-50）；刘林平、陈小娟等人从制度压力的角度考察了影响劳动合同签订的因素：“在市场、制度和网络对农民工劳动合同的影响中，制度（企业）是关键，市场（人力资本）是补充，网络（社会资本）是调节”（刘林平、陈小娟，2010:159）。郑英隆、王勇认为国家劳动法规与实际执行的非对称、劳动契约中用工企业与农民工劳动权利的非对称、农民工与用工单位的信息不对称性（郑英隆、王勇，2008:75）。还有的学者从劳动合同文本进行了研究，如认为劳动合同中的“严重缺失的劳动合同”、“不平等的劳动合同”、“形同虚设的劳动合同”（刘艳霞，2006:44），以及“虚假合同、空白合同与非法合同”（北京致诚农民工法律援助与研究中心，2010:1；王树迅，1997:16）。冯同庆认为劳动合同法实施后，劳动者中一些阶层、群体是受益的；而另外一些在数量上更大的阶层、群体——尤其是农民工反而受到了更大的损害，相应的劳动关系反而出现了新的紧张；从长远看并不利于劳动关系的调整。其原因尽管是多方面的，而基本原因则与规避和冷落劳动合同法相关（冯同庆，2009：38）。第三，解决劳动合同签订率低下的对策研究。已有研究主要从制度层面、宣传层面、监督层面等方面提出解决当前劳动合同签订率低下的对策。如雷佑红等人认为，应当建立健全工会及相关制度，通过工人的联合来增强劳方力量；政府应加大对用人单位的监察与惩处力度，增加其不签订劳动合同的违法成本；完善劳动合同法相关规定，如期限条款、中止条款（雷佑新、雷红，2005:103-104；黄诚，

2007:50；栗全林，2008:30-38）。王树迅、郑英隆等认为，应当加强相关法律、法规的宣传普及工作（王树迅，1997:20；郑英隆、王勇，2008:79）；还有学者认为，应当创建劳动安全保障机制、完善社会保障制度，扩大保障覆盖面（寇金和，2005:7；何斌、张杨，2004:51）。

通过以上的文献分析，我们可以看到，已有的关于农民工的劳动合同的研究主要以法学和经济学的研究为主，社会学研究较少；已有的社会学研究也主要集中在整体劳动者劳动合同签订情况的描述与原因分析上；在原因分析上也主要强调工人个体的原因，如法律意识淡薄、自身能力欠缺、农民工打工特点等原因，而忽略了制度上的原因；部分学者已经开始从制度角度进行研究，如冯同庆提出，我国劳动合同法采纳了注重劳动行政部门主导下推行以利益为取向的法律规范，其实这已经不适用改革开放后的今日之中国（冯同庆，2009：40）。这说明社会学界已经开始转向对制度的反思，但还并没有将微观层面的行动者纳入到研究视野中；从劳动合同对策研究来看，他们也开始从制度层面上提出解决农民工劳动合同签订率低下的对策，但没有从制度层面上寻求导致农民工劳动合同签订率低下行为的原因。因此，从制度主义视角分析出发，以深入的个案访谈为基础对深圳服装厂农民工为什么不签订劳动合同的制度角度的研究，显然是一个十分有价值、有意义的课题；另一方面，这一研究思路将对微观层面个体行为的研究纳入到宏观和中观层面上的制度与结构的研究中，在微观层面和微观层面的研究架起了一座桥梁，在制度研究中也是有益的尝试。

三、研究视角

一直以来，制度都是人类生产、生活的重要“尺度”，在人类历史上也是持续存在着。当然，对于制度的研究也是源远流长了，从亚里斯多德开始，制度便开始成为政治学的中心议题。制度历来是各社会学科、各领域研究的重要范畴。

（一）制度分析理论基本观点

1、社会学传统的制度研究

法国古典主义社会学家涂尔干力图从整体主义方法论出发以宏观分析为主，强调社会是由法律、习俗、制度等社会事实构成的。它强调用社会事实解释社会事实（涂尔干，1995:24）。社会结构和制度随着广泛的分工而变迁，而整合社会的事实就是社会团结即由各种制度相互作用，并以机械团结论和有机团结论，来说明传统的教育制度和宗教制度以及适应社会高度分化、充分分工而产生的各种制度尤其是经济制度支撑、整合社会的作用。

韦伯从微观分析视角出发，试图从个体行为、社会控制与组织关系等方面入手，用科层制来分析制度对个体行动者的影响。韦伯从理想类型出发，将社会行动分为四种理性类型，即目的理性行动、工具理性行动、情感行动和传统行动（韦伯，2005:31-34），并在《社会学基本概念》（韦伯，2005）一书中，全面解析行动、制度、惯例、习惯、习俗等概念，并深入仔细地分析了行动与制度、惯例、习惯、习俗之间的关系，指出行动受它们的导引和规范。

马克思在分析资本主义社会时，提出经济、阶级冲突是社会制度产生和发展及变迁的重要因素。马克思揭示出生产关系一定要适应生产力的规律，制度因素是社会经济发展的内生变量，阶级斗争是社会发展的动力，而阶级斗争是制度演进过程与生产技术进步之间的不断“冲突”的结果。他强调生产方式的变化（技术变迁）与生产关系的变化（制度变迁）之间的辩证关系，但他相信前者提供了社会组织变迁的更为动态的力量。马克思同时认为制度是可变的，在生产力和生产关系、经济基础与上层建筑对立统一的矛盾运动之下，人类的经济制度、政治制度、法律制度等都处在不断的发展变化中。

作为现代功能主义创始人，美国社会学家帕森斯（Parsons）在前人研究的基础上，试图综合涂尔干、韦伯等人的制度研究。他在《社会行动的结构》（帕森斯，1937）和《关于行动的一般理论》（帕森斯、E. 席尔斯等，1951）等著作中，详细地研究和探讨了社会行动，把社会行动分解为：手段、目的、条件、规范等。他认为社会行动的基本单位是单元行动，由目的、手段、条件、规范等要素构成，每一种行动都涉及主观目的，并构成行动中的意志自主因素。社会行动是一个庞大的系统，是由行为有机体系统、人格系统、社会系统和文化系统四个子系统构成，子系统都有自己维持和生存边界，但又相互依存、相互作用，共同形成层次控制系统。社会系统是一个行动者互动过程的系统，行动者之间的关系结构就是社会系统的一种基本结构。社会系统中的行动者通过社会身份和社会角色与社会发生联系，制度化了的身份与角色复合体就是社会制度。帕森斯认为制度离不开个体的行动，而研究社会行动最重要的就是行动者的主观意向，并通过主观意向来概括出一个具有普遍意义的模式变量。在帕森斯那里规则和价值构成了制度，制度产生了社会利益的结构化，因此，规则或制度与人的行动的关系是，前者无形地规范和限制着人行动的边界，人的行动总是在一张无形的网内进行。

此后，社会学对制度的研究更多的是趋向于从制度与行动的角度。马尔库塞（Herbert Marcuse）和福柯（Michel Foucault）分别在《单向度的人》（马尔库塞，2008）和《疯癫与文明》（福柯，2007）中，从制度作为一种“科技理性”（technical rationality）的角度批判了制度对人性的压抑和扭曲，其理论主旨是要明确人的行动与制度关系的另一面，即行动者的自主性和能动性对制度的反作用。同样，哈贝马斯（Jürgen.Habermas）以批判的前提性思维，把行动概括为四种类型：目的性行动（策略性行动）；规范调节性行动；戏剧行动；沟通性行动（哈贝马斯，1994:273-274）。他在“沟通行动理论”中用“沟通理性”（communicative rationality），来批判“科技理性”对人类的控制，并提出了“生活世界殖民化”（colonization of the life-world）的批判思想。布迪厄（Pierre. Bourdieu）运用关系主义的方法论，把关系、规则、制度、资源和人的行动及由人的行动所产生的网络和社会资本都纳入到了一个研究的框架——场域之内，来研究行动者的行动与制度的关系和作用。他认为，社会世界存在着各种各样的关系，社会世界的本质是由人连接起来的关系，而关系又是通过主体间相互沟通、交流和联系的实践活动产生的，关系在本质上是人建构的，是一种集体的共识模式。在社会世界中关系首先是客观结构或制度，它限制和引导人的行动，这种限制和引导又必须通过人的实践活动才能表现出来，反过来还被人的行动所建构。布迪厄把社会关系作为其理论研究的起点，以资本为桥梁，来说明社会世界是被人的实践活动和文化建构的，并发展了社会实践（social practice）理论。

吉登斯曾对社会学史上各种流派作过系统的批判性考察，认为社会学认识社会时，应遵循着“双面诠释”的规则，即社会学是在已构造的意义框架中运用独特的理论概念和术语进行再认识和再解释。他既反对结构主义的行动观——无视人的能动作用，又反对解释学理论孤立看待人的理性、动机和意图，他试图把科学性与人文性融合到一个框架内进行统一思考，通过结构化理论（Structuration Theory）来揭示社会结构与人的能动作用间互动的一般规律。其主旨是探讨人的行动与行动中的自我的性质，研究应该如何从概念上理解互动及其与制度的关系。所以，他提出应当用结构二重性（duality of structure）来代替二元论。因为社会系统的结构性特征并不外在于行动，而是反复不断地卷入行动的生产与再生产之中（吉登斯，1998）。

综上，我们可以看出，涂尔干从整体主义研究制度，强调制度的外在性、客观性、强制性等规律，但在具体的研究中，却忽略了个体行动者的认知和行动；韦伯从个体主义出发，虽然他也注意到了制度的重要性，但他的制度研究也缺乏制度与行动间的互动，即行动者对制度的影响和作用；帕森斯理论宏观主义出发研究了制度的重要性，却忽视了人的行动和社会关系对制度的反作用或者说对制度能动的建构作用。我们认为，马克思的阶级分析、布迪厄的实践理论和吉登斯的结构化理论，从制度和行动之间的双向建构的视角出发，弥补了以往社会学制度研究缺乏宏观与微观相结合的不足。这对我们分析农民工不愿意签订劳动合同行为提供了全新的视角，即将个体行为研究纳入到制度的研究框架中，具有很强的指导和借鉴意义。

2．经济学传统的制度研究

经济学对制度的研究始于亚当·斯密，他在其古典经济学巨著《国富论》中，对雇主与雇员之间的契约关系的本质研究，他认为："人都是理性主义的利己者，每个人都追求自己的利益，一般并不主动去促进公共利益，但却受到一只'看不见的手'的作用，在追求个人利益的同时，往往使他能比在真正出于本意的情况下更有效地促进社会的利益。"（斯密，1974：27）斯密从个体行为假设出发，即"经济人"假设，也就是说，个体的行动是在既定制度下进行的，受到政治、经济、文化及法律道德约束下的人，同时也是"理性人"。

作为新奥地利经济学派重要代表人物哈耶克（Friedrich August. Hayek)，他在进行经济学的分析时，融进了有关制度在社会理论方面的思想，使经济学的制度研究又有了进一步发展。他认为制度深受人行动的影响，是自发地、能动地演进和建构的，而绝非是理性刻意设计的结果。进而把抽象的“经济人”还原到现实的社会中，使经济学的制度研究由“微观的抽象”迈向了“微观的现实”，这极大地丰富和拓展了人们经由制度而对人自身以及社会的理解和认识。其有关对制度的理解和认识的全部精华，可以用他的一句话来高度概括，即“人之合作的扩展秩序”(哈耶克，2000：1)。

产生于19世纪末20世纪初，以凡勃伦和康芒斯(John Rogers. Commons)为代表的老制度经济学派，注重制度分析和强调制度因素在经济发展中的作用。在他们看来，制度是由一般的思想习惯形成的，是对外来环境压力(主要是经济方面)刺激的反映，因此，“制度必须随环境的变化而变化，因为就其性质而言，它就是对这类环境引起的刺激发生反应的一种习惯方式”(凡勃伦，1964:148)。

康芒斯认为，整个人类社会都是由无数种交易所组成的有机组织。由于参加交易的任何一方都有自己的利益，所以在交易过程中会有双方的利益冲突，这种冲突只有依靠法律制度才能解决(康芒斯，2006:90)。他还认为“有时候一个制度似乎可以比作一座建筑物，一种法律和规章的结构，正像房屋里的居住人那样，个人在这结构里活动，有时候它似乎意味着居住人本身的‘行为’”(康芒斯，2006: 107)。在康芒斯看来，法律制度不仅先于经济制度而存在，更对经济制度的演变起着决定性作用。与凡勃伦的制度理论不同的是，康芒斯强调了法律制度的强制作用，揭示了制度正式规则的存在。虽然凡勃伦和康芒斯对制度分析的出发点不同，但是两人都非常重视制度的重要性，即认为制度约束着个人的社会经济行为，是经济发展的关键因素。

兴起于20世纪60年代，科斯(Ronald.Coase)和诺斯(Douglass C.North)为主要代表的新制度经济学派，以制度为研究对象，试图揭示制度的起源和演化、制度的性质与功能以及各种制度具体的经济后果。在新制度经济学派理论中，制度作为一种行为规则体系，通过这个视角来研究各种经济行为，以及经济行为中人们之间权力及利益关系。

新制度经济学的开创者和主要代表人物科斯通过研究英国历史上私人灯塔制度的消失来阐释为什么交易费用的存在必然会导致制度的产生(Coase，1960:3)，进而提出了“交易费用”这一重要概念，阐明了“交易费用”、“产权界定”、“制度安排”在经济的体制结构中的重要性及其在经济中的作用。诺斯认为，随着专业化和社会分工的发展，非个人交易形式开始出现。相对简单交易而言，虽然这种交易方式一定程度上促进了经济效率的提高，但也引发了大量的欺诈行为，其结果可能从总体上导致交易成本的增加，甚至使很多交易无法达成。因而，为了降低交易费用，人们必须学会合作并共同遵守某些规则和惯例，而制度的出现正好能够实现这个功能（North，1990）。威廉姆森（Oliver Williamson）在此基础上明确地把交易成本界定为获得准确的市场信息、谈判和确立契约关系的费用，即签订契约并规定双方的权利和义务等内容，以及签订契约后为了解决可能出现的问题(如修改条款、违约等)所需要的费用（Williamson，1979:22），而这正是制度得以产生的客观依据。

在新制度经济学的视野里，制度的产生是人们为了寻求最优化组织活动的结果，在这个过程中，行动者对自身利益的追逐受到制度条件的约束和限制，所以从这个角度上讲，产权理论和交易成本理论都是在新制度主义的框架下重新探讨个人的自利性假设问题。新制度经济学正是试图通过分析影响交易成本、产权结构和合同的制定及施行等经济内容的具体制度，来探讨哪些因素能激励经济行为，从而拓展新古典经济理论的适用范围。

虽然，经济学的制度研究秉承新古典经济学有关“经济人”假设的传统，把人的行为与制度、组织、契约等原因结合了起来，但它还是以个体主义方法论为研究起点，以个体为研究对象，从微观抽象出发，把人的行为简化为最基本的经济行为，忽视了制度与结构等要素的干扰。这也使得经济学对制度的研究停留在理论层面，无法将行动者个体与社会制度、结构结合起来，很难与现实结合起来。

综合经济学与社会学关于制度的研究，我们发现，两个学科的研究多数是拘泥于本学科的视野和领域，并没有实现很好地融合。而科尔曼试图研究个人行动如何建构制度结构以及制度结构如何孕育社会系统行为（科尔曼，1999）；格兰诺维特将经济制度的问题转换为包括集体行为的资源流动的问题，认为经济制度并不自动产生满足经济的需要，它们是由一些个体构建的，这些个体受到他们所在社会网络中所能得到的结构和资源的帮助和限制（格兰诺维特，2001：20-27）。这些研究，都很好的实现了微观与宏观的连接，为我们对农民工不签订劳动合同的个体行为的制度和结构性原因的研究提供了很好的视角和借鉴意义。

（二）社会行动与制度

1. 相关概念界定

制度研究可谓源远流长，但各学科对制度的理解和认识相差颇大，不同的学科从各自的角度出发都给出了不尽相同的解释。

罗尔斯（John Bordley Rawls）则把“制度理解为一种公开的社会规范体系”（罗尔斯，1988:50）；凡勃伦（Thorstein B Veblen）则认为，“是由社会和团体认可的风俗习惯，在本质上，制度就是惯例”（转引科瑟，1990:288）。“制度实质上就是个人或社会对有关关系或某些作用的一般思想习惯；而生活方式所构成的是在某一时期或社会发展的某一阶段通行的制度的综合，因此从心理学方面来说，可以概括地把它说成是一种流行的精神态度或一种流行的生活理论”（凡勃伦，1964:139）。康芒斯认为：“制度是集体行动控制个人行动，集体行动和所谓的制度密切相关，后者告诉个人能够、应该、必须做什么，或者相反”（康芒斯，1981：1）。诺斯则认为“制度是一种社会博弈规则，是人们所创造的用以限制人们相互交往的行为的框架。它是为决定人们的相互关系而人为设定的一些契约”（诺斯，1994:3）。同时，他还认为制度是“为约束在谋求财富或本人效用最大化过程中个人行为而制定的一组规章，依循程序和伦理道德的行为准则”（诺斯，1999:196）。因此，可以说，经济学更多的是将制度看成是人们的行为标准或行为模式。

在社会学领域，对制度定义的争论也一直没有停止过。伊恩·罗伯逊（Iain Robertson）在其《社会学》一书中写道：“制度是稳定的组合在一起的一套价值标准、规范、地位、角色和群体，它围绕着社会基本的需要而形成的，它提供了一种固定的思想和行动范式，提出了解决反复出现的问题和满足社会生活需要的方法”（罗伯逊，1994:109）。组织社会学新制度主义标志性人物马奇 (James G.March) 和奥尔森 (Johan P.Olsen) 则认为，制度是社会组织的规则，它包括惯例、程序、习俗、角色、信仰、文化和日常生活中的知识。制度不仅包括正式规则、程序和规范，还包括为人的行动提供“意义框架”的象征系统、认知模式和道德模版（March & Olsen，1989），豪尔和泰勒（Peter A .Hall and Rosemary C. R. Taylor）认为：“制度是嵌于各种政治经济组织中的正式规则或非正式的程序、习惯、规范与惯例”。(Hall & Taylor，1996:938）玛丽·道格拉斯（Mary Douglas，

1986）则认为制度是约定俗成的规则，用以协调人们之间的关系和行为。制度是社会“公义”的体现，它超出了个人功利性或自私性，而建立在社会成员共同接受或承认的合乎情理和期待的判断标准之上（转引自周雪光，2003:13-14）。

在国内社会学界，制度更多的是被看做为更加宏观的社会规范体系。如费孝通将制度看成是“在一定的历史条件下形成的社会关系和与此相联系的社会活动的规范体系”（费孝通，1982:158）；孙本文则认为“制度是社会公认的比较复杂而有系统的行为规则”（孙本文，1989:421）；郑杭生认为“制度指的是在特定的社会活动领域中围绕着一定目标形成的具有普遍意义的，比较稳定和正式的社会规范体系”（郑杭生，1987:253）。李汉林认为，“在社会学里，制度主要被认为是在主流意识形态和价值观念基础上建立起来的、被认可、被结构化和强制执行的一些相对稳定的行为规范和取向。这种行为规范和取向融入相应的社会角色和社会地位之中，用以保证人与人之间的互动，调整人们之间的相互关系，满足人们的基本社会需求”（李汉林，2004:3）。樊刚认为：“制度是由当时社会通行或被社会所采纳的习惯、道德、戒律、法律（包括宪法和各种具体法规）、规定（包括政府制定的条例）等构成的一组约束个人社会行为，调节人与人之间社会关系的规则”（樊纲，1996:16）。

综上所述，可以认为，凡是能够规范、引导或限制人们行为和行动的规则都可以统称为制度，或者说，制度既包括以组织形式明文规定的各种正式的规章、规则和法律，也包括风俗、习惯、传统文化、意识形态和伦理道德等在内的没有明文规定的非正式规则。制度既是微观上行为模式系统，也是宏观的社会规范体系。在本研究中，我们将制度定义为：约束和调整人们行为的一系列规则，包括正式制度和非正式制度两种形式，正式制度是指一些成文的，并由社会权力机构加以实施的规则，如宪法、法律法规等；非正式制度是指习俗习惯、禁忌、传统和道德等。在本研究中，我们重点研究的是正式制度，即劳动合同法。

既然制度是指只要能在一定的时间和空间规范人们的行为，引导社会成员的行动的规则。那么，制度与社会行动究竟是什么关系？按照韦伯的说法：“只有当行为（一般地和接近地）以可以标明的‘准则’为取向，我们才想把一种社会关系的意向内容称之为一种‘制度’；而且制度所规定的准则还必须与人实际发生的行为相适用”（韦伯，1998:62）。因此，可以说制度的现实形式及再现过程，是行动者以社会行动的形式所展现出来的过程，是靠行动者的社会行动来表征、现实化和结构化的，是由行动者的行动生产和再生产的。没有社会行动支撑和持存的制度只能是一个“空壳”或一种没有任何实际意义的符号；反过来没有制度的行动也只能是一片混乱而没有任何秩序。这里可以明显看出，连接制度与个体的中介是人的行动和行动模式。制度必须通过人的行动和行动模式才能被说明和解释（翟岩，2006：29）。在韦伯看来，“社会行动（包括不为或容忍）可能是以其他人过去的、当前的或未来所期待的举止为取向（报复从前的进攻、抵御当前的进攻、对未来进攻的防卫措施）”（韦伯，2000:127）。这里的社会行动实质上是行动者不仅要赋予其行动一定的意义，同时还要考虑他人的行动并在行动过程中以他人的行动为取向。行动者赋予行动的意义有两种类型：实际存在的意义和作为理想类型而设想出来的主观认定的意义。韦伯那里的行动是具有明确目的并有一定的预计步骤的可观察的外显活动，是一种既定意向付诸实施的过程，它总是有意识指引的。

帕森斯认为，行动应由目的（动机或指向）、条件（社会情境）、手段三部分组成（帕森斯，2003:49-50）。帕森斯指出：“一个‘行动’逻辑上包括：当事人，即行动者；目的，行动所要指向的未来状态；情境，行动者不可控制的行动的‘条件’与可控制的‘手段’；这些元素这间的关系形式，即在选择达到目的的手段时，有着一种‘规范约束’”（帕森斯，2003:50）。因此，帕森斯的行动者是“定位于”情境之中的。就动机而言，可以分为：认知的（对信息的需要）；情感的（对感情寄托的需要）；评价的（对评价的需要）。帕森斯的社会行动强调价值规范对性的调整，受价值规范调节的主观取向是行动的基本特征，即在制度化互动关系中的行动者都是具有一定的主观取向的。因此，行动者的主观取向就成了关注的焦点了。

科尔曼所提出行动系统包含三个基本元素：行动者、资源和利益，行动者是经济学中所说的“具有目的性的理性人”，具有一定的利益偏好。社会系统内至少要有两个行动者，而且每个人都控制着能使对方获利的资源。当然，资源的种类有很多，包括财富、事件、情感等。资源是行动者进行行动的条件及保证，包括：私人物品、事件和某些专长，这些资源具有“可分割性、可转让性、即时交付性和无外在性等性质。”而行动者的利益则由一定需要与偏好构成，它包括物质的、精神的以及社会的需要与偏好。在行动系统中，行动者与资源之间的关系是控制关系与利益关系。在一般情况下，行动者并不能控制满足自身利益的所有资源，许多资源是由其他人控制着；同样，行动者也控制着其他人所需要的某些资源。因此，两个以及以上的行动者就可以交换资源，以此来满足各自的利益，这样就产生了人际互动。通过以上分析，科尔曼把自然人的社会行动类型分成如下三种：行动者为了满足个人利益，控制着他能够从中获利的资源。由于行动过程中只有一个行动者，所以这种社会行动不具有社会意义，不予考虑。行动者争取控制能使他获利最多的资源（科尔曼，1999）。

行动是在不抛弃内隐的思想、观念和意识所起作用的同时，又把这些内隐的思想、观念和意识作为人们从事各种活动的前提，而更强调外显的可观察的具体活动的过程。“它关注的是当个人在社会世界中着手行动的时候，在意识中发生了什么。它包括个人赋予其行动的意义及其行动的原因或者动机。此外，行动还涉及互动中沟通意义的种种方式，以及在稳定的个人与个人之间的社会世界借以确立的方式”（沃特斯，2000:12-13）。这就是说，行动是与社会世界中存在的一套与意义、理由或意图相关的行事规则或程序相连的，行动只有按照一定的秩序进行，才能避免社会世界发生混乱以确立秩序。行动强调的是人们从事某种具体活动的过程及可直接观察的那一部分。所以，本研究在论述中用行动的概念，强调的是人们从事实践活动的过程及可观察的那一部分。社会行动之所以能产生秩序，就是因为存在着制度；而制度之所以能被人们遵守，是因为有了行动模式。行动模式是集体共享的、在共有知识、共有意识的前提下，在社会层面形成的、被人们认同和共同遵守的规则，具备制度的功能和作用。本质上它是一种规则，但它又不是静止的而是动态的，是受社会中的各种因素例如制度、习惯、习俗、传统和文化、价值观念、意识形态和伦理道德，包括社会历史事件、甚至自然环境状况等因素的影响而会发生渐进变化的。因此，也是形成制度、习惯、习俗、传统和文化并使它们得以存在和持存的前提和基础（翟岩，2006：29）。

在本研究中，我们重点要讨论服装工人在当前制度环境下拒签劳动合同的行为，那么当前的制度环境是怎么样的，拒签行为又是如何界定的呢？

在前文中，我们已经对当前的制度环境做了基本的描述了。在这里，我们还要啰嗦一下。当前，我国多数制度——尤其是涉及农民工——还是建立在城乡二元格局下的户籍制度以及衍生出的配套制度，这样的一个后果，就是社会成员被区隔对待。也就说，我国的各项制度的设立是以城市居民的基本情况为设立起点的，比如社会保障制度中关于养老保险的规定是，“新农保制度实施时，已年满60周岁、未享受城镇职工基本养老保险待遇的，不用缴费，可以按月领取基础养老金，但其符合参保条件的子女应当参保缴费；距领取年龄不足15年的，应按年缴费，也允许补缴，累计缴费不超过15年；距领取年龄超过15年的，应按年缴费，累计缴费不少于15年。”[1] 现实的情况是，农民工要跨越“累计缴费15年”这道门槛绝非易事。目前农民合同制职工在男年满60周岁、女年满55周岁，累计缴纳满15年以上，可按规定领取基本养老保险金，这样规定对农民工而言是遥不可及的事情。

在本研究中的拒签行为是包括服装工人主动拒签和被动拒签。在实际工作、生活中劳动合同的拒签行为是比较复杂的，比如当工厂、企业拿出空白合同或霸王合同，工人从自身利益出发，基于理性的思考选择不签订劳动合同，我们可以认为这是工厂、企业不愿意与工人签订劳动合同的结果。但是我们也应该看到这样的空白合同或霸王合同是建立在工厂、企业不执行国家相关法律、法规的结果，即表明了工厂、企业对制度的曲行。如果农民工对工厂、企业、地方政府、甚至是国家足够信任的话，空白合同、霸王合同也并不会影响他们签订，甚至是不签订劳动合同，他们的权益依旧是可以得到制度保障的。而空白合同、霸王合同等虚假合同的出现正表明了制度的缺位；农民工没有签订这样的合同，也正说明了农民工的行为是建立在对制度的理性反思基础上的。因此，如果我们从制度的角度进行讨论农民工的拒签行为的话，那么应当对农民工主动拒签和被动的拒签一并进行讨论，以期从各个方面、全面的讨论农民工对制度（劳动合同法及相关制度环境）的认知，以及在此认知下的行为选择。

2．制度与社会行动的相互作用

制度作为一种外在环境首先影响着人的思想观念和行动方式，即行动者只能是在制度的框架下活动，因此制度对行动者的限制和影响是显而易见的；另一方面，行动者按制度的要求进行社会行动的同时，也按照自己

[1] 《国务院关于开展新型农村社会养老保险试点的指导意见》第7条关于“养老金待遇领取条件”中的规定

对制度的认知和理解反作用于制度，行动者也会对制度产生作用，即行动者对制度的型塑作用。所以，社会生活中制度与行动者是永不分割的同一过程的两个方面，“行动与制度，它们既独立、相分，又相互依存、型塑且协同演化。个人塑造制度，制度也塑造个人”（杨善华，1999:9）。

我们认为，既要看到制度对行动者的制约和影响，也要强调行动者对制度的建构作用。按照美国社会学家特纳的说法，“社会世界本身以及符号系统内存在独立于意识和行动者意愿的客观结构。这些意识和意愿能够引导和限制他们的实践与表现。这样的结构制约和限制了意志，但同时人们利用其思考、反思以及行动的能力来建构社会和文化现象，他们在现存结构的限制中进行建构。这些结构不是刻板的约束，但确实是相当广泛的社会与文化建构的物质条件”（特纳，2001:189）。

布迪厄在研究制度与社会行动的关系时，指出“我们将表象搁置一边，先建构各种客观结构，亦即社会有效资源的分配情况；正是这种社会有效资源的状况规定了各种互动和表象之上的外在约束。然后，再引入行动者的直接体验，以揭示从内部构建其行动的各种知觉和评价（即各种性情倾向）的范畴”（布迪厄，1998:11）。他以场域（field）、惯习（habitus）和实践逻辑等概念，对制度与社会行动之间的关系和作用进行了丰富的论述和卓有成效的解读。布迪厄是以一种新的方式来把握社会世界双重现实本质的，把社会结构、社会制度与人的行动的互动都放到了实践中一起来考察。

在布迪厄看来，“一个场域可以被定义为在各种位置之间存在的客观关系的一个网络（network），或一个构型（configuration）。正是在这些位置的存在和它们强加于占据特定位置的行动者或结构之上的决定性因素之中，这些位置得到了客观的界定，其根据是这些位置在不同类型的权力（或资本）——占有这些权力就意味着把持了在这一场域中利害攸关的专门利润（specific profit）的得益权——的分配结构中实际的和潜在的处境（situs），以及它们与其他位置之间的客观关系（支配关系、屈从关系、结构上的对应关系，等等）。”“确切地说，场域相当于由一组制度编织起来的制度网，具有一种内在的控制力量，构成和规定出了人们活动的时空范围，以限制或导引人们的实践活动，并规范人们的思想和观念”（布迪厄，1998:133-134）。对于惯习和场域，布迪厄的理解是：“惯习（habitus），而不是习惯（habit），就是说，是深刻地存在性情倾向系统中的、作为一种技艺(art)存在的生成性(即使不说是创造性的)能力，是完完全全从实践操持(practical mastery)的意义上来讲的，尤其是把它看作某种创造性艺术(arsinveniedi)(布迪厄，1998:165)。"所谓惯习，就是知觉、评价和行动的分类图式构成的系统，它具有一定的稳定性，又可以置换，它来自于社会制度，又寄居在身体之中(或者说生物性的个体里)；而场域，是客观关系的系统，它也是社会制度的产物，体现在事物中，或体现在具有类似于物理对象那样的现实性的机制中。社会科学的对象就是惯习和场域之间的这种关系所产生的一切，即社会实践和社会表象，或者在被感知、被评价的那些现实形式中展开自己的场域"(布迪厄，1998:171)。因此，可以看出布迪厄认为，首先场域外在于行动者，对行动者造成影响，而行动者则根据场域的要求，制定行动策略。而场域的影响和限制作用又是持续性的作用，它内化在行动者心中，构成了行动者的行动模式。这样，场域就形象地体现出了社会生活的客观性、实在性和实践性。

布迪厄认为，惯习和场域之间的关联有两种作用方式。一方面，这是一种制约(conditioning)关系：场域型塑着惯习，惯习成了某个场域(或一系列彼此交织的场域，它们彼此交隔或歧异的程度，正是惯习的内在分离甚至是土崩瓦解的根源)固有的必然属性体现在身体上的产物。另一方面，这又是知识的关系，或者说是认知建构的关系。惯习有助于把场域建构成一个充满意义的世界，一个被赋予了感觉和价值，值得你去投入、去尽力的世界。知识的关系取决于制约的关系，后者先于前者，并塑造着惯习的结构；其次，考察场域里的那些原初经验，或者，更确切地说，是在不同类型的场域和不同类型的习惯之间，存在着一些不变的因素和可变的东西(布迪厄，1998:172)。

为了更好地厘清社会行动与制度之间的关系，必须将行动者放在制度环境中进行考察。因此，必须进一步分析行动者在社会情境下的主观意识和能动性。

按照吉登斯(Anthony Giddens)的说法："人的行动是作为一种绵延而发生的，是一种持续不断的行为流(flow)，正如认知一样。有目的的行动并不是由一堆或一系列单个分离的意图、理由或动机构成的"(吉登斯，1998:62)。既然个体的行动是持续的，那么意识也必须是持续的。因此，"就社会实践循环往复的安排过程而言，最深入地卷入其中的因素，就是人类行动者认识能力所特有的反思性特征。像‘目的’、‘意图’、‘理由’或‘动机’之类的术语，我们在使用时都必须认真对待，因为哲学文献在使用它的时候，大多渗透着解释学的唯意志论，都完全剥离了人的行动在时空中的情境关联。”（吉登斯，1998:62）也就是说，个体的意思并非仅仅是独立的，而是集体性的。正如涂尔干所说的“集体意识或共同意识（mutual knowledge）”（涂尔干，2000:42）。这种集体意识是以共同知识、共同意识为基础和源泉，是共同信念、共同情感等为情境的一种非个体的意识。这种共同的意识或集体的意识影响、型塑和建构日常生活中每个人的行动。

我们知道在实际的社会行动中，行动者的任何行动不论是有意识抑或是无意识，都会与社会情境、制度环境紧密联系在一起。虽然，意识控制着行动者的行动，为行动者提供方向，但是行动者并非是简单的受制于意识的控制，而是在执行的过程中反思意识。因此，反思和监控也具有持续性和绵延性，也就是说，制度建构行动、行动建构制度互为建构的双向运动过程，这一过程都是通过意识这一中介完成的。正是由于制度与行动的这种互为建构的双向运动是循环往复的，是一代传一代绵延的，而使行动者产生了“记忆痕迹”（吉登斯，1998:79-80）和“实践意识”（practical consciousness）（吉登斯，1998:42）。之所以具有这样的“实践意识”，就是因为行动者在日常生活中的日常行动是日复一日、循环往复的，是社会生活逐渐积累起来的实践成果和养成的实践习惯。这正是人类社会生活最本质的根基，也是制度和行动的发源地。

也就是说，行动者在制约其行动的结构当中又再生产了生活的结构，结构既是人们行动的前提、中介，同时也是人们行动的结果，结构既具有制约性又同时具有使动性。吉登斯认为个体的反思意识也是行动者能动性（agency）的一部分，而能动性在制度与社会行动的关系中起着非常重大的作用。那么，什么是能动性呢？在吉登斯看来，行动者的能动不仅仅指人们在做事情时所具有的意图，而是首先指他们做事情的能力。能动作用涉及个人充当实施者的那些实践。倘若这个人不曾介入，所发生的事或许就不会发生。行动是一个持续不断的过程，是一种流。在这个过程里，行动者维持着对自己的反思性监控，而这种监控对于行动者在他们整个日常生活习以为常地维持着对身体的控制而言，又是十分关键的因素。“个体所维持的反思性监控至为重要，许多事情并不是我有意去做的，或者也并不是我想这么做的，可却都是由我造成的，不管怎么说，我的确是做的了。相反，还有些情况是我想要完成的，也的确完成了它，但却并非借助我的能动作用”（吉登斯，1998:69-70）。

因此可以说，吉登斯将能动性看作是一种“所做”而不是“所欲”。能动性是行动者一种延绵不断的持续状态，是人的生活本性和生活节律，也意味着行动者行动过程的思考性或意识活动的连续性，这样行动者的主观能动性就与制度的客观性结合起来，行动与制度就发生关系和作用（吉登斯，1998：77）。从这个意义上说，制度是循环往复进行的人类行动的产物，借助社会成员连续不断的行动，才使其具有制度性的特征。这样，由意识、行动、能动性及其后果等一系列的循环推进就形成了建构的过程，不断地生产、再生产制度并绵延下去。

在对行动及行动者的理解的基础上，吉登斯提出了“结构二重性”(duality of structure) 概念。“二重化”（duality）是相对“二元化”(dualism) 而言的，在吉登斯看来，以往的社会理论都带有明显的二元化倾向，即客体主义（objectivism）和主体主义（subjectivism）的区分。“从这一角度来说，社会理论中的客体主义 (objectivism) 和主体主义 (subjectivism) 这一牢固确立的二元区分，就具有极其重要的意涵”（吉登斯，1998:39-40）。吉登斯努力打破二元论，“我们必须从概念上把这种二元论（dualism）重新构建为某种二重性（duality），即结构的二重性，这一假设正是结构化理论的基础”（吉登斯，1998:40）。所谓“结构二重性”，是指结构同时作为自身反复组织起来的行动的中介与结果：社会系统的结构性特征并不外在于行动，而是反复不断地卷入行动的生产与再生产。“相对个人而言，结构并不是什么‘外在之物’：从某种特定的意义上来说，结构作为记忆痕迹，具体体现在各种社会实践中，‘内在于’人的活动，而不像涂尔干所说的是‘外在’的”（吉登斯，1998:89）。

在吉登斯看来，结构二重性是指结构作为规则与资源，既是人能动作用的先决条件，也是其非预期的后果；社会系统的结构性特征并不外在于行动，而是反复不断地卷入行动的生产与再生产的过程中。同时，结构二重性又指社会结构与人行动的能动作用之间有着特殊的关系。因为，实践本身就是制度化了和结构化了的过程，制度和结构既充当了实践的中介，又是实践的后果，这样制度和结构的二重性（既是条件又是后果）就显现出来了。制度化和结构化的实质又是制度制约行动和行动创造制度的运动方式，是规则和资源在实践中连续地进行创造和被创造的双向运动。所以，社会制度是实践活动的后果建构的。于是，我们不难得出这样的结论：制度和结构及行动自身都具有建构和被建构的二重性。社会本身的确存在结构，这些结构以制度、规则等形式出现，并限制人们的行动，人们也正是按照这些结构产生的制度和规则来行动并调整相应的行动策略。因此，制度或结构是循环往复地影响着人们的实践活动和各种社会行动，社会生活的不同时间段都有一个内在的连续性和难以分割的联系。这说明社会结构所代表的制度、规则，是从最基本的日常生活实践中开始发生变化和重构的，这才是社会结构发生深刻变化的真实环节和区域，它揭示了社会结构变化的现实过程是制度和结构限制行动，然后行动重新改变并建构制度和结构，即制度和结构与行动是互相建构的，最终由行动完成。这就是结构二重性的根源（翟岩，2006：88-89）。

当我们进行了制度与行动之间关系的分析，我们已经从个体行动的分析到对制度的分析了，即将行动者个体放置于制度环境之下，在制度与结构中考察和分析行动者的行为选择，实现了微观层面——农民工个体与宏观层面——制度（劳动合同法）的统一。然而，我们知道农民工的行为选择——是否签订劳动合同，不是凭空想象的行动，而是基于自身对劳动合同法的认知和理解的前提下进行的。另一方面，劳动合同法是由地方政府和企业、工厂共同实施与执行，企业、工厂才是真正的执行主体，在这一过程中，农民工对劳动合同法的认知和理解必然受到企业、工厂行为的影响，正是这种持续的影响对人们在日常工作中行动发生作用。这样，对于农民工不签订劳动合同的研究就可以从分析具体情境中的个别行动，上升到对制度的研究，以及在制度与行动之间建立起互动的桥梁。从这个角度，我们可以看到，虽然制度是人们稳定的行事规则或管理规则，约束和限制人们的社会行动，但它却不是一成不变的死板的客观结构。所以，制度与行动相互作用的内在动力和张力，就在于它总是处在一个动态的自我更生的过程中，总是让行动者去寻求最优的选择。

（三）　制度分析的视角

从以上分析，我们知道，一方面，制度作为一种客观化的结构，与社会情境、社会能力[1]一起形成社会成员行动和互动的规则，从而引导和规范社会行动。因此，制度是行动者共有知识、共有意识的基础，社会成员通过实践活动又将其客观化。也就说，社会行动将制度由符号转换成影响力和限制力，而行动者的行动过程和行动结果（主动结果和客观结果）建构和再构制度。行动者以共同的行为模式为共有知识和共享意义，从而在社会互动中建构社会制度。也就说，行动者与制度之间的互动表征了制度存在的可能，社会实践和社会互动建构、再构了制度。所以，制度是靠社会行动的过程将其实现，即行动者在制度建构过程、制度化过程中具有能动作用。

另一方面，行动者的行动并非是杂乱的，而是有一定秩序的，存在着一种内在的机制整合行动者的行动，也就是说，行动者的行动被制度引导并按制度的要求行进着。这说明，制度约束、限制和引导着行动者，建构他们的角色、身份和地位。但行动者执行制度、按照制度的要求行动，是以行动者对制度的认知为前提的，也就说，首先行动者能够形成共有知识和共享意识，并且这些共有知识和共享意识是建立在合法性基础之上。行动者根据社会情境和制度环境适时能动地调整行动策略，并积极寻找和建构更符合自身利益的制度诠释，并做出行动选择。这充分表明，行动者对制度的认知（主要是制度合法性认知）成为行动的重要前提。行动者借助语言和意识，以例行的方式维持对制度理论性的理解（也就是话语意识），并对意义做出反应，构成新的实践意识，从而建构新的行动选择。因此，行动者的行动和行动方式并非是一成不变的，根据自身对制度的认知和评价不断创造、生产和建构新的行为模式和共享意义、共有知识，最终建构新的社会关系以及相应的制度。

制度不仅限制和影响社会成员的行为，同时也在受到社会成员的型塑。劳动合同法作为一项制度形式，它受到外在的社会的制度环境的影响，即要受到相关制度、情境的影响，比如户籍制度、就业制度、教育制度、社会保障制度、社会话语权制度，等等。然而，我们知道，当前，我国执行的依然是建立在城乡二元结构基础上的制度体系，不论是户籍制度、就业

[1] 社会能力，在这里既是韦伯所说的权力，也是布迪厄所说的经济资本、文化资本、政治资本和社会资本。在一定程度上，可以认为是一种社会资源，是人们社会行动的重要组成部分。

制度、教育制度、社会保障制度、社会话语权制度等相关制度，还是地方政府和企业、工厂在执行这些制度的过程中，都存在着不平等和歧视，即向城市倾斜、资方倾斜。那么，在这种情况下，备受各方偏见和歧视的农民工对制度的合法性产生怀疑，即出现制度的合法性危机。在这种情况下，农民工根据自身利益诉求，在不平等的制度环境中适时调整自己的行动策略，主动或被动的建构新的话语意识和实践意识，并对当前制度做出相应诠释和行动选择。

（四） 本研究分析架构

从以上的分析可以看出，制度作为调整和约束人们行为一种准则和方式，它是历史性的存在物，建立在一定社会情境之上，是在一定的政治、经济、文化下产生的，能够保障和约束人们的行为，并以一种强制性的方式规范人们的行为。在一定历史阶段和社会条件下，制度具有一定的公正性，可以在一定程度上保障人们的权利和权益。因此，可以认为制度具有一定的普适性，即对制度范围内的所有人都适用，任何人、机构或组织在制度面前都应该是平等的。具体而言，制度作为一种普遍性的社会规范，对于任何适用内的社会成员的合法权益，都予以平等对待和保护；任何适应范围内的社会成员也都必须平等的履行制度内的义务和责任；制度适用的时间效力和空间效力内的任何所有行为都将受到制度的保护；而任何社会成员、机构或组织的违反行为也都将会同等的受到制度规定的惩罚。

如果制度没有被执行，而是束之高阁，失去制度应有的效力，那么最终就会导致社会成员利益受损，甚至是社会秩序的混乱和国家的动乱。劳动合同法不仅是我国的一项保障稳定和谐劳动关系的制度，更是一部明确劳动合同双方当事人的权利和义务，保护劳动者的合法权益的法律。因此，我国境内的所以企业、个体经济组织、民办非企业单位等组织，以及国家机关、事业单位、社会团体都必须与劳动者建立劳动关系，签订劳动合同。然而，从各种调查的情况来看，事实情况并非如此，很多农民工其实并不愿意签订劳动合同，这到底又是为什么呢？从制度与行动的关系来看，制度不仅制约和规范行动者的行动，同时，行动者的行动也型塑着制度。农民工做出不愿意签订劳动合同这样的行为选择，又是基于在与制度的互动中，对劳动合同法以及企业和工厂执行劳动合同情况的认知，那么农民工个体对制度的认知便成了本研究的重要基点了。基于这样的分析，我们提出以下研究框架：

图5.1 本研究分析框架

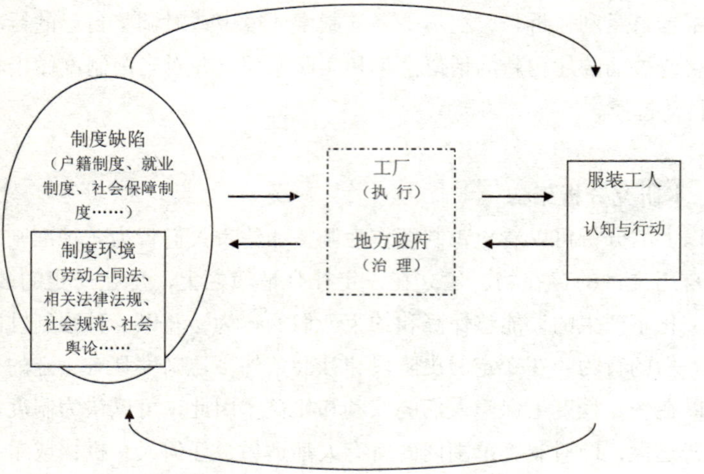

首先，我们要探讨一下制度与行动的关系和相互作用，把研究分析的重点放在制度对行动的限制和约束上，从一般意义上论述制度对社会行动的限制和制约作用。也就是说，在当前制度环境的要求下，按照国家的相关法律、法规的规定，执行服装工人应该遵守劳动合同法、签订劳动合同。

其次，我们要重点讨论行动者对制度的认知和反思，从微观层面上分析个体对制度的认知和感受，具体分析制度性障碍是如何影响服装工人对劳动合同的认知，即从四个方面探讨：企业、工厂在执行劳动合同法过程中，出现制度曲行；地方政府与工厂在执行制度过程中出现的制度失信；转型过程中，我国制度体系的不完善形成的制度缺陷；城乡二元体系下的，我国制度体系制定的不公平，即制度偏好对服装工人的影响，以及在这一过程中，服装工人对制度的认知和反思，从而建构起自身对制度（劳动合同法）的知识体系，并根据这样的认知做出什么样的行为选择。那么，在多重性因素共同作用于农民工身上，他们会对国家法律、制度产生什么样的认知，在现实的工作中，他们又会有什么样的行动呢？

再次，我们沿着上面的思路，继续讨论不愿意签订劳动合同的服装工人为什么还愿意在缺少制度（劳动合同法）保障的环境里继续工作呢，他们又是基于怎样的考虑？如果发生了利益受损，缺少制度的保障，他们又将如何维护自己的权益，采取怎么样的行动呢？

四、制度性障碍与劳动合同的签订

农民工是我国特有的城乡二元体制的产物，是在特殊的历史时期出现的一个特殊的社会群体，他们背井离乡进城从事非农工作，但他们的身份却没有改变，未被城市认同和接纳，他们一直处在产业的边缘、城市的边缘、体制的边缘。当前，我国正处在工业化与城市双重大转型期，由于上层建筑（尤其是各种法律、规章制度）的改革落后于经济建设的发展，制度建设不完善等原因导致形成了制度性障碍，从而导致农民工群体的无所适从，更难以一个公平的机会在城市中工作、以平等的身份在城市中生活、以平等的权利享受各种国民待遇。当前，随着我国工业化和城市化进程的加快，将会有更多的农村劳动力被转移出来。如果不能解决制约我国农民工劳动合同签订的制度性障碍，那么将难以实现和谐的劳动关系、稳定的社会环境，更不可能实现和谐社会的构建和中国特色的社会主义现代化建设。因此，本研究主要从制度性障碍(制度缺陷、制度偏好、制度曲行、制度失信)对劳动合同签订的影响进行分析，试图找出我国农民工不愿意签订劳动合同的根本性原因。

（一）制度缺陷

制度作为是约束和调整人们行为的准则，它是由一系列的规则、习惯、道德等组成，也就说制度是一个规则系。因此，它要求规则、习惯、道德要求之间的统一、一致。然而，对于已经改革开放三十多年的中国来说，经济、社会得到迅速发展，经济制度由计划经济制度向市场经济制度转变，同时带来了社会的剧烈转型，但上层建筑的改革却落后于经济发展的需要，各种制度并不配套、不健全和不完善，由此也引发了人们行为的无所适从。

黄小虎、马晓茗与曾向阳等学者在研究我国现行的土地的时候提出了，“现行农地制度缺陷是导致失地农民土地权益屡遭侵犯的根源”，土地制度缺陷包括：农村集体土地产权不清与缺陷（黄小虎，2003：17；田宝玉，2004：15；吴利生，2002：51）；政府行政权对农民土地财产权的肆意侵犯

（马晓茗、曾向阳，2002：69；梁亚荣，2002：15；汪晖，2002:41-42；陈锡文，2004：86）；郑奕在研究潜规则时认为制度缺陷是潜规则存在的重要原因，而产权不清是制度缺陷的重要表现（郑奕，2007:29）。侯明喜在研究城乡社会保障制度的时候提出，我国现行的社会保障体系仍存在一些不适应城乡统筹发展的制度缺陷，包括城乡社会保障制度的二元结构；社会保险覆盖面窄，制度空白点多；现行基本社会保障制度的张力与活力不足；各项制度改革缺乏整合衔接机制等方面（侯明喜，2008:118-119）。王越子在研究我国“三农”问题时，认为制度缺陷表现为制度本身、制度结构、制度安排缺乏正义性，并由此剥夺或部分剥夺了主体的平等和自由，造成权利和义务的不完全性和不对称性，从而缺乏激励功能，形成了制度的非效率（王越子，2004:85）。在他看来，我国的“三农”问题主要是来自于户籍制度及相关的配套制度这一制度缺陷（王越子，2004:86）。

因此，我们认为制度缺陷主要是指各种制度之间不配套、不健全和不完善，由此也引发了人们行为的无所适从或行为失调。在本研究中，制度缺陷主要表现在与劳动合同法相关的制度，包括户籍制度、就业制度、社会保障制度等之间出现的不一致、不完善，甚至相矛盾的规定，从而出现制度缺陷。制度作为农民工的行为规范，直接影响、限制他们的行动，而制度内的不一致，甚至是矛盾，让农民工对制度产生了极大的怀疑。因此，在他们看来，劳动合同法的影响力和制约性就打了折扣，这种认知又影响他们劳动合同签订行为选择，即不愿意签订劳动合同。

对于来城市打工的农民工来说，他们的就业制度和社会保障制度等方面的制度缺陷是造成他们对制度不信任的根本原因。农民工的就业情况直接决定了他们的经济地位。他们面临的“强资本，弱劳动”的劳动力市场的现状依然没有改变，虽然他们的劳动时间、劳动报酬与劳动时间等方面由劳动部门做出制度上的规定，但是现实中基本上还是由用工单位单方面决定，因此在当前就业形势与企业追求短期利益双重背景下，农民工只能接受很低的劳动报酬、超时间的工作和超强度的劳动。对于农民工而言，出来赚钱成了重要的目的（当然，也有不少农民工出来是为了长见识、增加阅历和历练的），只要能够在短时间内赚到钱，签或不签劳动合同问题都不大；在他们看来，不签劳动合同对他们来说似乎更加有利。

劳动合同法中第四条规定，用人单位应当依法建立和完善劳动规章制度，即劳动报酬、工作时间、休息休假、劳动安全卫生、保险福利等劳动者切身利益时应与劳动者代表平等协商；第十七条规定，劳动合同应明确劳动报酬等内容。可见，劳动合同法只是要求用工单位应该有明确的规章制度，却没有做出具体的规定。再以深圳为例，在我们进行调查的时间，即 2008 年年底到 2009 年 6 月份，《深圳市员工工资支付条例》和《关于非全日制用工的若干规定》有关最低工资标准的规定是：全日制用工标准是：深圳关内最低工资标准是 1000 元，关外最低工资标准是 900 元；非全日制用工小时最低工资标准：特区内为 8.8 元 / 小时，特区外为 8.0 元 / 小时。这也表明深圳市市委和深圳市劳动保障局对劳动报酬只做总体的指导，对各行业的规定并不完善。以我们调查的服装业为例，经调查，我们发现服装业的工资收入包括以下几个方面：计件工资、餐饮补助、加班费、全勤奖、年终奖、工龄补贴以及住房补助（如果是自租房），甚至很多工厂还有过节、过年费用补贴，等等。再比如，计件工资的单件计件的安排，政府和有关部门并没有给出制度性的指导的，这给工厂、资方很大的操作空间，对工人也产生了很大的影响，以至于工人不再相信工厂和老板，而更多的是相信自己拿到手里的工资。

Lin2009：他就是，好像他不是说你做的，好像不是计件工资，好像拿的是印象工资一样，印象工资就是这样，你就是不要，不要去玩，你就是拼命地去做，就是了，拼命的做，他就给你多少多少，就是这样的。你要是稍微懒一点点，他就一下子，反正那个工资就一下子就少了几百块了。那你要是跟那个，主管啊，一般都是他们来评嘛，那你要是跟他们关系好一点，那他不就给你工资高一点嘛，就是这样的，我们就是一来不会拍马屁，我不拍马屁，他就是，好像你再怎么做，他都看你顺眼，他看你不顺眼，那你就只能一千多一点点。

（一般都有哪些不正规的呢？就哪些方面）Luo2009：现在的公司像制衣厂来说，90% 是不正规的，加班，恩，工资，工资就不会按劳动法给你算，你再大的老板，都是那样，还有加班的那个时间，都是他说了算，一般啊，哎呀，像现在说他给你说的是计件，到底是不是计件，工价都是他说了算，到底是怎么样的，还是他说了算，他给多少就是多少。

对于工人来说，老板根本就“不会按劳动法给你算工资”，你想要更高的工资就只能“拼命地去做，稍微懒一下子，工资就少了好几百”。在他们的思想里，不论是什么样的老板，都会钻制度的空当，而不完善的制度又让工人无所适从，无法用制度与法律的武器保护自己的合法权益。

（就是觉得他们对这个工人，有没有这个区别对待呢？）Luo2009：有，现在什么社会了，有阿，人人都有（嘿嘿），我跟你说阿，假如说你两个玩得来，比较好一点，两个玩不来，两个，反正工作上的事也不会为难你，该怎么样就怎么样，但是，因为这个衣服本身也是有区别的，尤其是价钱，他会不会就是说他跟你玩得好一点的，把好的价钱的这个东西让你来做，有，大把的啊，假如说你有关系，他也不敢，他也一碗水，他也不敢端得太偏了，只能说差不多，假如说你有关系的话，那这个好的东西，尽量的都给你，不好的尽量的少给你，这样是，但是他不敢做得太出了，是吧。毕竟他还是要稳住大局的（那像一般员工有没有多大意见阿?）有，有意见能怎么样，（嘿嘿嘿），还不是打工者就是受气的，说的不好听真的是受气的。

（因为组长多数也是由各个省来的吗，他会不会对本省的人好一点，对其他省份的人差一点？）Zhang2008：那不是本省的人，就是说这个道理呢会有一点点，有一点点是什么呢，他不是好大，就是说每一个组长，他都会有自己、有自己的，反正就自己带着点心存吧，一起的你们玩得好一些的，就是一起打工的人，然后我的关系好一点，我能够找得到人，我当组长，然后，大家肯定的，你帮我出力了一点，我肯定会对你好一点，哎，是不是，多给你一点高工序的，这种肯定是有的，就是在哪里这种事情也都会发生的，是不是。（那其他员工对这个组长肯定会有意见啊？）那、那你能有什么意见啊，这个意见会有一点点的，但有一点点，反正高兴你就做，不高兴你就不做，这个，反正、反正我最近，这个是很正常的，打工本来就是这个样子，是不是啊。

这种不透明的工价，他们也是无可奈何，“你高兴做就做，不高兴做就只能不做”、“打工者就是受气的”、“打工本来就是这样子的”，他们也只能用这种方式表达自己的无奈和自我的安慰，面对这种制度性的缺失，他们还能做什么呢?

在社会保障制度方面，也同样存在同样的问题。我国目前的各项社会保险在计算年限、缴费办法和待遇享受等方面，都是依据城镇正规就业情况而定的，对农民工这种特殊人群，确实存在制度的缺陷和不合理。这就是为何城镇职工要求退保的少而农民工要求退保的多的原因所在。以养老保险为例，从计算年限来看，我国现行养老保险制度规定，按月享受基本养老金的最低缴费年限为 15 年，而现实的情况是，农民工要跨越“累计缴费 15 年”这道门槛绝非易事。目前农民合同制职工在男年满 60 周岁、女年满 55 周岁，累计缴纳满 15 年以上，可按规定领取基本养老保险金，这样规定对农民工而言是遥不可及的事情。另一方面，按目前国家养老保险制度设计，经过组织、人事、劳动部门批准调动工作的人员，社会保险关系可以顺利转移接续。可是民工一般都是自主择业，不可能通过组织、人事、劳动部门批准调动才流动的。所以，养老保险的异地对接基本上是不可能的。因此，从短期利益角度考虑，农民工更倾向于不参加社会保险，而多拿点现金。

（那个保险当时都有没有给办呢？）Lin2009：有办过，你要办，你自己过去办，不过就不办了，我们都没有办。保险当时都没有给弄的，不过我们都没有保险的。也没有，他也不会强求你办，就是，都是志愿的，他都有，好像什么，那个医疗、医疗保险，医疗保险那个你志愿办，你要不办也就算了。反正你也得掏钱，办了保险，你也得自己掏钱阿，是少交一点点，这个我们自己心里清楚，是吧，身体差不多的话，就不必要出那个钱了，反正那个钱阿，打工反正就是为了钱，哎，没钱的话也就没办法啊，反正现在这两个月的话，就根本没什么钱了，就这样呆着。

（你们进来以后，厂里给你们保险什么的，有吗？社会保险？）NH：你想要就要，不想要就不要。啊，自愿的。我没有，我没要。就要了一些什么医疗保险，啊——社保没要嘛，反正在这里不会呆的很久，要这个东西也没多大用。一般像我们这样的员工，都不会去要那些社保。因为都是来来去去，来来去去。是，不是像在这里固定很久。因为像这里，在深圳呆十年的话，你也可以去搞劳动保险。再搞一些社保之类的。顶多还有明年一年吧。

从服装厂工人的角度来看，他们出来打工只是为了能够都赚点钱，干上几年也就回家了，如果遇到什么不顺心或是突发事件发生，他们就会回家了，他们只是城市里匆匆过客，停留只是短暂。所以，城市保险对于他们来说意义也并非那么重要。另一方面，由于我国社会保障制度不完善和缺失，城市保险和农村保险并不能对接，甚至是各城市间的保险都是分立的，所以在他们看来，买保险只是“白白浪费钱，根本就不值得”。当然，也有很大一部分工人觉得“我身体还差不多，没有必要出那个钱”。

由此可见，制度缺陷严重影响到农民工对企业、工厂的认知，基于这种认知，他们对企业、工厂产生不信任，反作用于农民工对制度的认知，共同建构了对劳动合同制度的认知。在制度缺陷的制度性障碍的大环境下，服装工人从自身利益出发，在不平等的制度环境中调整自己的行动策略，最终选择不签订劳动合同。由此可见，服装工人不签订劳动合同的行为是在制度缺陷的社会情境下被型塑出来的。

（二）制度偏好

制度能够保障社会成员合法权益、限制社会成员的行动，都必须建立在社会成员对其充分信任的基础，这种信任是以制度对全体社会成员的公平、一致为前提的。也就说，社会成员只有感觉到制度的无偏性和一致性，才可能对制度充分信任。如果制度制定时候就出现了取向上的偏好问题，那么对社会成员又将产生什么样的影响呢？

陈成文等人在研究农民工共享社会发展成的困境时，提出制度偏好，主要包括户籍制度及其衍生的配套政策共同组成的筛选体制在社会具体运作中名正言顺地把农民工排斥在利益共享之外。制度偏好就是制度制定的取向（包括价值取向、利益取向、市场取向、公平取向等）（陈成文、廖文，2008：94；廖文，2007：31，34；石晶，2009：19）。在他们来看来，农民工生活在城市当中，在生活方式上与城市中的工人没有很大区别，他们的职业已经是城市中的产业工人，但是他们的身份却依然是农民。户籍制度正是制度偏好的结果（陈成文、廖文，2008：98）。廖文从农民工共享社会发展成果困境的角度将制度偏好具体操作化为涉及农民工就业制度、社会保障制度、农民工子女教育制度、事故赔偿制度、社会管理话语权制度等方面（廖文，2007：34）。并认为，制度偏好对农民工共享社会发展成果产生显著影响。石晶从残疾人公共参与困境的角度将制度偏好具体操作化涉及招聘用工制度、社会保障制度、教育制度、社会管理话语权制度等方面（石晶，2009：20-21）。他指出正是这种制度偏好显著影响了残疾人公共参与的机会。厉有国在考察话语权缺失的制度因素时，提出认为户籍制度及其衍生的配套政策等方面的制度偏好集聚和转换缓慢是导致农民话语权缺失的重要制度根源（厉有国，2009：100）。汪继红考察我国考试制度时，认为考试制度偏好是指中国人对于以考试制度选拔任用政治精英具有比其他选拔方式更浓厚的偏好倾向（汪继红，2009：70）。

在本研究中，我们将制度偏好定义为制度内差别性取向，主要包括利益偏向、市场偏向、价值偏向等，主要涉及与劳动合同法相关的就业制度、社会保障制度、教育制度以及社会管理制度等方面。当前，由于城乡二元格局下的户籍制度以及衍生出的配套制度所造成的与劳动合同法相关制度的偏好，即制度偏向对资本的保护、对城市的偏爱；在话语权建构上偏向社会稳定和经济发展，对资本家和管理者的偏向。在劳动力供给远远大于需求的情况下，加之“强资本、弱劳动”的社会背景，从社会价值偏向、利益偏向到话语权偏向都没有眷顾处于弱势地位的农民工，相反处处偏向处于强势地位的资本。这种情况，严重影响到农民工对制度的信任。制度之所以具有制约力和公信力，在于它的公平性，而目前我国制度在制定时出现了取向上的偏差。那么，农民工对它的认知又会是什么样呢？在这种认知下，又将做出什么样的行为选择呢？

正如冯同庆所说，租约和隐性契约是某一方主体主导的。劳动合同则不同，双方当事人都具有主体性。双方之间的博弈利益化、权利（或权力）化、平等化、明晰化、显性化、法律化、公开化、普遍化、社会化、技术化（冯同庆，2008:15）。因此，当我国的劳动合同法及相关制度沿袭着以资方为主导的路径时，势必形成制度取向上的偏好，即对资本、企业的偏好，也使得农民工不得不对制度合法性的进行反思，这样就形成当前农民工对制度怀疑和不信任的后果。

农民工自离开农村进入城市工作，有很多人已经适应城市的生活方式，和城市人一样生活，从衣着、服饰、生活习惯等方面已经无法区分出他们了，他们已经习惯城市里的生活了。然而，他们却依然是农民，不能改变自己的身份。因为这种“农民工”身份的认同，直接影响了他们的各种行为和意识。

自20世纪80年代开始的，在中国社会中引起巨大影响的第三种身份——农民工，这是由制度与文化共同建构的一个过程。在这个建构过程中，城市政府将我国现有的城乡二元机构移植到城市社会中，制造了一套区别于城市居民不完全相同的制度——农民工制度，这套制度包括社会保障、公共教育以及行政管理等等方面。在这套制度下面，农民工“享受着”“城市里非城市人”的各种待遇，即偏见性的待遇。这种身份、区别性“待遇”也建构了他们对国家、城市、制度的认知。在城市中生活、工作的经验告诉他们，这种偏见与歧视来自于他们农民工的身份，来自制度的、社会的、文化的偏见和歧视，造成他们对城市和城市居民的排斥心理。在这种情况下，他们对城市中的各项制度似乎也不是那么在意，甚至有所戒备。因此，劳动合同法并没有引起他们的注意，基于这样的认知和理解，他们觉得签或不签劳动合同似乎没有太大的差别。

ND：反正那个辞工，他不给批嘛，就是。辞工。辞工嘛，就是压的那个月的工资拿不到嘛。是啊，基本上走的就是差不多丢掉一个月工资走的嘛。就是你要走，就要扣掉一个月啦。拿不到啦，没法了。（那如果给他要呢？他会怎么样？）不会给的。那肯定要不到啊。（他这个不是有那个……有没有人去找过劳动局？去投诉这事？）有，你就投诉人家也没用啦。真是投诉也没用。他投诉，有人去投诉啦。投诉当天晚上来，一顿黑打嘛。在宿舍被黑打了一顿。恩，哎——，这里面黑得很啊。前两天，有一个组嘛，就说工资低啊，他带着人走了。后来他回来要工资。那老板把他打了一顿嘛。他就告了，告他。告了，法院就判了，叫老板给钱发工资嘛。老板叫他去拿嘛，那个组长都不敢去拿。被打怕了嘛。啊，不敢去了。这么厉害啊。就是那一个组的人。组长他们一块去的嘛。叫到里面，办公室里面嘛。给你说了嘛，这次开了现在，情况也差不多。反正就辞工嘛，也不会给你批的。你要走，丢一个月工资。他说年底能解决工资，谁知道啊？反正你回去要走嘛，走了就不给你工资啦，走了。反正要走就是扣掉一个月了。什么保险都没有？医疗保险，最基本的都没有？没有。他连工资都不说，这个月出了多少货，他就说，按……给你发一点，如果说出了（货）太少了，一千块钱都不一定，都没有。没有保险。没有。（那如果说生病了什么，厂里都不管？）自己掏钱呗，那个是没人管。他还管你死活哟！工资他都卡，不给。加班到三四点，第二天早上一样的工撒（上班）。工资都不想给你，还管你死活咯。（啊，可是……哦，这个劳动局也不起什么作用？）劳动局，你给他打电话，打吧，他就不来啊。你去找他吧，他就拖嘛。他就，公安局，那天打人啊，打 110 啊，打了半天都不来。打（人）过了来了，他也没用了。（那你们现在每天工作时间这么长，有没有人因为累的病啊，什么的？）病的？病的死都死到厂里面了。呵呵呵，他们管你呢？缺一天一百，上午不去一百，下午不去一百。晚上不去再一百。三百。你，你有多少钱扣啊？晚上加班加到三四点，然后，早上接着上班……

在当前城乡二元分立的户籍制度下，服装工人只能强忍和不得不接受现实，“工资都不想给你，还管你死活咯”、“病的，死都要死在厂里边，他们管你呢？”如果自己生病，只能是自己自认倒霉，发一顿牢骚，然后还要去上班，为了那一小时几十块钱，然而如果不去，那么就是“缺一天一百；上午不去一百；下午不去一百；晚上不去再一百；总共三百。”

在制度偏好的情境下，制度的价值、利益、话语权都偏向资本和资本家。因此，在农民工的眼中，“制度从来都是向着老板、管理者的”，资本一直都是备受关爱的宠儿，而自己则只是廉价的劳动力，和其他生产资料并无二样，都是要给老板赚钱的、创造利润的，老板们都是“吃人不吐骨头的”。在这种劳资对立的情况下，更加恶化了劳资关系，服装厂工人又怎么会去相信工厂和老板呢？那么，还有多少人会相信从工厂和老板手里出来的劳动合同呢？

（三）制度曲行

制度的制约力和影响力具有普适性，而这种普适性必须被公正的执行作为保障，制度曲行的时候，社会成员就不会认同这一制度，并对制度持怀疑态度。最后严重影响制度的公信力，致使制度无法得以贯彻执行和实施。那么，制度曲行到底怎么样运作的呢？

陈成文、廖文等人认为制度曲行是指制度执行不力或扭曲执行（主要由执行主体对制度的认知与评价、对约束其制度执行行为的规则的认同和遵从、执行主体在制度执行过程中与农民工之间的协调一致程度等导致）（陈成文、廖文，2008:99；廖文，2007:31，33,35,50；石晶，2009:19，21,50）。制度曲行的存在是地方政府参与社会利益博弈的结果（陈成文、廖文，2008:100）。廖文将制度曲行具体操作化涉及就业制度（包括就业信息、就业指导、维权等制度支持）、制度制定参与制度、最低工资制度、用工用时制度、住房制度、农民工子女教育制度、治安管理制度、劳动仲裁制度等方面（廖文，2007:35）。石晶在研究残疾人公共参与问题时，将其具体操作化涉及中央制定的各种政策和制度、地方政府实际执行的各类制度以及市场或用人单位所实际执行的制度等方面（石晶，2009:21）。厉有国认为制度曲行是指制度执行不力或被扭曲执行。在实际生活中，这些原则规定因缺乏配套的制度、法律的具体规范和保证而使其在发展民主方面的作用大打折扣。制度曲行成为农民话语权缺失的重要原因（厉有国，2009:100）。

我们认为，制度曲行主要是指地方政府为了地方稳定和经济发展，对国家的制度并不热衷执行，并且缺乏监管；企业和工厂从自身利益出发，对国家的制度执行不力甚至是扭曲执行，（包括执行主体的认知偏差，也包括执行主体的故意偏差执行），导致制度不能按照国家制定机关的意图运行。地方政府、企业和工厂是制度（劳动合同法）实施的重要主体之一，他们的执行效果直接影响到农民工对制度的认知和评价。农民工在实践过程中，逐步认知到制度曲行，但由于自身的弱势地位，对地方政府、企业和工厂的这种曲行行为也无能为力，只能忍气吞声。由此，对地方政府、企业和工厂产生怨恨，同时也对制度的制定者——国家产生怨恨和不信任。

当前，我国正处在经济体制改革和转轨的关键时期，这一过程也正是利益重新调整和分配的过程，不同利益集团的不同交易能力导致了社会转型过程中不同利益集团在利益获得上的不均衡。企业作为强势集团不仅获得了更多的经济资源，同时这些资源也相应地给他们带来了社会资本和政治资本。而在当前“强资本，弱劳动”的人力资本市场中，劳动者本身就是弱势群体，在与资方的利益博弈中处于劣势地位，原本就处于劣势地位的农民工在这一过程进一步被边缘化，在社会利益分配格局中处于被动地位。在这种情况下，企业对农民工的用工特权形成了歧视性的用工机制，严重影响了市场规则的公正运作，同时形成一系列恶性循环。同时，这种制度曲行让服装工人感受不到公平和平等，给他们只有歧视性对待和压迫。那么在这种情况下，服装工人又怎么会相信歧视自己的“制度”呢?

这样的情况，在我们的访谈中得到了很好的体现。正如，我们访谈中的农民工所表达的那样：

Nm：毕竟是普工大众型的。就是这个里面打工，很简单打工就挣钱嘛，就是你挣下面，这跳板。工厂要说，今天加班要十点，那你就十点，工厂说十二点，就是十二点。你不能说，我只加到十点，十二点我不加，那不行。(那加班到十点和加班到十二点，这个工资有变化吗?)就是那么多钱。十二点，你加就加，不加你走人。觉得划不来，你不干呢。就那么回事，现在就那么回事嘛。哪里，在哪里(都)是嘛，你加，全部是嘛，全是十一点，加一个小时，我给你加多少钱。那是假的，虚伪的。他给你钱，还是那么多，一回事。我给工人们，给你发加班工资。是不是啊?没有了。老板说了算。比如说星期天，按照劳动合同法，不允许加班，加班要双倍的工资。是吧，是双倍的。他怎么说，我今天要加班可以，明天我去广州了，星期天要去广州，去开广交会。回来之后，补一天。补一天假，应该不双休，他说补一天，说回来补一天就行。现在怎么说?一天假，那个工资，加班，工资不加。就是扣人家的钱嘛。像我们加班，不给你个假期，一天的假，就扣你工资。把这每天的工资扣，这怎么行呢?(就是加班不加钱，但是请假了，他要扣你钱?)对，请假扣钱，他就是说我譬如说，我这个月给你，我说，我也说是，你，没有假期，你请他假，就扣你钱，扣现金。当公司加了班，星期天的加班，不补钱，也不补双休。是不是?说这你能做就做，不能做不做不就算了。他因为……是什么呢，里面有个什么东西，它法律，劳动法，它是个活的，它可以调休啊，劳动法是，可以调休啊，他就钻这个空子。他说你今天加班，你明天调休啊。就是时间不能长，要是长了我还要加班补贴嘛，什么啊。马上，这个星期是，这个星期班加，这个星期加班了，下个星期之后，就给你补一天。就让你休一天。他，告诉你，他让你休的时候，我不要休，当你来请事假的时候嘞，今天有事，是吧，扣你钱。

（你现在愿不愿意加班呢？）Li2008：加班不是愿不愿意，加班是跟正常上班是一样的，这个要去的，不去的话就要罚款嘛，跟正常上班一样的。（你愿不愿意加呢？）那怎么说来，厂里规定的嘛，不加也，不，有时候，有时候就不想加了，蛮累的，就不想加了。

原本农民工就是弱势，在与强势资方的利益博弈中处于劣势地位，在这一过程进一步被边缘化，“工厂要说，今天加班要十点，那你就十点，工厂说十二点，就是十二点。你不能说，我只加到十点，十二点我不加，那不行。”服装工人只能听从工厂的安排，否则只能“你能做，你就做；不能做，你就走人”。然而，服装工人本来出来，“就是这个里面打工，很简单打工就挣钱嘛”，他只能忍受着工厂和资本的剥削。就这样，工厂和资本还会利用一切可能“钻空子”。

劳动合同法第七十四条规定：“用人单位遵守国家关于劳动者工作时间和休息休假规定的情况”，然而，事实情况是“不给假期，没有假，你请假还要扣钱。”

（那像原来的话，一般加班都加到几点呢？那加班呢加班费怎么算呢？）Lin2009：像原来都是加到十点、十点半左右。加班费就是我们计件的嘛，做了多少给你算多少嘛，然后，另外就是加班费一块钱一个小时嘛。一块钱一小时，对，那也很少啊。原来那个厂加班至少到十二点，是吧，那个也没有休息时间，就是一直干到三十号晚上，就三十号晚上就给你放一个晚上的假，就是发了工资，就给我们放一个晚上的休息，之前的就没休息，你，反正他那个发了工资你要玩一个晚上的话，最多就一个晚上，其他时间都是十二点（哦，对了，大哥你来的时候有签那个合同吗，那个劳动合同你签了吗？）没签，去年发下来了一次，发下来一次叫我们签，那个合同，要说我是没有文化的，那个合同，最起码你先，双方都要先同意那个怎么、怎么样，才算是合同吧，他让我们先签名，这样的签了的话，不知道，反正有好多人都没签。反正就是这样的，我们都是，他的这个厂，他能够准时怎么样，我们还会在这个厂里来做，做了这几年也没有发现这种情况，是吧，就是，今年这个情况不好。这样有的，说实话，去年那个时候，我也想走，在这边也赚不到钱，我也不想在这里做了，真都赚不到钱了，有的人还是签了，有的人也都换了。

加班费一直是劳资关系紧张的焦点，资方根本就没有按劳动合同法规定执行。劳动合同法并没有对加班报酬进行明确规定，仍可执行劳动法的相应规定，即按照劳动法第四十四条的规定“支付加班费的具体标准是：在标准工作日内安排劳动者延长工作时间的，支付不低于工资的百分之一百五十的工资报酬；休息日安排劳动者工作又不能安排补休的，支付不低于工资的百分之二百的工资报酬；法定休假日安排劳动者工作的，支付不低于百分之三百的工资报酬。”而企业在执行过程中，加班也就是“计件工资，然后每小时加1块钱”、“星期天不允许加班，加班也是双倍工资的。但你要不加，还要扣你的钱。”由此可见，企业扭曲执行劳动法和劳动合同法的做法严重影响了工厂对相关法律的认知，认为“那是假的，虚假的”，在这种情况下，工人还会相信法律和制度的公正性吗？

另一方面，地方政府本是制度的直接执行者，然而地方政府的自利倾向和政绩心理又恶化了制度的公正执行。在改革过程中，地方政府的利益主体身份突出出来，越来越倾向于着力维持本地区经济的发展。这就意味着中央政府从全体国民利益出发的制度政策，到了地方政府这一具体执行者手中，可能会发生根据地方政府的利益需要而做出相应变通。地方政府对中央政府的敦促采取敷衍态度，尽可能逃避为农民工待遇应付的财政负担和为维护农民工利益而付出的各种成本。因此，在现实情况下，制度并没有得到真正的执行。企业的强大与地方政府的偏向，使得农民工更加困难，权益受损更加严重，而企业获得更多的利益，并通过既得利益收买权力，巩固并加强自身的地位，权力者通过出让权力而成为另一个既得利益集团。

（那为什么咱们这个像服装厂这些没人管呢？）Luo2009：政府都是睁一只眼闭一只眼，毕竟他要保护企业，你知道他这个少一个企业，你知道他这个收入会少多少，政府他有多方面考虑，是吧（呵呵）。政府，他要方方面面的考虑吧，比方说，你要到这个厂，企业管严了，企业赚不到钱了，他毕竟要亏本了，亏本了绝对要关门，关门，这个你人进不到厂，他这房子又租不出去，没收入。（那走了的这些员工呢，走了，那工资也没有了？）工资，是打卡的嘛，反正，他就是保证你，在这里的工资先发，你走的了就慢慢的打，拿不拿的到就是另一回事（微笑），你要拿可以，你本人亲自找他来要，要嘛还吵架，甚至还要打架。那你要不到，不打，你不知道你几千块钱，两个月几千块钱，你不跟人家要，人家会给你嘛，他那里又不给，你又要要，你说会不会发生冲突呢，现在这个社会你又不是不了解，现在的年轻人也都很冲动，所以，事情，他这里劳动合同也没有，什么都没有，什么医保啊，什么都没有（连劳动合同也没签吗？）他就是一份假的，只签一份，他公司的一份，员工没有，应该劳动合同是应该是一式三份嘛，劳动局，厂方，本人。他这里只签一份，就是他公司的，然后厂里的员工也拿不到。什么也没有，他不给你，你哪里有。（连劳动合同都没有，你在这边上班有保证吗？）那没办法啊，制衣厂百分之八九十都是这样的。员工已经，怎么说呢，好像就像，都麻木了，都知道这个市场都差不多的，反正制衣厂，全国制衣厂都差不多的，都习惯了。

（那你们有没有去找哪个部门去维护自己的权利呢？）zhan2008：想过啊，这些都是劳动局，劳动监管部门的 事情，对不对，我刚才所说的，特别是现在都是劳动局都爱理不理的。（但是现在不是说对工人还是蛮帮助的，那种？）黑，比较黑。就是说，我们是工人，他们是老板，老板，我们才几十块钱的，就是说，不说深圳市的了，就我们这个区的了，我们归西丽劳动管的，老板可以，俗话说有钱可以使鬼推磨，他塞一点钱给他，怎么样、怎么样的，像中国很多地方也就是这个样子的，他们也爱理不理的，就是这个样子的。什么法律，劳动法，跟他们一伙的，劳动局也是一样的，天下乌鸦一般黑。

（小老板就是专门混黑社会，黑道上有人？）NC：和N区的公安局的什么啊。哦，N区有人。就黑道白道都没办法。你，他问你，如果劳动局（来查），塞点钱啊，就完了。

在服装厂工人看来，政府在企业问题也是“睁一只眼、闭一只眼，还要保护企业”，对企业实行的是倾斜性的政策。而对工人根本就是“不管不问”、“谁在乎我们死活呢”；另一方面，企业就利用政府的庇护，违反相关的规章制度，如做假合同、不买保险等，那么在这种情况下，工人也不愿意过多的和工厂和地方政府纠缠，对政府和制度产生极大的不信任感。那么，在服装工人看来，中央政府维护劳动者利益、构建和谐劳资关系的劳动合同法也只是为地方政府，尤其一些部门和官员寻租“开了一个绿灯”，可以用来迫使企业“进贡”，和“好敲诈你（企业）一下”的工具了。

制度本是保障和维护广大人民群众利益的工具、维持社会公平正义的重要手段，能够协调社会成员的社会行为、调节人际关系、清除社会运行中的各种障碍，建立正常的社会秩序。然而，制度曲行使服装工人在弱势地位中失去了制度的保护，正当权益得不到保护，甚至被边缘化；同时，由于自身的弱势地位使得农民工失去了话语权，导致“有苦无处说、有冤无处申”的情况。在这种认知和理解的情况下，农民工对制度产生不信任和怨恨，甚至出现反社会的情绪和心理，“自我放逐”在制度之外，不再对国家、对制度抱有很大的希望和幻想。因此，在他们看来，签不签劳动合同已经没有太大的区别了。

（四）制度失信

制度作为保障社会成员合法权益的重要手段，但必须建立在社会成员对它充分信任的基础之上。我们知道，社会认知是社会行动的基础，而社会成员对制度的认知和评价是他们行为选择的基础。社会成员对制度的认知和评价在一定程度上决定了他们的信任，如果社会成员对制度产生了怀疑和不信任，那么，制度在一定程度上就不能限制社会成员的行为、保障社会成员的合法权益了。

失信，即丧失信用。《国语 · 晋语四》：“得原而失信，何以使人？民之所庇也，不可失也。”也就是说，信用是人们赖以生存的保障。同样，信用也是制度赖以实施的重要保障。那么，什么是制度失信呢？

陈成文等学者认为制度失信是指农民工基于对制度及其执行的认知与评价而产生的对制度的不信任（廖文，2007；31、33、35、47；陈成文、廖文，2008：99；石晶，2009：19、21、46）。因此，可以认为农民工的制度信任是农民工对社会制度认知与评价的一种心理结果。同时，陈成文等学者将制度失信具体操作化为劳动法、最低工资制度、就业用工用时制度、治安管理制度、社会保险制度、劳动仲裁制度、基本人权利益相关的法律、民主选举制度等方面（廖文，2007：35）。因此，他们认为制度失信是对国家相关制度体系的不信任。石晶从对残疾人的公共参与机会的角度研究了制度失信的危害，认为制度失信是影响残疾人公共参与机会的重要原因（石晶，2009：19）。残疾人对制度持不信任的态度，这种制度失信是残疾人对制度的一种认知与评价，大多数残疾人对现存制度高度的不信任，认为制度形同虚设造成目前这种现状的原因（石晶，2009：38-39）。

受到陈成文等学者关于制度失信分析的影响，我们认为制度失信是指农民工对制度（主要是劳动合同法）执行过程中，地方政府与工厂曲行，甚至不实施、不执行制度的认知与评价，从而对企业、工厂和地方政府产生怀疑和不信任。在这样的情况下，当个体感到不公平、利益受损的时候，他们便将自身失利的认知转移到国家制度，从而出现对国家制度的怀疑和不信任。在我们的研究中，制度失信主要是指对劳动合同法及其相关的法律、法规的失信。

正如冯同庆老师提出，劳动合同法对无固定期限合同的规定、对企业解雇劳动者的规定等，都是立法的重点。相关的规定，都赋予了有利于劳动者的劳动标准。令人惊奇的是，一段时间以来在法律的宣传中面对企业提问的压力，这些有利于劳动者的标准被取消了。一些解释竟然违背法律规范的本意，宣传无固定期限合同在合同解除方面与固定期限合同没有任何差别，企业可以通过完善企业的管理规章来明确有利于解雇劳动者的具体标准等。既然现在这样曲解这些条款的意义，当初为什么又提出这些条款呢？这造成极大的混乱，也有损法律的诚信（冯同庆，2009:42）。农民工对国家在劳动合同法条文上的这种处理又会做如何感想呢？

服装工人作为服装行业劳动合同执行的主要主体之一，只有得到他们的支持和参与，劳动合同法才能得到很好的贯彻和实施。然而，在当前“强资本、弱劳动”的社会情境下，作为弱势群体的“外地人”的农民工在城市中更加缺乏申诉和行动的支撑资源：经济资本、社会资本、文化资本，他们在与企业强势力量的利益博弈中总是处于弱势地位。在这样的情况下，他们便对企业、工厂与地方政府产生怀疑，他们会更多的将自己的失利归因于作为裁判公正体系——国家制度，从而出现了制度失信的困境。

陈映芳认为，“农民工”虽然有较普遍的不平感，但他们面对城市政府，基本上不表达(利益诉求)、不申诉(权益受损状况)。这是一个特殊的“沉默的群体”(陈映芳，2005:129)。其实，并非是他们甘愿做“沉默的群体”，而是，农民工作为“外地人”在城市中缺乏申诉和行动的支撑资源。面对权益受损，他们只能向当地劳动有关部门进行申诉，而由于自身户籍在农村，在打工城市是“人生地不熟”，当地政府和有关部门出于种种因素考虑更多的偏向工厂，对农民工是不公平对待。面对这样的申诉结果，他们就会将自己受到的种种不公平对待的怨恨和愤怒由地方政府转移到国家制度，把他们的利益受损归因于作为劳资双方关系的裁判公正体系——国家制度。因而，他们只相信“惹不起，我还躲不起吗”，而不愿意相信国家、不愿意依靠制度，对国家和制度产生了不信任。

(那现在就是厂里边有没有用给咱们的员工买这个医疗保险啊?)Zhang2009：哎，这些都，这边好多都买了，一般你说哪个厂，一般现在好多厂都买了，这个打工的来说，对这个身体，对这个医疗保险，我觉得还是要买，这个也都是有买。但是我有一个朋友，对这个保险来说，我们现在都是买了，但是这个保险来说，你不是好买，为什么不是好买呢，你像我那个朋友来说哈，她是湖北天台的，一个大姐，比我岁数还要大一些，她是一个部门里边的干部，她在里边做了两年，她就是买了保险的，然后拿医疗保险来说，都没有给她报，为什么没有给她报呢，当时那个社保，她要去报她要什么呢，要那个住院的那个证明，这样的那样的，一般的小病，你不是好严重不是要怎么，你也不是要你住院的，是不是这个道理，你没有这种住院证，那他就不不给你报，他还是花了几千块啊，花了几千块啊，一年花了三千多，两年花了八千块，少一点点，你还不是，怎么说呢，是不是啊，哎，说不清楚，根本就没有用，他妈的就是骗人，搞钱。

正如，医疗保险本来是为补偿疾病所带来的医疗费用的一种保险。然而，在实际的运作过程中，企业根本“就是骗人，搞钱”。那么在这种情况下，服装工人又怎么还会去相信工厂的话呢，劳动合同自然而然和工厂说的其他的话一样被工人忽视和抛弃。

在当前的这种情况下，很多工人在遇到这样的利益受损的事情，他们也只能采取保守的态度而自我退避。

Lin2009：像上个月的时候，他写通知就写十五号发钱的，他一拖就拖到十八号，他拖到十八号还是。也不知道他究竟什么时候发给我们，像这样一再拖，一拖，再而拖的。大家也有意见啊，但是有意见有什么办法呢，那也没办法啊，有谁告啊，是吧，我们、我们一般都是这样，像我，要我去告的话，我也不会去告，我就不告，我是，好像心里，反正在外面好像不要惹事，好像不要惹是生非还好一点，是不是，老老实实的，你是来做工的，你惹是生非的话，他要是知道你告了他，很多人，他也不要你在这里呆着了，他们反正走了，就行了，反正他走了，他就是要钱，他不管那么多了，他找的劳动局，这个我们不行，都是打工的人都是碰到那些，那些好像发工资准时的，什么比较好的，像这样的话，我们心里有一点点不快活吧，这事肯定的。

在服装工人看来，“老老实实的，你是来做工的”、“反正在外边不要惹是生非”、“反正全国的制衣厂也都是这样，差不多”。他们通常会以“我们是打工的”、“都是这样的，也都习惯了”等等语言解释自己的现实状况和安慰自己，而不愿意采取合理、合法的方式反抗。

NE：但这劳动法有什么，它就，就一张白纸。一点点作用没有。就是说，给哪些人，稍微，给一些做官的人，开了一个绿灯。开了一个绿灯。他为什么呢？他拿到这个，拿到这个空纸啊，他可以要挟你一下。你进钱，可以进贡。哦，就是劳动局的他可以来检查，哎，他就可以检查，他拿这个纸就可以检查，就有好处的啊。他敬菩萨的啊。然后他给那个劳动局的送点钱就完了。这劳动法呢，就是这个用，给当官的人呢，开了路灯。他可以拿着这道，这道空纸呢，可以，可以好叫你……好敲诈你一下。为富人，有钱的人，就是（给）当官的开了绿灯。（这个厂里面有工人到劳动局去反映问题，有这样的吗？）反——映？反映是有反映的，但因为小事也有反映。就老板不给工资啦，他破产了，去反映啦。一般的事都没有什么反映。（老板）晓得了，晓得了更是问题，拿不到钱了，拿不拿手，他都说这是一起，这边一挂完（电话），他们就知道了。这个东西，从切身利益去维护它。政府部门在形式下嘞，解决嘞，这是切合实际的事。什么小册子啊，标语啊，政府部门管理下啊，可是不行的。

在他们看来，作为维护自身权益的重要手段的劳动合同，只是“一张白纸”。这不仅仅是一些研究者认为的“农民工法制观念薄弱而认为劳动合同仅是一张白纸”的问题，而更多的是他们认为对于农民工来说“劳动合同一点作用都没有”，劳动合同只是给“给一些做官的人，开了一个绿灯”。在自己和工厂博弈的过程中，服装工人看到的是“自己去劳动局反映情况后，这边反映完，那边老板就知道了”，根本就起不了作用。基于这样的认知，他们对地方政府，尤其是对地方官员的不信任上升为对国家和制度的不信任。

农民工作为制度（劳动合同）中主要的主体方，他们的行为将直接影响到劳动合同的实施效果。由于地方政府从地方经济发展和地方政绩的考虑下，对企业采取倾斜性保护，使得服装工人在和企业的博弈过程中相信政府不会帮助自己的，更多的与企业纠缠，只会给自己带来更多的损失和伤害。与其这样，“不如自认倒霉”、忍气吞声或干脆离开工厂。这样的结果，使得服装工人对地方政府、企业和工厂产生了怀疑和不信任。在这种情况下，他们对制度的制定者——国家心存怀疑，甚至是怨恨，将对地方政府的不信任和怨恨转移到国家制度上。所以，服装工人对制度失信的认知，在实践中强化了这种认知，并形成自己对制度的评价，在这种认知和评价下，服装工人又怎么会相信能够依靠制度——劳动合同来维护自己的合法权益呢？因此，面对这种不平等的制度环境和自身的无能为力，服装工人只能实时调整自己的行动策略，做出相应的行为，尽力维护自身的利益。那么，劳动合同对于他们来说，劳动合同不是“白纸”又是什么呢？除了相信自己，还能相信什么呢？

五、服装工人的“退路”

当作为调节劳资关系、解决劳资纠纷、保障劳资权益重要手段的劳动合同制度无法有效的发挥其作用的时候，农民工在这种情况下工作，如果遇到不公平、权益受损，他们又将何去何从呢？

周雪光从新制度主义的解释框架分析解放初期我国集体行动的逻辑的时候，表明国家对社会强有力的控制和经济体制造就了“集体无行动”，即积极性低落、缺勤、工作无效率等状态（Zhou，1993:54-73）赫希曼（Albert O.Hirschman,2001）。从企业、组织的低效发展的背景下考察了人们的行为，认为受到组织绩效的衰减，消费者或成员有两种选择：退出(exit) 与呼吁 (voice)（赫希曼，2001:4）。刘爱玉在赫希曼的基础上提出了工人可能的行为选择有三种：退出、服从与吁请，（退出：工人面对制度变革及其对自身地位的威胁，采取离开企业而不是抱怨或抵抗的行动；服从：接受制度变革及其对自身地位可能的或现实的威胁；吁请：以抵制、消极不合作、松弛或以抱怨、向管理者、上级表达不满于要求）（刘爱玉，2005:104；2003:4）。刘爱玉与王培杰在研究厦门市下岗、失业工人的行动选择时，提出了工人在遭遇下岗、失业事件后，其行动回应主要有三类：集体行动、个体行动、不行动（刘爱玉 王培杰 ,2005:38）。李静君通过对广州的国有企业的调查，从阶级经历角度分析了工人在制度变革过程中的劳动政治。她认为“集体无行动”(collective inaction) 是国有企业工人的劳动政治形式，这种集体无行动表现为：冷漠、不合作、公共责任的侵蚀、积极性缺乏、缺工、工作场所的无效率 (Ching Kwan Lee,1998，转引自刘爱玉，2003：4)。可以看出，处于弱势地位的工人在自身的情境下，会选择自身利益最大化的行为，即更多的是无行动或退出，以使自己利益受损最小化。然而，不论是刘爱玉还是李君静，她们都是对一直处于“贵族”地位的国有企业工人的研究，也就是这些工人一直都是“铁饭碗”。那么，在我们的研究中，身份、地位和权力都处于弱势的群体、游离在体制外的农民工来说，缺失制度（劳动合同）的保护的他们在权益受损的情况下，又会采取什么样的行动呢？是不是继续沿着周雪光、刘爱玉、李君静等学者的研究轨迹——集体无行动呢？

1、“退出”作为一种选择

作为弱势群体的农民工，在陌生的城市中，没有了国家政策的保障，退出便是一种重要的自我保护的重要手段。在我们调查的6家服装厂中，退出是普遍存在的，这里既有自己寻找更好的机会而积极主动退出，也有在权衡各种利弊下的无奈下的退出。

(工人有没有起来闹阿，像这样的话，工人肯定会觉得不公平阿。)Lin2009: 这样就不是，走的走，来的来，走的走，来的来，就是这样的了。(就是工人也不会闹？)对，也不会闹，你赚不到钱，你自己就走了。

N-Li: 就那样子嘛，就自己就不会想做了吧。(那你要走的话有什么打算呢，继续在找另一个厂吗？)在找一个厂嘛。找服装厂这样的蛮容易的。

从调查来看，农民工在权益受损或受到不公平的对待的时候，他们不会选择“闹事”，而是主动的退出工厂，另寻“下家”。在他们看来，现在要找一份工作是“蛮容易的”，所以也就没有必要与工厂继续闹下去。“赚钱”是他们出来的最主要的目的。

Lin2009：你要是挣不了钱，你还是要回老家挣钱去的，是吧，就是这样子的。那我们就是年纪大了，没办法啊。(你们现在家里还有地吗？)地还有一点。这样有的，说实话，去年那个时候，我也想走，在这边也赚不到钱，我也不想在这里做了，真都赚不到钱了，有的人还是签了，有的人也都换了。(那你为什么想走呢？)也是，好像，那个货比较严严的，不想做了，那个货比较严阿，是吧，反正，我们是这样拿了二千块，又想拿三千块钱，人都是这样的，反正看着哪个厂比较好，是吧，就想过去了。

也有一部分的服装工人觉得与其在工厂熬着，还不如不干、回家了，在外边“赚不到钱”，还要“看别人的脸色”、“受罪”，不如“回家安稳一点”。

因此，对于服装工人来说，在外边“受点罪”，“看别人的脸色”都是为了赚钱，如果不能赚到钱了，就主动的退出工厂，要么积极主动的寻找新的机会，要么“干脆回老家”。

2、个人倾诉——一种“忍”的行为

个人倾诉，也就是一种个人的抱怨、向管理者或上级表达不满和利益诉求。作为一种重要的行动方式，也是为不少服装工人所采用。

个人倾诉最常见的方式就是发牢骚和工友之间的抱怨，这种方式能很有效，能很快化解农民工心里的不满和怨恨。

（当你遇见一些不公正不公平的对待的时候，你一般会怎么办？）Nhuang: 跟自己玩的好得朋友说说嘛。一般，说说心里开放一点嘛，释放出来了也就好了。

在他们看来，只要自己说出来心里的不快乐、委屈，那么就会“开放一点”、“就好了”。

另一种重要的倾诉方式就是向领导、上级反映自己的问题。在农民工看来，跟领导反映也能得到解决，或者跟上级发发脾气，也能释放心里的怨气。

（就是遇见一些不公平的事情会怎么做，会有什么样的行动阿？）Xiao2008: 会去办公室里说一下，直接跟那个主管说一下，发点脾气就行了，有的时候也会找老板说。

（如果你遇见了一些不公平的事情你会向谁寻求帮助呢？）tan: 可能组长。跟他们说说呗。（那是组长把你说了一下，你会怎么样呢？）他说我肯定我做错事了嘛。我做错事了，我当然要默认了，难不成我还跟他反抗嘛。那也会跟同寝室，朋友说说，聊聊啊。这都会啊。

在一些农民工看来，工厂的领导“还是可以比较公平对待自己的”，跟他们反映一下问题，也就可以很好的解决问题。集体行动、反抗等过激行为对于他们来说是比较遥远的。正如我们的被访对象谭女士所表现出来的那样“难不成我跟他反抗嘛”，对反抗表现出一种极度的惊讶。

在缺失制度（劳动合同法）的保障后，服装工人选择了比较温和的方式缓解和释放自己的怨恨和压力，即退出与个人倾诉。那么，他们为什么没有选择比较过激的方式维护自身的利益和权益呢？奥尔森研究的在对集体行动的逻辑进行考察时，发现如果一个集团中的成员有理性地寻求自我利益的最大化时，他们将不会采取行动增进共同的利益，往外采取搭便车的投机行为（奥尔森，1995:3）。按照 Emily Honing 从原籍出发的研究表明，在解放前，上海纺织业女工存在着深度分裂，他们很难发生罢工（Emily Honing，1986）。裴宜理从地缘关系和业缘关系（产业与行业）出发，认为相同地区和相同行业的工人，构成了集体行动的基础（裴宜理，2001）。华尔德（Andrew G. Walder）在对我国工厂政治的研究时，发现在中国的工厂中存在着庇护主义关系网络、积极分子和普通工人之间的分裂以及工具性私人关系网。因此，工人们通过建立个人关系，仅仅谋求自身的利益（华尔德，1996）。“搭便车”便是服装工人集体行动主要的障碍，而他们之间的分裂又割裂了工人之间的信任感和相互依赖感。不论服装工人是基于“经济人”的考虑，还是家庭的“累赘”，没有了国家的保护，他们只能寻求自我的安慰和退让了。

3、“退”和“忍”的原因

农民工选择“退”和“忍”的主要原因有三：

（1）农民工之间的分裂

正如 Laslett J.H.M. 和 Seymour Martin Lipset 的研究结论所说的那样，“工人阶级的分类因此被认定为是工人缺乏行动的主要原因，这种分裂包括种族、公民身份、劳动贵族的产生、新老工人阶级之间的分工、二元或分割的劳动力市场等”（Laslett J.H.M.and Seymour Martin Lipset，1984 参考刘爱玉，2005:19）。也就是说，工人集体行动的重要障碍是工人之间的割裂和分裂。从对工人的个案访谈来看，我们可以明显感受到服装工人之间的这种分割和距离。

（那怎么大家不去闹一闹啊，看能不能提高一下工价啊？）Zhang2008：这个就是，打工的人来说呢，人的心是，他是不齐心的，齐不了心的，都是一盘散沙的，对吧，根本就不行，你看好多都是自顾自己，我自己的工资高就行了，我管别人干什么，他都不齐心的。（那大家的工资都提高了，自己的工资也才能提高啊？）是啊，但是怎么说，这个人嘛，他跟你想，我给你打个比喻，就像这么一个厂，他这个工人不是一个地方人，他都是这个省的都在这，他这个地方来的，他那个地方来的，到处都有，到处哪里的人都有聚集在一起的，你说你怎么齐心才齐，是不是啊，说的不好听就是一盘散沙。

在服装厂的农民工看来，“打工的都是赚钱来的”、“心是不齐的，都是一盘散沙”、“自顾自的”。在这样的情况，服装工人只能选择个体的行动，没有了制度的保障，那么就只能选择“最便宜”的行动方式了。

（2）就业机会多

服装工人没有选择较为极端的方式，如集体行动、反抗等，还与当前的社会情境密不可分，在我们调查的珠三角地区出现的民工荒，尤其是服装行业，已经严重影响了工厂、企业的发展了。那么在这种情境下，工人，尤其是熟练的技术工，在利益受损、受到侵害的情况下，他们就有更多的选择。正如，我们访谈的时候所看见的那样：

Zhan2008: 对，你不能压迫式，强迫式的，我压你工资让他来，就算人家来了，我心不甘情不愿的，对不对，我可以消极怠工的，怎么样的。是吧，那哪个月我工资不高的时候，我吧唧一下就走人的。服装厂有多少啊 ，一大把，你这个老板不要，姓周的老板不要我，姓王的要我，现在服装的竞赛也很大。

Zhang2009：一般都是的，反正人家可能就不做了，是不是，太狠了，人家钱太少了，人家就不会做了，人家就走掉了，你说你亏我，我就不在你这边做了，反正他妈的，这里到处哪里都是厂，到处哪里，是不是啊，现在特别是，现在你看工厂基本上很多省，基本上都会去的差不多了，我差一点，我有一点也就差一点就回去了，像我们成都，现在成都的制衣厂，各方面比这边也差不多，工价也低不到哪里去。

反正“姓张老板不要，姓周也不要，姓王的要我”，在这样的社会情境下，熟练的技术工在受到权益受侵的时候，他们可以随时换厂。那么，在这个时候劳动合同可能就成了他们换厂的重要羁绊和障碍了。所以，这些

“聪明的”服装工人宁愿不要制度的保障，(实际上，在他们看来，劳动合同未必能保障他们的权益)，而利用劳动力市场由过剩向紧缺转变这一过程来维护自身的权益。当然，也有的农民工打工的时候长了、自己的交际能力较强等优势，加强与服装厂的管理层的交流，从他们那里获取更多的信息，而积极主动地换厂，如四川的罗先生所表达的观点：

（那你会去哪里呢？）Luo2009：在这里可以到处跑，南山到处跑，四周，南山四周我都知道，很熟悉。熟人也多，像我们服装厂，时间长了，认识当官的也多，熟人也多，随便一个电话叫着，哪里要招工，工资怎么样，大概了解一下，他那里招工就可以去了。去年就差一点就不来了，差一点就在成都搞服装生意，我还有一个亲戚嘛，他在这边做外包，他做服装外包做了好多年了，他做服装都做了十几、二十年了。（那你准备做什么呢？）我现在到那边去，改行了。现在还没定，不想做服装了，服装太累了，又没钱赚，一个月一千七八，天天晚上十点、十一点，甚至有时候都十一点半、十二点。（那确实挺累的，是不是想着就是在干两年回家了呢，还是继续在深圳呆下去呢）深圳呆啦，如果有能力的话，以后回老家发展也一样阿，老家的话比，工厂的话不行，只能是做生意。只能做生意，现在我有很多亲戚都已经回家做生意了。

那么，他就可以利用自己的资源选择去“比较好的厂”，在这种随时可以“炒工厂鱿鱼”的情况下，他可以利用自身的资源优势，应付来自工厂和其他方面的侵害。那么，在这种情况下，劳动合同在他们看来似乎是有所多余之嫌了。

（3）土地是最后的保障

农民工作为具有农民与城市两重身份的特殊群体，虽然生活、工作都在城市里，然而还保留着象征着农民的土地。很多农民工“离乡但不离土”，他们出来的目的就是赚钱（当然，现在一些年轻的农民也是为了来城市见世面、学习手艺等），如果他们发现在城市无法立足的话就会返回农村，目前土地制度实际上给进城农民解决了经济上的后顾之忧，是农民工自我循环（即在自己年轻体壮时来城市打工，老了再回到农村）的重要因素。所以，当他们在城市中受到侵权或呆不下去的时候，他们就会选择返乡。在我们的个案访谈中，四川的张先生和湖北的张先生就很好的代表了部分服装厂农民工的一种常规化的心态：

Zhang2009：本来我是计划不想再做了，去年回去我都不想出来了，反正在家里也是，哎，也可以过得去就是了，是不是啊，在家里做一点什么都可以，都是那个地震害了一下，还要搞几年，还要搞两三年吧。（然后就准备回去了，回去是想做点生意呢，还是？）那个，我自己，我们那边的条件，第一，我们那边条件比较好，我自己修了一栋房子，修的也大，修的在二级公路旁边上，我们随便开个饭馆，随便一个什么，我那个有的是地方嘛，完全是可以生存的，反正在家里我一个月也可以挣那么多的钱，也就是我的周转资金没有那么多，是不是，你肯定是要搞一下子的，是不是，你那个地往那个一放，花的少一点二十万，我那个修的就花了十八万，现在的那些材料现在都是好贵的，是不是，真的，你看我们现在一天的消费至少要二十块钱，二十多块钱，我一天要消费多少啊，这一包烟要七块钱，是不是，我一天要抽一包烟，一包烟还要多一点，加上生活费，是不是，电话费，有时候喝一点酒，主要是我们，关键是被那个地震害的了，说实话，我今年可能真就不出来了，去年都回家了，过年就不出来了，去年的计划嘛，现在这个样子，现在至少还要搞几年吧，现在至少还要有一点钱嘛，至少还要搞一点钱嘛，自己本钱大一点嘛，不要跟人家借钱嘛，自己本钱大一点，也踏实一点啊，你赚了点钱，反正是自己的钱嘛，你说是不是，你要是借钱玩的话，你要是亏掉了，那就是给你亏掉了。

（那你自己感觉自己是工人还是农民呢？）zhang2008: 我自己感觉，自己感觉我们还是，我们是农民啊。（还不是工人？）不是工人，我们就打工的，打工仔，因为没有一点感觉像电视里面所播放的那样工人的一点待遇，我们还被压迫，被剥削，我们是农民，地地道道的农民。是吧，没有那种工会，像你刚才所说的工会，那种工人应有的待遇，应有的享受都没有，所以说我们还是农民，感觉是农民，只不过衣服穿的比家里的，皮肤比家里面的白一点，回到家以后还是农民，对吧，就那样的。（那你是不是打几年工就回家了吗？）这个有打算，想打几年，就是说，现在24岁了，在打6年工，或是怎么样的，想去攒点钱。（然后呢？）回家去开车，跑运输怎么的。（想自己买车？）想再借点钱，在搞点小本生意再做做。

在这些农民工的眼里，虽然已经出来打工已经有几年了，甚至十几年了，但是还是觉得自己是农民，而不是工人，更不是“城里人”。在他们与企业、工厂之间存在着一种天然的“我们”与“他们”之间的裂缝，“我们是农民，地地道道的农民”，虽然已经在城市里边呆的很多年了，都已经习惯城市里的生活了，但是出来就是为了“赚点钱”、“攒点钱”，几年后“还是要回去的”、“金窝、银窝，都不如自己的小窝窝”。由此可见，在这些服装厂工人心中，对城市并没有归属感，因此，城市里的一切似乎都与自己比较远。一旦遇到了侵权或利益受损后，他们主要的反应不是怎么样去维权，而是回老家退避是非，寻求安全。

由此可以看出，服装工人从自身的利益出发，在遇到了不平或利益受损的时候，他们多数都不会选择集体行动、反抗等极端的方式，而是较为平和的方式，如自我退出、倾诉等方式。同时，由于“民工荒”和土地原因，虽然没有签订劳动合同，缺失了制度的保障，一旦出现，利益受损或遇到不公平的事情，他们可以随意离开。在这种情况下，在这些农民工看来，他们似乎并没有多少的损失。因此，对制度失去信心和信任的农民工，不签订劳动合同似乎更是理性的选择了。

六、主要结论与讨论

（一）　主要结论

总结以上分析，我们发现：制度性障碍（制度缺陷、制度偏好与制度曲行、制度失信）是造成服装工人对劳动合同法不信任和怀疑，从而导致服装工人不愿意签订劳动合同的根本性原因。制度缺陷和制度偏好对服装工人社会资本、经济资本等各种资源影响非常严重，使得他们的权益无法在法律、制度上得到保障。在长期“制度空白”中生活和工作，使得他们逐渐对制度失去了信任。企业和地方政府的制度执行过程中的制度曲行行为，使得农民工对企业和地方政府的不信任转移到国家制度，从而产生了对制度的反感。制度曲行和制度失信又使服装工人得到不到制度的保护，不再是制度的受益者，让他们自己感觉自己永远是“农村人”，处于城市社会的边缘，让他们缺乏利益表达机制和渠道。而种种现象和问题使得农民工相信制度对他们是不公平的，产生了制度失信的结果，使其最终对国家制度、法律产生了不信任，觉得制度对于他们来说是可有可无的，甚至是资方的保护伞了。面对自身的弱势地位和无能为力，唯有相信自己，根据自身利益诉求，在不平等的制度环境中调整自己的行动策略，劳动合同似乎成为一种可有可无的摆设了。

另一方面，制度性障碍的四个方面又并非是独立作用于服装工人身上的，而是相辅相成共同合力的。制度缺陷在某种程度可能是制度偏好形成的，同时由于制度偏好和制度曲行，必然引起制度失信；这四个方面制度性障碍共同合力造成了这样的一个后果：本来农民工对国家政策、制度还是比较信任的，然而制度曲行和制度失信常常使他们对地方政府、企业的不信任和反感转移到国家制度、政策上，以至于对国家政策的误解和曲解。同时，由于当前的“民工荒”形势的加重和农村土地制度的存在，使得他们在利益受损和遭遇不公平时，存在更多的选择机会。在这种形势下，劳动合同似乎也并非是保障他们权益的唯一方式了。因此，可以认为，制度性障碍是导致服装工人不愿意签订劳动合同的根本性原因。

（二） 本研究可能的创新与不足

目前国内关于农民工劳动合同问题研究的文献很多，主要还是集中在法学、经济学等学科，但以法学和经济学的研究为主，社会学研究较少，同时，大多数研究都是在经验数据的分析上，缺少深刻的理论视角的分析。本研究的特点是：

第一，研究视角比较新颖。本项目摆脱以往农民工劳动合同问题的研究的描述化，从制度层面上分析农民工签订劳动合同的行为在制度上的障碍，主要从制度缺陷、制度偏好、制度曲行和制度失信四个方面进行研究。这一思路有助于搭建一个研究转型社会中各种社会问题理论框架，从制度性这一层面集中探讨农民工不愿意签订劳动合同的结构性原因；

第二，一直以来，学界对制度理论研究，主要在宏观和中观的层面上的讨论，而本研究试图将更加微观的层面——个体纳入到制度主义的视角，这一研究视角有助于扩大制度主义视角的研究框架和研究路径；

第三，长期以来，个人与社会的关系一直也是长期困扰社会学的问题，以往的研究都带有明显的二元化倾向，即客体主义和主体主义的对立。整体主义方法论将重点放在制度与结构层面，忽视了微观层面的个体行为和心理；个体主义方法论则把个体行为假设作为研究起点，以个体为研究对象，从微观的抽象出发，把人的行为简化为最基本的经济行为，排除了宏观与中观层面上制度和结构上的因素干扰。本研究尝试在进行宏观和中观层面的制度与结构研究时，将微观层面的行动者个体纳入其中，试图关注行动者主体的感受与行为，试图实现宏观与微观分析的相结合，即实现制度与行动相互作用的弥合。

第四，从现实意义上来看，本研究将有助于解释农民工劳动合同签订问题上的深层次的结构性、制度性原因，分析制度性障碍对农民工劳动合同签订问题上的内在逻辑和机制，并为解决当下农民工不愿意签订劳动合同找出制度性与结构性原因，从而有益于农民工问题的妥善解决和中国社会的稳定和发展。

本研究的不足在于：在研究中使用的研究框架是经由六个工厂的案例分析得出，但是这样的案例能否拥有更多的适用性，有待进一步研究。囿于资料的限制，对于服装工厂的行为选择研究的分析只是限于深圳市南山区的两个工业区，而南山区属于深圳市的“关内”，即深圳市经济特区内，那么在这样的一个特殊环境下的研究有多大的代表性，这里是无法深入的探究，这将留待以后其他的研究予以完成。此外，就调查方法而言，个案访谈并不能够准确的理解工人自身的体验，更需要研究者深入工人的生活中。受限于条件的不足，虽然我们已经尽全力去做了，也只能是“了解一些情况而已”。因此，从这个角度来说，本研究的研究方法也是有待改进的。

（三）有待进一步探讨的问题

正如前文所言，我们的研究框架只是建立在对深圳市经济特区内的两个工业区内研究，因此，这个研究框架是否具有广泛的适用性，是否还受到其他的制度环境影响等等问题都有待进一步的探讨。

由于笔者研究能力所限，对本研究的关键词的操作化，即制度缺陷、制度偏好、制度曲行和制度失信，并不一定做到互斥性和穷尽性。因此，对于制度性障碍这一概念的操作化还有待在进一步的研究中完善。

我们的研究框架是建立在制度理论的基础上的，因而是从个体对制度的认知角度出发的。而个体的认知能力和认知水平又是受到个体的人口学变量，如年龄、受教育水平、婚姻状况、生育状况、家庭所在地等等的影响。在本研究中，囿于笔者能力、研究视角和研究方法等，我们并没有控制人口学变量的影响。因此，对于不同人口特征的农民工对制度的认知和在制度下行为选择，需要做进一步的研究。

第六章
超时劳动问题的现状特点以及微观互动机制

一、历史与现实中的劳动时间问题

伴随着工业化进程，劳动时间以及与之相伴的劳动强度问题，一直是备受关注的重要议题。在工业化完成之初，工人们每天被迫工作 14 小时之久。于是，缩短劳动时间，争取 8 小时工作制，成为早期工人运动的首要目标。我们所熟知的“五一国际劳动节”的由来，便是为了纪念这些意义非凡的早期工人运动。二战以后，多数发达国家认可了 8 小时的标准工作时间。并且近年来，西方学者研究的重点已经从工时制度的长度（work duration）转向了劳动强度、心理压力（intensive work）以及灵活化工作等问题上（赵炜，2011），但是传统制造、加工业中的超时劳动问题并没有消失，而是随着经济全球化浪潮一起转移到了发展中国家。

在新中国成立之处，虽然劳工立法尚不健全，但党和政府通过《中华人民共和国工人职员工作时间和休息时间条例》、《关于城市坚持 8 小时工作制的通知》等行政手段，对劳动时间问题进行严格的监督（朱玲，2009）。除了在大跃进与文革时期，劳动时间较为混乱之外，直至 90 年代之前，在计划经济体制下的中国，劳动时间问题并不突出。而随着经济改革的深入，经济全球化对国内制造、加工业的影响愈来愈显著，资本在全球范围内的“逐底竞争”（race to bottom）也开始冲击着中国原有的劳动时间制度。而在国内市场上，不同所有制的企业开始相互竞争，企业的利润动机日益增加，而延长劳动时间，作为一种企业获取利润的常规手段，得到广泛地采纳。在这一新的社会背景下，有关劳动保护的法律法规开始出台。1995 年《中华人民共和国劳动法》颁布实施，对工作时间的法律标准做了详细规定[1]。2004 年，国务院颁布《劳动保障监察条例》，明确了劳动

[1] 材料引自：《中华人民共和国劳动法》，第四章相关内容：http://www.gov.cn/ziliao/flfg/2005-08/05/content_20968.htm，访问日期2011年2月17日

保障行政部门所应当履行的监察与执法功能[1]；2008年颁布实施的《劳动合同法》在上述法律条例的基础上，进一步赋予了工人或工会在劳动时间制定过程中的协商权，而工人原来只能被动地执行企业所制定的劳动时间标准[2]。

除了上述法治建设的进程，来自企业社会责任问题的讨论，也极大地关注了有关劳动时间的问题，成为推动制度变迁的另一重要力量来源。不同于西方公众意识的自发觉醒，国内企业社会责任行为主要受到了外在力量的推动，跨国公司在为我国带来投资与订单生产的同时，也带来了他们对企业生产行为的具体标准。这些跨国公司为了避免全球经营过程中的社会责任风险（例如“血汗工厂”的指责），制定出了相应的生产守则，并定期到国内供应商工厂进行劳工标准检查。在跨国公司验厂制度的实践中，一些相关的管理认证体系也开始被国内企业纳入日常的经营管理之中，比较常见的有ISO9000质量管理体系标准、ISO14000环境管理体系以及SA8000标准。前两者由国际标准化组织（ISO）制定，旨在加强企业生产质量的保证，以及约束企业的环境行为，达到改善环境质量的目的。而SA8000所涵盖的企业社会责任行为更为广泛，它由社会责任国际（SAI）制定提出，旨在确保供应商所提供的产品符合社会责任的要求。现行标准涉及童工使用、强迫性劳动、健康与安全的工作和生活环境、工作时间、工资报酬、管理体系等九个方面的内容。有关劳动时间的问题，则是SA8000考察的核心内容之一。除了上述国际管理认证体系之外，国内的企业社会责任体系也在积极建设之中。中国纺织工业协会于2005年制定了我国第一个行业“企业社会责任标准”——“中国纺织企业社会责任管理体系（CSC9000T）”。该体系对管理体系、劳动合同、童工、强迫或强制劳动、工作时间、薪酬和福利、工会组织和集体谈判权、歧视、骚扰与虐待、职业健康与安全共十个要素进行考核和评估，尤其强调了企业社会责任中构建和谐劳资关系的面向。

在劳动时间问题的历史与现实中，首先，它至始至终都与工人权利的

[1] 材料引自，《劳动保障监察条例》，第十一条与第二十五条相关内容：http://www.gov.cn/banshi/2005-08/05/content_20619.htm，访问日期2011年2月17日

[2] 材料引自：《中华人民共和国劳动合同法》，第四十一条与相关内容：http://www.gov.cn/ziliao/flfg/2007-06/29/content_669394.htm，访问日期2011年2月17日

剥削或维护问题密切相关；其次，随着社会开放与经济全球化的影响，劳动时间问题在我国当前的社会环境下越来越明显；再者，国家的法制建设与企业社会责任的推广等各方力量都在致力于推动制度变迁，这些制度化尝试都显现了推进劳工权益的努力。除了上述研究传统与研究意义，当下国内传统的制造、加工业企业仍然普遍存在着严重的超时劳动问题，并且往往与工资偏低，劳动保护措施不健全，劳动伤害事故频发等问题密切相连。2010 年富士康公司中发生的连续自杀自残事件更是引起了极大的震动。因此，对于超时劳动问题的关注，还具有紧迫的现实性。

二、劳动时间问题的研究视角与本研究的设计

劳动时间问题在历史与现实中的重要性，也引起了不同研究视角的关注。常见的人力资源管理的视角通常立足于企业的管理运行，关注于劳动时间与劳动强度、劳动定额、薪酬计算等问题之间的相互联系。然而劳动时间问题的经济学面向，显然不是问题的全部。赵炜指出，在解释工时制度的过程中，我们应该不仅仅关注其经济后果，还应当考虑工时制度在形成与变迁过程中，所体现出来的政治与文化习俗等因素（赵炜，2011）。

因此，从宏观上探讨劳动时间问题的制度现状、原因与后果同样受到了学术研究的关注。此类研究则是劳动保障研究视角的所长。常凯等人在《中国劳动关系报告》中指出：综合工时制和不定时工时制的规定为企业延长工人劳动时提供了了便利；在劳动法律法规的具体执行中，监督的放松更是降低了雇主违法的成本；工人自愿加班是被迫的无奈而非自主的选择（常凯、乔健等，2009）。赵启峰着重从行业的生产特性与外部经济环境的运行特点，分析了企业违法超时劳动的原因（赵启峰，2009）。袁殷、朱玲则从劳动者自身特点出发，指出较低的受教育程度与工资水平，使得劳动者更容易遭受超时劳动的侵害（袁殷，2009；朱玲，2009）。还有一些研究则将劳动时间问题与工资水平、福利保障、劳动保护以及劳动环境等问题联系在一起，学者们往往透过这些问题的现状来反映劳工权益受损的程度（刘林平、万向东等，2007）。上述研究的共同特点在于：其一，提供了有关劳动时间问题的宏观描述与结构分析；其二，对于劳动时间问题的讨论，仅仅作为劳动权益问题的一部分，其本身并不是关注的重点。其三，缺乏对于工时制度形成过程的微观分析，缺乏对于影响劳动时间问题因素的细

致定量描述。

基于此，本研究认为：从宏观结构分析迈向对劳动时间问题的细致描述，以及工时制度形成的微观过程分析恰恰是对这一领域问题讨论的有益补充，而这也正是本研究所期望的研究内容。

从研究框架而言，既有对于中国转型社会中“生产政体”的研究提供了有益的启发。布洛维[1]（Burawoy, Michael）将生产领域的上层建筑，称之为“生产政体”，它反映的是生产过程中的政治与意识形态（布洛维，2007）。而在这一概念下，对中国转型社会中生产政体的变迁与重构，成为学者们集中关注与对话的重要问题。魏昂德（Walder, Andrew）对毛泽东时代“新传统主义模式”的刻画，李静君（Lee Ching Kwan）对后国企时代“失序的专制主义”的描述，以及潘毅与任焰对跨国劳动过程中“宿舍劳动政体”的讨论，分别对应了不同时代背景，提出了不同的生产政体。这些政体类型反映了国家力量与市场力量在不同时期的进退，及其对企业管理权力与工人权利的影响（汪仕凯，2010）。在“国家力量”与“市场力量”、“企业权力”与“工人权利”这两对概念的讨论中，“企业—地方政府—劳工”的研究框架逐渐形成。在三者互动中，我们得以理解生产政体的变迁与重构。

而随着经济全球化的影响日益深入，跨国资本的影响也日益显现。一方面跨国资本与国内接单企业在经营中开展业务往来，不断加剧本土企业的竞争，使其不得不通过提高劳动时间等方法，以低廉的成本完成订单；另一方面，来自西方的企业社会责任理念也开始对本土企业在劳动时间等方面提出要求，似有更多制度化的力量对工人权益进行维护。因此本研究希望在上述研究框架的基础上，纳入对跨国资本因素的考察，在“本土企业—地方政府—劳工—跨国资本”的互动框架下，讨论不同行动主体对于工时制度的影响。

本研究的研究材料主要来自于：《企业社会责任的社会学研究》课题组对北京、南阳、上海、余杭、绍兴、宁波、深圳以及泉州 8 个城市的 24 家纺织服装企业的 1021 名工人（其中 850 名农民工）的问卷调查，以及对上述企业负责人的访谈资料。不同于以往的宏观结构分析，本研究对于纺织服装行业的考察，将首先呈现出：在一个生产方式相近的特定行业的内部，

[1] 亦有翻译成：布若威。

超时劳动问题的现状如何？哪些因素会显著地影响企业的劳动时间？然后，本研究将分别从地方政府、工人以及跨国资本与本土企业的互动过程中讨论：为什么超时劳动的剥削虽然普遍存在，却又一直处于被默许与容忍的状态？其背后有着什么样的微观互动机制？

三、纺织服装企业超时劳动问题的现状与特点

现行劳动时间的法定标准主要来自于 1995 年出台的《劳动法》，根据其规定：企业每天在正常 8 小时工作时间之外，每天加班不能超过 4 小时，一周加班不能超过 9 小时，每周至少休息 1 天，每月累计加班不得超过 36 小时[1]。根据国家统计局 2004 年所作的调查发现：2004 年全国 1.2 亿农民工的平均工作时间是每周工作 6.4 天，每天工作 9.4 小时；有些地方，农民工每天工作时间在 11 个小时左右，每月工作时间在 26 天以上。珠三角的农民工每天工作 12-14 小时者占 46%，没有休息日者竟占 47%（常凯、乔健等，2009）。足见广大农民工群体超时劳动的问题十分普遍，而这些农民工群体主要从事于传统的制造、加工业。2004 年之后，劳工立法工作得到了加强，2004 年出台的《劳动保障监察条例》以及 2008 年出台的《劳动合同法》重申了劳动时间的法定标准以及制定、执行与监督的办法，将长期以来被掩盖的超时加班问题重新提了出来。在对劳动密集型的纺织服装企业的调查中，我们发现，超时加班问题仍相当普遍。

1021 名工人中有 63.1% 的工人表示需要经常加班。在这 63.1% 的加班工人中：不符合每天加班不超过 4 小时的有 8.4%；不符合每周加班不超过 9 小时的 50.2%；不符合每周至少休息 1 天的有 68.8%；不符合每月累计加班不超过 36 小时的有 70.0%。而同时符合这四项法律标准的比例仅有 12.6%！

超时劳动的问题虽然普遍存在，但是每天加班超过 4 小时的极端超时劳动现象并不多见。通常情况下，企业往往要求工人连续数天甚至是数周不间断地加班。这种加班方式既保证工人每天最低水平的必要休息时间，又确保了劳动时间总量维持在较高的水平。加班在这些企业中，不是一种突击性的生产行为，而更像是一种例行化的工时制度。通过对不同类型的

[1]　材料引自：《中华人民共和国劳动法》，第三十六与第四十一条相关内容：http://www.gov.cn/ziliao/flfg/2005-08/05/content_20968.htm，访问日期2011年2月17日

纺织服装企业工人劳动时间的考察，我们进一步发现即使在劳动密集型的纺织服装企业内部，企业的性质、企业的规模以及企业承接外国订单的生产情况也会极大地影响劳动时间的长短（见表 6.1）。

表6.1 不同类型企业的工人劳动时间的比较

	工人每日工作时间（小时）	工人每周平均加班时间（小时）	工人每月工作天数（天）	工人每月平均工作时间（小时）	个案数（人）
国有、集体企业	8.78	7.60	24.48	223.50	96
外资企业	8.48	16.49	27.27	285.17	265
民营企业	8.90	14.39	27.60	275.97	660
500人及以下	9.24	21.38	27.57	318.85	399
501-1000人	8.61	12.06	27.04	255.95	84
1000人以上	8.45	7.26	27.01	241.43	538
无国外订单	8.49	7.90	24.85	213.03	20
有部分国外订单	9.07	13.77	27.31	271.80	584
依赖国外订单*	8.39	15.83	27.24	278.57	417
平均水平	8.78	14.88	27.23	273.57	-

* 通过阅读整理各企业简介以及与各企业负责人的访谈材料，本研究将产品全部销往国内的定义为“无国外订单”，将部分产品（不超过 75%）销往国外的定义为“有部分国外订单”，将超过 75% 产品销往国外的定义为“依赖国外订单”。

从企业性质来看，国有、集体企业在超时劳动问题上明显好于外资与私营企业；从企业规模来看，随着企业规模的扩大，超时劳动的现象也逐渐缓解；同时，承接国外订单的企业比没有国外订单的企业劳动时间更长。而通过一个简单的多元回归模型，我们能够对上述三种因素进行统计控制，并考察其各自的影响作用（见表 6.2）。

表6.2 关于企业类型对工人劳动时间影响的回归模型

预测变量	模型1：工人每日工作时间		模型2：工人每周平均加班时间C		模型3：工人每月工作天数		模型4：工人每月平均工作时间	
	B (S.E.)a	betab	B (S.E.)	beta	B (S.E.)	beta	B (S.E.)	Beta
企业性质——以国有、集体企业为参照组								
外资企业	.383 (.233)	.104	2.919 (1.691)	.145	3.240** (.276)	.678	59.322** (8.921)	.363
民营企业	.307 (.176)	.091	2.938* (1.488)	.149	3.393** (.210)	.771	55.143** (6.808)	.366
企业规模——以500人及以下为参照组								
501-1000人	-.614** (.203)	-.102	-9.374** (1.258)	-.238	-1.004** (.235)	-.129	-71.527** (7.803)	-.262
1000人以上	-.801** (.106)	-.247	-14.409** (.622)	-.729	-.671** (.124)	-.159	-81.329** (4.011)	-.563
承接国外订单——以无国外订单为参照组								
有部分国外订单	1.098** (.385)	.336	12.442** (3.047)	.631	3.432** (.424)	.808	115.526** (14.554)	.794
依赖国外订单	.341 (.401)	.104	14.943** (3.091)	.760	2.944** (.444)	.689	113.188** (15.151)	.773
截距	8.181	-	4.962	-	21.457	-	157.884	-
R2	.102		.533		.248		.355	
个案数	966		520		1006		955	

a. B (S. E) 表示该变量的非标准化系数及标准误

b. beta 表示该变量的标准化系数

c. 不包含不需要加班的个案

*p<0.05，**p<0.01

在模型 1 中，我们发现仅有企业规模这一变量，对工人每日工作时间有着显著的影响，中、大型规模企业中的工人，每天工作时间比小型企业的工人少 0.6-0.8 小时左右。模型 2 表明仅仅考察了需要加班的个案，它表明企业规模对工人每周加班时间有着显著的负向作用，而承接国外订单的因素对工人每周加班时间有着显著的正向作用。在模型 3 与模型 4 中，企业性质、规模与承接国外订单的因素都具有显著影响作用，在控制其他因素的情况下，外资与民营企业相比于国有、集体企业每月工作天数多 3 天左右，每月多工作 55-59 小时；中等及较大规模的企业相比于较小规模的企业每月工作天数少工作 1 天左右，每月少工作 71-81 多小时；相比于无国外订单的企业，有国外订单生产的企业每月工作天数多 3 天左右，每月多工作 113-115 小时。

通过这一部分对纺织服装企业劳动时间问题的量化分析，我们发现：现实中，密集型的劳动生产方式与较低技术水平的生产工艺，使得超时劳动现象成为行业内普遍存在的问题。从加班的形式来看，企业为了获得稳定的、较高的劳动产量，往往要求工人连续加班，休息日很少，而每天加班工作超过 4 小时的极端情形并不多见。超时劳动现象并不像是一种企业的生产突击行为，而更像是一种例行化的工时制度。至于谈到纺织服装企业内部在劳动时间问题上的差异，我们发现在那些规模较小，承接国外订单生产的，外资、民营企业更多地使用超时劳动与连续加班的方式来扩大企业利润；而大规模、无国外订单生产的，国有、集体企业则在超时劳动问题上稍好一些。

无论从法定标准，还是从企业社会责任的标准来看，超时劳动现象理应受到社会各界的广泛关注。限制甚至是禁止超时劳动的问题应当是制度变迁的目标，但我们却疑惑在这样的社会舆论中，为何超时劳动问题仍能够普遍存在？形成并维持现有的超时劳动现状，究竟有着怎样的微观互动机制？

四、超时劳动问题的微观互动机制

超时劳动问题虽然不容乐观，但它其实也不是一个十分忌讳的话题。在与企业负责人的访谈过程中，他们也常常直言不讳地说明企业工时制度的实际情况。正如不少学者指出的那样：国内许多中小企业在“灰色地带”，以半合法的方式经营，几乎是一个公开的秘密（沈艳、姚洋，2010）。

事实上，尽管关于劳动时间的工人权益有着明确的法定标准，尽管浸润在构建社会主义和谐劳资关系的话语背景之中，但超时劳动的问题却长期以来一直处于被默许与容忍的状态之中，这就足以引起学术研究者与法律政策制定者的重视了。社会学中的新制度学派强调企业只有顺从制度环境，才能给企业带来合法性，获得组织绩效。不同类型的劳资关系同样也受到制度环境的约束或激励（刘林平、万向东等，2007）。具体而言，超时劳动的安排虽然是企业自身的管理制度，但是它本身又嵌入在复杂的制度环境之中。本研究将试图从——地方政府的监管行为、工人自身的认知与行动以及跨国资本的双重要求——这三侧面，勾勒出形成既有的超时劳动问题的微观互动机制。

1、企业与地方政府之间的合谋与摩擦

在访谈过程中，企业经营管理者几乎不约而同地指出了企业生产特性的要求与法定标准之间存在着矛盾：第一，纺织服装企业的行业生产特性依赖于密集型的劳动力投入；第二，印染、漂染的生产工艺特性需要持续、不间断的劳动力投入。虽然在理论上，企业可以通过革新技术手段、增加用工规模、延长劳动时间等方法解决上述问题。但现实中，几乎所有企业都选择了最有效、最经济的方法——延长劳动时间。

企业在劳动时间上的违法行为，地方政府与劳动主管部门的态度与行动又是如何的呢？在财政分权改革后，财政激励的动机，作为考察地方政府行为的重要切入点，这一传统从转型社会的研究一直延续至今。戴慕珍（Oi, Jean）提出的“地方法团主义”理论认为：无论是在集体企业时代，还是在民营企业时代，地方政府都会积极介入经济领域，协调辖区内各个经济事业单位，以此获得财政收入并推动地区发展（Oi, 1995, 1998）。魏昂德从政府层级的分析入手，不仅同样指出了地方政府具有监控、指导企业经营决策的财政激励，而且更进一步阐明了这样一种财政激励随着政府层级的降低而增强的事实（Walder, 1995）。由于企业经济绩效与地方财政之间如此紧密的联系，以至于一旦涉及到企业生产的核心成本时，地方政府绝不会无动于衷。这一点在劳动超时问题上体现得尤为明显：

答：一个月才给我36个小时，我怎么办啊？而当地的劳动局也不会看着你死啊。企业出不了效益怎么办？没有税收啊。所以说我们会向当地劳动局申请，你一周给我加班20小时，每一个月不超过80个小时，每三个月我们都要向劳动局申请一次。这个劳动局有批文给我们的，但是即使是这样子，我们一天加班的话，也就是两个小时左右……那你说这算不算违法？因为适用法律的情况，应当由主管部门进行解释，当地的劳动局有盖章给我们，同意我们这样做。

问：那你们就没有问题了？

答：所以劳动局现在不会来查我们，从来没来过，而且每次开会都会来表扬我们。他们也有把我们的经验推广（到别的企业）。

——企业Q3总经理访谈材料

问：我们这边（在劳动时间问题上）有变通吗？

答：这个叫综合计时制。我也是去年刚申请了一个。但是所谓的变通，我也看了它的条款，就是你一段时间让他加班，一段时间要让他休息。那我们也就是表面文章写一写，我们加班是加班的，但是在上班之余，我们也会安排他们休息一下，实际上是没有时间休息的。

——企业SH4副总经理访谈材料

我们在福建泉州与上海的调查中都发现了类似的“变通”机制。在2006年之后，两地的劳动主管部门对企业采取“不定时及综合计算工时制”的审批办法进行了补充规定，并制定了相应办理流程，以极其规范化的形式确保了超时劳动在现实操作中的可行性[1]。一方面，企业在违反劳动时间的法定标准时，希望规避风险，取得地方政府与劳动主管部门的认可；另一方面，地方政府在财税激励的动机下，也不希望由于劳动时间的法律规定，严重影响企业的经济效益。于是这类“变通”的做法既赋予了企业超时劳动行为的合法性，同时也使地方政府做到了“有所作为”地不作为。

当然这种合谋只是企业与地方政府互动过程中的一个面向，地方政府同样也面临着上级政府对自身工作的评估与考核。因此，在超时劳动的问题上，两者有时也会发生一些摩擦。

---

[1] 详细文件与办理流程，可参加两地人力资源与社会保障局的相关规定。
上海：“上海：企业实行其他工作时间制度审批”，http://www.12333sh.gov.cn/200912333/2009wsbs/xz/04/index.shtml，访问日期2011年7月17日；
泉州：“泉州：企业实行不定时工作制和综合计算工时工作制的审批”，http://www.qzldbz.gov.cn/view.asp?id=663&type=81，访问日期2011年7月17日。

答：如果完全按照法律标准来做，那你服装厂没法做了。所以只能这样，大家互相骗骗。劳动局也是我接待的，他们要是盯住你的话，真是烦得不得了。

问：怎么会盯住你的呢？

答：就是有投诉啊。这个其实他们掌握弹性的。他要想抓一抓了，就来了，晚上 8 点钟、10 点钟开了一辆车就来了，你不是说没有加班吗？他就来看……劳动局和我讲了，没人投诉，没有人刮风的话，我们就不来了。有人投诉，我们要交代，工人说每天都加班，我一个月就休息一天两天，那怎么办呢？他来看你的考勤表啊，加班时间他会跟你算的，超时加班，一个小时一个人罚十五块钱。”

——企业 Sh4 副总经理访谈材料

在社会转型初期，国家力量对于工人权利的保护基本属于撤退的状态，企业与地方政府都以追求利润作为首要目标，而在如此效率优先的制度环境中，对于环境的破坏，或是对于工人权益的侵害，在经济发展的道义中很大程度上是被允许的。但是随着社会转型的深入，国家力量希望以“法治”的形式重新进入保护工人权利的领域中，在这个过程中，中央政府不断完善劳动权利的立法，而地方政府则被要求在执法层面，不断落实维护工人权利的具体举措。现实中，一方面是国家力量的由退转进，另一方面是地方政府与企业之间的财税联结，于是立法与执法之间产生了出入，而在企业与地方政府的互动过程中，也始终存在着着合谋与摩擦的拉锯。同时应当指出的是，这种摩擦仍然产生于企业与地方政府之外的舆论压力，并不是地方政府积极推动所致的，两者的合谋仍然是一种常态。这体现了国家力量虽然正在重新进入维护工人权利的领域，但是在这种国家力量的内部，尤其是中央政府与地方政府之间，仍然具有很强的张力。

2、企业与普通工人之间的强制与同意

超时劳动可以看作是对工人权益的直接侵害。那对工人而言，他们对企业违反劳动时间标准又有什么反应呢？在经常加班的 644 名工人中，有 46.6% 的工人表示“加班通常让我感到疲惫、不适”，有 37.3% 的工人表示“加班给我的生活带来很多的不便”，有 17.5% 工人表示曾与企业就劳动时间问题发生过矛盾与纠纷，仅次于对工资待遇问题的纠纷（见图 6.1）。

图6.1 644名加班工人与企业发生纠纷的事项与比例

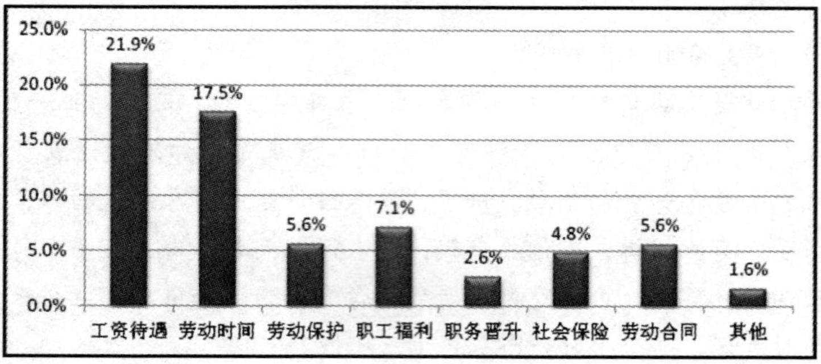

而在这些与企业就劳动时间问题发生过纠纷的工人中，相当一部分工人选择了较为温和，而非激进的处理方式。“和厂方协商解决”和“向上级部门反映”成为工人最常见的行动方式（见图 6.2）。工人的行动策略主要有如下特点：首先，由于计件工资制的管理制度使得工人的收入与劳动时间、劳动产量直接挂钩，因此工人在与选择对抗企业雇主与解决问题之间，更倾向于后者。其次，从行动方式来看，相比于高风险的抗议行为，工人们更愿意采取一些非冲突性的行为，以反映自身的诉求。

图6.2 与企业就劳动时间问题发生过纠纷工人的行动选择[1]

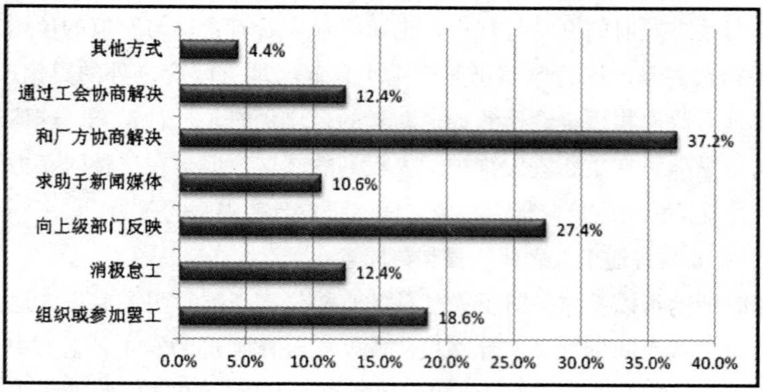

[1] 由于对于个别工人而言，行动策略可以是多样化的，因此图标中各项百分比累加大于100%。

我们发现：虽然有近四成的加班工人认为超时劳动对他们造成了疲惫、不适与生活上的不便，但是纠纷发生的比例仍然维持在较低水平，而面对纠纷进而选择较为激进的解决方式的更是少之又少。如何了解工人们在态度认知与行动选择上的差异呢？

对于工人的超时劳动，首先需要考察的便是这种制度的形成是强制还是同意的结果。在生产政治理论中，强制是指工人虽然对工作不满，但是除了出卖劳动力之外别无选择；而同意是指工人在未来可能获得的物质报酬和缓解工作中的乏味、繁重的刺激下，对管理支配的自发性同意（汪仕凯，2010）。前者的传统来自于马克思的经典论述，而后者的发现来自于布若威的开创性研究。而在我们调查中，工人们对加班行为进行了如下归因（见表 6.3）：

表6.3　工人对加班行为的归因（单位：百分比）

	加班可能的原因	不同意	一般	同意
主动型加班	加班可以增加我的收入	24.2	33.6	42.2
	加班可以让我获得升迁的机会	68.4	23.0	8.7
	加班能为企业分忧	23.0	33.4	43.7
	加班让我感到充实，有成就感	50.8	30.1	19.1
被动型加班	如果不加班，我怕受到企业的惩罚（如罚款）	33.4	23.2	43.4
	加班是企业规定我们必须做到的	24.9	26.5	48.6
盲目性加班	如果不加班，我也没有别的事可干	61.6	22.6	15.8
	因为其他人都加班，所以我不得不加班	33.4	27.6	39.0

通过对工人加班原因的简单分类比较，我们发现：工人加班似乎是强制与同意的结合。一方面，有 45% 左右的工人表示企业在超时劳动问题上具有强制性；另一方面，也有近 43% 的工人认同加班对增加收入的作用，并对企业产生一定的信任与情感联系。因此，对于工人超时劳动更深入的讨论在于：如果从强制层面来看，我们需要解释强制为何没有激起工人的反抗？如果从同意层面来看，我们需要回答工作场所中的同意是如何被制造出来的？

企业强制性的管理权力得以施行，一方面缘由于国家力量自身的暧昧，正如之前的分析所言，国家力量在重新保护工人权利的过程中，其内部仍然存在着张力，立法与执法之间存在着不一致。另一方面，正如陈佩华等人的研究所指出的，工人自身行动能力极其有限，国家仅仅指明了工人们停留在法律条款上的权利，而没有赋予工人应有的自由结社权与集体谈判权（Chan Anita, 1998），因此工人们在面对企业强制性的管理权力时，并不具备有效的反抗力量。超时劳动机制的另一半是同意，正如布若威所预言的，当工业关系模式逐步发展时，企业专制统治的榨取行为将不断下降，而霸权统治的制造同意可能不断上升（布若威，2008）。而我们调查中的不少企业也确实在不断强调加班对与工人有益的经济后果，并在生产场所中，制造一种类似于布若威所说的“超额游戏”。

> 我们公司也尽量一直在调整这一块。这个还有个矛盾的东西，比如说我们的上班时间……工人（的工作）因为这种东西，你时间越长，它工资会越多，多的都是计件的，就是你要它下班早，他都不愿意下，这个也有它实际存在的情况。实际上这块，我认为问题不大，更多是企业你要提供给他关心和关怀，你要工资这块能给他加上去。
>
> ——企业 Q4 工会主席访谈材料

计件制工资制，作为纺织服装企业普遍采用的一种正式制度，所催生出来的是一种“多劳多得”的激励逻辑。企业通过计件工资制，将劳动时间问题成功地转移建构为劳动产量问题。劳动时间的规定是极易操作化，而劳动产量则会牵扯到更多难以操作化的问题，诸如熟练程度与努力程度。一旦这种转移建构被工人普遍的接受（不论这种接受最初是强制的，还是自愿的），企业不仅能够回避工人对劳动时间问题的质疑，而起能够将工人与管理者之间的矛盾，化解为工人之间相互竞争与紧张的关系。这种制造同意的机制不断地形塑着工人们单一化、货币化的劳动意义，以及个体主义特征，从而改头换面地侵害工人权利。

强制与同意成为企业与工人微观互动的两种不同形式，但无论在哪种形式下，企业的管理权力都在不断侵蚀工人的权利。而在这个过程中，国家力量的引导与规范，工人权益意识的觉醒，以及其行动力量的获得，都将成为打破现有强制与同意并存格局的关键因素。

3、跨国资本对企业的社会责任要求与逐利要求

在研究当下中国传统制造、加工企业的超时劳动问题时，跨国资本的角色与作用同样不容忽视。从宏观上来看，经济全球化对劳动过程、劳动体制、劳工权益以及劳工运动都产生了巨大的冲击（余晓敏，2006）。在企业微观运行中，跨国资本已经参与到本土企业“道德理念重构”的过程中（潘毅，2005a）。在经济全球化的背景下，随着本土企业与跨国资本的密切往来，本土企业的运行规则也越来越受其影响。类似于工时制度的问题虽然是本土企业内部的管理规则，但跨国资本已经显现出对本土企业管理规则极强的影响力。而通过前文的论述，我们似乎能够发现跨国资本对企业劳动时间存在着两种截然相反的推动力量。

跨国资本对于企业制定工时制度的第一种力量来自于企业社会责任的要求。近年来，随着“血汗工厂”事件的不断曝光，不少跨国资本在寻求与国内企业合作时，也开始注重对国内的代加工企业进行“验厂审查”，将跨国资本所要求的企业生产守则与社会责任标准引入到国内企业之中。这一做法无疑推动了国内传统制造、加工业企业的社会责任建设。附加在合作订单上的社会责任要求，使得工人权益得到了一定程度的保护。

目前来看有一个很怪异的现象是，对于我们外贸企业而言，不是说政府要求你要通过一些什么认证。现在所有的外资企业，他会要求那些公证，他委托第三方来审核企业，是不是按照中国的法律法规，包括员工福利，包括生产环境的，它会过来审核。而我们只能被迫的接受……而我们的法律要求又很高，虽然政府没有严格执行，但是当外国的企业委托第三方的机构来对企业进行审核，我们根本不是对手。劳动法、建筑消防安全、职业健康、环境保护，一审一个死。

——企业 Q3 总经理访谈材料

跨国资本对本土企业的规范要求，虽然其初衷是为了避免自身经营过程中的风险，但客观上却推动了本土企业对于企业社会责任的履行。在地方政府的执法力量有限，监管态度暧昧的情形下，来自跨国资本的监管力量，似乎发挥着更大的作用。根据《中国企业社会责任研究报告 2009》的估计，自 1997 年以来，我国沿海地区已有 3 万多家工厂接受过跨国公司的社会责任审核，有的企业因表现良好获得更多的订单，部分工厂则因为没有改善诚意而被取消供应商资格。跨国公司验厂制度已经成为我国中小型出口企业履行社会责任的重大压力源（陈佳贵等，2009）。

而跨国资本在全球范围内的另一个显著特征是——逐底竞争。这使得与之合作的本土企业常常迫于经营压力，不得不压低劳动成本，以牺牲工人的基本权益换取更高的利润。在之前对纺织服装企业内部超时劳动问题的比较中，本研究发现：承接跨国公司订单生产的企业，其劳动时间显著性地多于没有承接跨国公司订单生产的企业。跨国资本在提供维持本土企业正常运转的生产订单的同时，也自然而然地对代加工企业提出了各种严苛的要求。

> 我们是订单生产，手上有20几个客户，然后呢批量小，交货时间紧，是我们目前公司的特色。小批量、多品种、交货快，我们也就是靠着这点生存的，我们的童装、女装、时装、薄的服装、厚的服装、一年四季什么东西都可以做。
>
> ——企业Sh4副总经理访谈材料

在国内纺织服装行业中，初具规模、发展成熟的企业，往往会寻求开拓庞大的国内市场，经营自己的品牌。而上述案例中的企业，则代表了更多的中小型企业的生产现状。在不具备自主品牌与稳定市场的条件下，大量同质化的中小型企业需要竭尽全力寻找代加工订单。当“洋品牌”背后的跨国资本攫取了大部分利润之后，这些中小企业赖以生存的条件则只有进一步压缩劳动成本，以立足于激烈的市场竞争中。而在这些企业中，超时劳动问题在所难免。

跨国资本一方面引入了企业社会责任的要求，一方面却又加剧了企业在劳动成本上的竞争，如何评价跨国资本对本土企业劳动时间这两种完全相反的作用呢？我们首先发现，虽然企业社会责任的要求不断显现，但对于不同方面的社会责任，跨国资本的要求也不尽相同。跨国资本首先看重的产品质量，其次才会考虑代加工企业在生产过程中对劳工保护、环境保护、以及其他法律道德层面的问题。在调查中，不少本土企业比起SA8000的企业社会责任认证，更愿意去做ISO质量管理体系的认证，原因就在于许多跨国公司的终端客户只认可ISO质量管理体系的认证，对于更高层次的企业社会责任尚停留于理念与软性要求层面，并没有直接与订单要求相挂钩。

另一方面，纺织服装行业自身的特点又与跨国资本的逐底竞争的基本条件相契合。希尔维（Silver, Beverly J.）在研究不同行业的劳工运动时指出，相比于重工业、高新技术产业与第三产业，纺织服装企业具有的固定成本投入相对较少，进入门槛低，专业技术要求不高等特性，从而使得资本更容易在全球范围内进行逐底竞争，并使得从业的普通劳工在劳动力市场上与工作场所中都不具备谈判能力（Silver, 2003）。正是因为纺织服装企业的易模仿性与易进入性使得它对于逐底竞争十分敏感。

一方是软性约束与要求，另一方则是逐利的本质与特性，基于这样的原因，我们就不能理解为何现实中的跨国资本对本土企业的劳动时间负面影响更大了。虽然跨国资本对本土企业的社会责任要求与逐利要求是并存的，但后者更为明显。我们甚至可以这样理解：由跨国资本带来的社会责任要求，其根本目的在于为资本的逐底竞争行为谋求合法性基础。

五、对超时劳动问题的微观互动机制的讨论

当前中国传统的制造、加工业，面临着经济全球化，跨国资本进行"逐底竞争"的外部环境；以及市场转型的深入，国内多种所有制企业共同竞争的内部环境。在这种激烈的竞争环境中，这些企业以成本为导向的生存经营之道十分凸显。本研究通过对国内部分纺织服装企业调查后发现：超时劳动问题在绝大部分的企业中普遍存在，并且这种加班行为不是一种生产突击行为，而是一种"正式化"的长期工时制度。尽管超时劳动问题具有普遍性，但是不同类型的企业在违反法定标准的程度上有所不同，国有、集体企业稍好于外资、民营企业；规模较大的企业稍好于中小规模的企业；没有承接国外订单的企业好于承接国外订单的企业。

在对超时劳动问题的现状加以描述之后，本研究尝试进一步回答为什么超时劳动的违法现象普遍存在，却又一直处于被默许与容忍的状态。而在分析思路上，本研究尝试以"本土企业—地方政府—工人—跨国资本"的多方互动机制作为分析框架，详细考察了形成并为维持超时劳动问题的微观互动机制（见图6.3）。

本研究发现：首先，对于超时劳动问题，企业与地方政府在绝大部分时间内进行合谋，地方政府帮助企业规避法律制度的约束，同时从企业的经营中分享财税收入；但是随着国家力量逐渐进入保护工人权利的领域，地方政府与中央政府的张力正逐渐显现，地方政府有时也不得不面对自身考核的压力，发挥应有的行政监督作用，并与企业产生一定程度的摩擦。其次，企业对于工人劳动时间的管理则同时具有强制与同意两种机制，强制的机制得益于政府监管的缺位与工人力量的薄弱，而同意的机制则不断制造着工人单一化、货币化的劳动目的。最后，跨国资本对本土企业具有双重要求——企业社会责任要求与逐利要求，前者为后者提供合法性基础，而在实际中后者的作用更为明显。

图6.3 纺织服装企业超时加班的微观互动机制

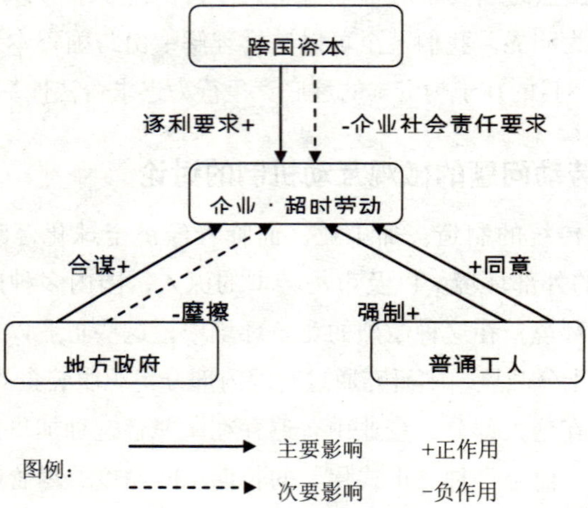

我们不难看出：在已有的制止超时劳动的各方力量中，工人缺乏制度化的行动力量与权益意识，地方政府的有效监管仍然十分有限，来自跨国资本的企业社会责任要求方兴未艾。正是由于这些力量的薄弱甚至是缺失，造成了现阶段纺织服装企业超时劳动问题一直“悬而未决”的现状。但是已经显现出来的尝试，无论是国家力量重新介入劳工保护领域，还是企业社会责任要求的日益凸显，都似乎表明了中国劳动领域正在面临又一次转型的关键时期。而这一次转型，或许意味着对损害工人利益的经济增长方式与道义逻辑的摒弃。而在此过程中，企业仍将是最主要的行为主体，企业管理权力的形式与大小，将直接影响劳资关系的变迁方向。而工人权利仍将是关注的重点，工人权利的损益程度将直接反应社会经济发展的方式与理念的转变。同时，增长方式的转变也意味着本土企业与跨国资本关系的将发生变化，在与跨国资本的互动中如何趋利避害，将变得更为复杂。至于讲到国家力量的作用，它仍将是重要而巨大的。从改革初期到当下，国家力量在诸多领域都经历了由退为进的发展历程，国家力量的再一次进入，并不在于重复计划经济时代的大包大揽，而在于完善制度保障，培育工人表达行动要求的正规组织与渠道，并逐步激发工人自主自觉的权益意识。

第七章
工会能在多大程度上维护农民工的权益？

一、问题的提出

从1990年代末期以来，中华全国总工会将加强建立工会作为重要的任务。经过努力，在工会组建方面取得了明显的成效，截至2009年底，全国工会基层组织数达184.5万个，会员总数达到2.26亿人，入会率达78.4%，农民工会员8014.8万人，占全部农民工的35.4%（中华全国总工会研究室，2009），相比于工会组织率和会员数最低谷的1999年，在各方面都有了极大的增长。

图7.1　1999-2000年全国工会发展趋势

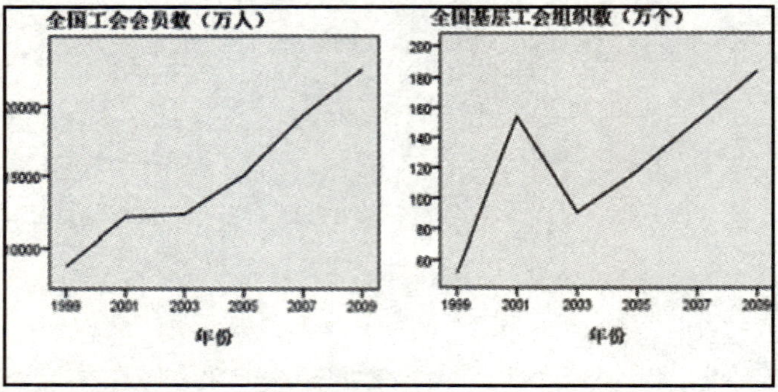

与此同时，在全总自上而下的努力下，以打压工人成立工会而恶名昭著的Wall-Mart在2006年允许员工在各分店成立基层工会，之后外资企业中的工会组织化也取得了极大的进展。2005年有1.8万个外商投资企业组建工会，会员人数428.9万人,2009年有5.2万个外商投资企业组建工会，会员人数938万人，5年间外资企业的工会会员人数增加了一倍。2009年全部非公有制企业工会会员12664.0万人，入会率62.6%，比2005年增加会员6111.6万人，入会率提高3.8个百分点（中华全国总工会研究室，2009)。

本研究关心的是：获得如此大规模快速发展的工会，是否确能代表并在多大程度上代表了工人（特别是农民工）的利益，改善了他们的处境?

确实，人们对中国工会实际发挥的作用存在着疑虑。2004 年 12 月 1 日，《华盛顿邮报》上刊登了一篇题为“沃尔玛喜欢中国工会”（Meyerson,2004：24）的文章，文中提到：“隶属于中国政府的工会很少会致力于提高工人的工资和劳动生产安全。事实上，基层工会是由企业的某些管理层人员领导的”。台湾学者黄德北指出，企业工会在保障劳工权益或推动市民社会发展上的功能实际上很有限（黄德北，2008：100），这种有限性是因为，中国大陆工会具有双重特性，它一方面是国家机构的一部分，又是工人利益的代表，这两种角色存在潜在的矛盾，在改革开放的时期，为了配合国家实施经济结构转型，它的劳工代表特性日益降低，这是违背资本主义市场经济下的劳动关系。在资本主义市场经济时代，工人被赋予独立自主的权利，这样他们才能组织起来，以集体的力量与资本进行谈判与对抗（Chen，2003)。国内工人对于工会的作用亦有颇多争论。一些工人认可工会在组织集体谈判以及争取工人福利上的能力和愿望，而另外些工人则认为工会的作用仅限于在春节等节假日前发放一些生活日用品。根据 2001 年对于北京、上海和沈阳等地四家国有企业工会功能的调查，一半左右的工人对工会的作用持怀疑的态度，25% 的工人对工会在维护工人利益上的作用表示了肯定（刘爱玉，2004：270)。刘爱玉对改制过程中国有企业工会的研究发现，国有企业改制较早也较彻底的企业，特别是改制后私人股份已成大股东的企业，这类企业的工会几乎没有作用，工人对工会的认同也很低。相对地，在那些国企改制才刚刚启动的企业，员工认为工会还可以发挥较大的作用（刘爱玉，2004：273)。不过上述研究或基于个案，或基于国有企业，而未对大量私营和外资企业中工作的农民工有所涉及。最近由北京大学中国经济研究中心的姚洋及其合作者钟宁桦撰写了一篇关于工会与工人福利关系的文章，研究基于全国 12 个城市 1268 家企业的调查数据，以企业为分析对象，估计了工会在事关工人福利的三个方面上的作用，并证实工会能够显著地提高工人的小时平均工资、缩短每月平均工作时间，并提高企业养老保险覆盖率（姚洋、钟宁桦，2008)，但正如作者在文中指出”估计工会作用最理想的数据是个人－企业匹配的观测数据，如同国外大部分相关研究所使用的。然而，受限于个人层面数据的不可得，本研究使用企业层面的平均数据来做估计。”因此，他们文章的贡献是探讨了工会对于工人福利的正面影响，缺点在于使用的是企业层面的数据而非企业 - 个人匹配的数据。

本研究将以北京、上海、深圳、泉州、宁波、绍兴、余杭、新野 8 个城市的 24 个纺织、服装企业的 850 个农民工的问卷调查为基础，对工会与农民工权益之间的关系进行验证。

二、农民工的权益与工会组织

《劳动合同法》规定用人单位自用工之日起即与劳动者建立劳动关系（第七条）；用人单位应当依法建立和完善劳动规章制度，保障劳动者享有劳动权利、履行劳动义务，在制定、修改或者决定有关劳动报酬、工作时间、休息休假、劳动安全卫生、保险福利、职工培训、劳动纪律以及劳动定额管理等直接涉及劳动者切身利益的规章制度或者重大事项时，应当经职工代表大会或者全体职工讨论，提出方案和意见，与工会或者职工代表平等协商确定（第四条）。《劳动法》对于工资和工作小时有着明确的规定。包括：“劳动者每日工作时间不超过八小时、平均每周工作时间不超过四十四小时”；“经与工会和劳动者协商后可以延长工作时间，每日不得超过一小时；在保障劳动者身体健康的条件下延长工作时间每日不得超过三小时，但是每月不得超过三十六小时”；“安排劳动者延长工作时间的，支付不低于工资的百分之一百五十的工资报酬”；以及，“未按照劳动合同的约定或者国家规定及时足额支付劳动者劳动报酬的，由劳动行政部门责令限期支付劳动报酬、加班费或者经济补偿；劳动报酬低于当地最低工资标准的，应当支付其差额部分；逾期不支付的，责令用人单位按应付金额百分之五十以上百分之一百以下的标准向劳动者加付赔偿金。”

虽然《劳动法》和《劳动合同法》对劳动者的合同签订、参保、工资、工作时间等作了明确规定，但是由于执法上的缺陷，上述各项权益在很大程度上是还是取决于雇主，并与法律文本上的要求存在一定的差距。

工资权益体现了劳动者按照劳动的数量和质量获得收入的权利。根据调查，被调查企业农民工最高工资的平均值为 1946 元，最低工资的平均值为 1267 元。就上月工资而言，在所调查的 8 个城市中，最高的是余杭（2374 元），最低的是河南新野（1057 元），平均值为 1690 元。由于各个城市法定的最低工资水平存在差距，不同城市企业中工人的工资水平绝对值并不能直接比较。以目前月收入与当地最低工资的比值看，最高的是泉州，为 2.93 倍，最低的是北京，为 1.64 倍，平均值为 2.06 倍；以目前月收入占当地职工平均月收入的比重看，最高的是杭州，为 105.7%，最低的是北京，为 28.1%，平均值为 64.1%。

农民工工资水平低只是权益受损的一个方面，如果将收入的获得与工作时间相结合看，则会发现问题会更严峻。调查发现，农民工平均每月工作时间为 27.4 天，每月工作时间最少的 143 小时，最多的是 556.5 小时，平均为 278.1 小时，平均而言，每周工作超过 66.2 小时，平均每月累计加班时间为 93.3 小时，有 813 人（95.6%）的人每月加班时间超过 36 小时的规定。超时工作最严重的是杭州企业的农民工，平均每月工作时间为 369 小时，较轻的是南阳和北京，每月工作时间为 222 小时和 238 小时。

以作为就业保障权的劳动合同签订看，73% 的人签订了劳动合同，他们中约 3/4 的人表示在签订合同前从企业处获得了关于“工作内容、工作条件、工作地点、职位危害、安全状况、劳动报酬”等方面的信息，并拥有合同副本。以就业保险权益看，农民工医疗保险的参保率为 41.8%，养老保险的参保率为 24.9%，失业保险的参保率为 12.7%，工伤保险的参保率为 28.4%。农民工保险权益未能落实的主要原因是企业逃避责任或者是设置了不合理参保条件。

以人身及健康权益看，28.2% 遭遇过辱骂，8% 遭遇过体罚，5.2% 遭遇过殴打，11.4% 遭遇过搜查，3.8% 遭遇过拘禁，9.4% 遭遇过威胁，14.6% 遭遇过强迫劳动，2.2% 遭遇过性骚扰或性侵害。

上述情况说明，农民工的合法权益还未得到法律的切实、有效的保护。在这种情况下，工会组织作为工人阶级的群体性组织，作为工人集体力量的代表，对于其权益维护是非常重要的。事实上，随着国有企业与社会保障制度的改革及其由此导致的劳动关系的转变，工会的职能也被重新界定，其主要职能被界定为“推进工会组建，完善工会维权机制，维护农民工合法权益，加强企业工会工作，维护职工的经济、政治、文化和社会权利，推动构建和谐劳动关系、和谐企业、和谐社会。”具体来说，“各级工会积极配合有关部门加大对企业工资支付的监督检查执法力度，开展工资清欠工作，积极推动最低工资保障制度的完善”；“积极参与推进社会保障制度改革，加强对社会保险的群众监督，大力发展职工互助合作保险事业，促进职工社会保障权利的实现”；以及“积极推动工会与政府联席（联系）会议制度和劳动关系三方协调机制建设，代表职工参与社会事务管理和社会利益关系协调。”（中华全国总工会，2006）。在工会十一大的工作报告中，全总进一步对突出维权职能提出了具体要求：“当职工的正当利益受到严重侵犯，通过基层正常的民主渠道不能得到解决时，工会要代表和支持群众公开揭露、举告，引导职工进行各种形式的合法斗争。在遇到局部冲突时，工会应该站在群众之中，体察群众的情绪和要求，在不损害国家利益和企业长远利益的前提下，敦促行政和有关方面尽可能地满足职工的正当要求，也要说服群众放弃某些过高、过急的要求，缓解以至消除摩擦和冲突，维护社会安定团结。”

据中华全国总工会统计，全国企事业单位工会建立劳动保护监督检查委员会 47.6 万个，覆盖职工 9297.6 万人；参加安全生产检查 395.1 万次，基层以上工会提出事故隐患和职业危害整改意见 39.2 万条；全国各级地方及产业工会参与建立的劳动关系三方协调机制 1.4 万个，县及县级以上地方共建立三方协调机制 2875 个。全国开展工会职工互助互济保障活动的基层工会 7.9 万个，覆盖职工 2691.7 万人，参加活动的职工人数为 1615.0 万人，其中，参加医疗互助互济保障活动的 817.7 万人；参加特殊疾病互助互济保障活动的 422.1 万人；参加意外伤害互助互济保障活动的 379.3 万人。2009 年度从职工互助互济保障活动获得经济资助的 79.4 万人，职工互助互济保障活动提供资助金额 10.5 亿元。这些全国的数据凸现了总工会在保障工人权益与福利上的重要作用（中华全国总工会研究室 ,2009）。

从我们调查的数据看，70% 的农民工在有工会的企业工作，24% 的农民工加入了工会。有工会企业与无工会企业相比，农民工在劳动权益方面的差异是显著的。表 1 数据显示，有工会企业的工人上月工资与当地最低工资之比没有工会的企业组高出了 0.2 倍，而所要求的每月平均劳动时间少了约 62 个小时，其劳动安全与生产条件的状况更好，工人遭遇人身及健康侵害的经历更少。在劳动合同签订与保险方面，两组企业工人的差异显著。相比无工会企业工人，有工会企业的农民工劳动合同签订率高出 34%，医疗保险覆盖率高出 15.6%，养老保险覆盖率高出 22.4%，失业保险覆盖率高出 15%，工伤保险覆盖率高出 23%。参加工会农民工与未参加工会农民工相比，其劳动权益的差异也是显著的，参加工会的农民工，其上月工资与当地最低工资之比比不参加工会者高0.2倍，而每月劳动时间则少了26个小时，其劳动合同签订率高出19.5%，医疗保险参与率高出29.3%，养老保险参与率高出30.5%，失业保险参与率高出18.2%，工伤保险参与率高出26%。

表7.1　工会、工会参与及农民工劳动权益状况

	有工会	无工会	统计检验	参加工会	未参加工会	统计检验
每月工作时间（小时）	259.1	320.9	t=13.32，Sig. =.000	258.3	284.3	t=5.27，Sig. =.000
劳动安全与生产条件	15.0	12.1	t=-11.61，Sig.=.000	15.7	13.7	t=-7.84，Sig. =.000
上月工资与当地最低工资之比	2.1	1.9	t=-3.05，Sig.=.002	2.2	2.0	t=-2.75，Sig. =.006
人生及健康侵害经历	1.2	1.6	t=2.04，Sig. =.042	0.98	1.4	t=2.34，Sig. =.02
与企业签订劳动合同(%)	83.5	49.2	C^2= 107.3；Sig.=.000	87.9	68.4	C^2= 29.325；Sig.=.000
参加基本医疗保险(%)	46.6	31.0	C^2= 17.87；Sig.=.000	64.6	35.3	C^2= 53.152；Sig.=.000
参加养老保险(%)	31.7	9.3	C^2= 48.25；Sig. =.000	48.5	18.0	C^2= 74.276；Sig.=.000
参加失业保险(%)	17.2	2.3	C^2= 46.16；Sig. =.000	26.8	8.6	C^2= 44.2；Sig.=.000
参加工伤保险(%)	35.7	12.0	C^2= 48.24；Sig. =.000	48.5	22.6	C^2= 49.322；Sig.=.000

三、工会对改进农民工权益的作用到底有多大？

虽然企业是否建立工会、农民工是否参与工会与其劳动权益状况之间有显著相关，但是，这种相关是因为工会本身的作用，还是因为参加工会的农民工人力资本特性（比如文化水平、工作经历、流动）或者企业特性（比如企业规模、企业产权安排）或者企业所处地域的作用？即在控制企业特性、人力资本等要素的情况下，工会对于工人工资水平、工作时间的独立影响是否依然存在？而相比于企业特性和人力资本要素，工会对改善农民工权益方面到底能够发挥多大程度的作用？本研究将主要以农民工权益中非常重要的四个方面（工资水平、工作时间、劳动合同签订、养老保险参与）为例，通过8城市纺织、服装企业的农民工问卷调查数据为依据，以性别、人力资本要素（目前企业工作时间、其他企业工作时间、文化程度、劳动法认知）、企业特性（所有制与规模）、工会、社会环境（企业所在地区）为自变量，利用多元回归分析方法和对数线性模型对农民工样本进行分析，尝试对上述问题进行回答。分析结果见表7.2。

表7.2　农民工劳动权益影响要素分析　（有效个案=733）

		回归分析：标准化回归系数		Logit模型：B系数	
		工资水平对数	工作时间	劳动合同签订	养老保险参与
性别	(参照组:女性)	0.059*	-0.006	-0.450*	0.071
人力资本要素	目前企业工作时间	0.508***	-0.113	0.118**	0.175***
人力资本要素	目前企业工作时间平方	-0.402***	0.101	-	-
人力资本要素	其他企业工作时间	0.259***	0.088	0.000	0.074***
人力资本要素	其他企业工作时间平方	-0.079	0.013	-	-
人力资本要素	文化程度	0.067*	-0.049	0.080	0.206***
人力资本要素	劳动法认知	0.028	0.162***	0.162***	0.120**
企业特性	企业所有制（参照组:国有）				
企业特性	合资/外资	0.135*	0.270***	0.680	0.376
企业特性	私有	0.298***	0.275**	-0.187	-0.390
企业特性	企业规模	-0.096	-0.082	0.001	0.000
工会		0.180**	-0.010	2.505***	1.896**
社会环境	企业所在地区 (对照组:北京)				
社会环境	杭州	0.386***	0.391***	-1.520*	1.554*
社会环境	南阳	-0.125***	-0.077*	-2.830***	0.524
社会环境	宁波	0.162***	0.094**	1.566	0.449
社会环境	泉州	0.291***	0.135***	-1.257**	0.368
社会环境	上海	0.387***	0.280***	1.024	0.480
社会环境	绍兴	0.177***	0.319***	-0.019	0.981*
社会环境	深圳	0.461***	0.349***	0.751	0.845
常量		-	-	-2.170*	-6.545***
Chi-Square		-	-	258.64	157.31
-2log likelihood		-	-	296.29	322.518
R Square / Nagelkerke R Square		0.393	0.367	0.304	0.196
		0.180**	-0.010	2.505***	1.896**

注：p*<0·05，p**<.01，p***<.001。关于显著性水平的选择

（一）工会组织与工人参会

国外对于工会作用的研究源于 Lewis(1963）的经典论文，他估计工会将工人的工资提高了 10%到 15%。之后 Rosen（1969）的研究认为，工会企业与无工会企业的工资差在 16%到 25%左右，在 Rosen 的另一项研究（1970）中，估计的差异达到 35%。大量的研究表明工会确实对工资水平有显著性影响 (转引自姚洋、钟宁桦，2008)。Perloff and Sickles（1987）指出，在无工会的企业中，工资和工作时间主要是由竞争压力决定的 ；而在工会企业中，若工会是有效的话，工资、工作时间和其他福利将在一定程度上是集体谈判的结果。Andrews et al.（1998）的研究发现，工作的期限(job tenure)、企业规模和工作经验对于估计结果有显著的影响。其中，工作期限同时与个人的工会状态以及工资相关。

表 7.2 的数据显示，无论是从企业是否存在工会看，还是从工人是否参加工会 [1] 看，均与工资收入有显著相关。在控制其他要素的情况下，相比于在没有工会的企业工作的工人，在有工会企业工作的工人的上月工资比其高 14.5%，参加工会的工人的收入比没有参加工会的工人收入高 5.6%。企业是否有工会，可以解释工人工资差异的 2.9%，工人是否参加工会，可以解释其工资差异的 0.4%。在控制性别、人力资本要素、企业特性和社会环境要素的情况下，无论是工会组织状况还是工人的工会参与，对于工作时间均无显著影响。

在有工会企业中工作的工人，其劳动合同签订与养老保险参与的几率远高于在无工会组织工作的工人，其 logit 系数在各影响要素中位列第一。

（二）企业特性

一些文献（Andrews et al.，1998 ）指出，在对于工会作用的估计中，应该考虑企业的其他特性。企业的规模是一个非常重要的变量，它“更可能被视为一种能造就和决定其他结构变量的独立变量”(斯格特 ,2002 : 244)。大企业往往会支付更高的福利，且更有可能建立工会。此外，雇用着成千上万名员工的大型企业直接关系到一个地区的社会稳定，所以更有可能从政府处得到优惠政策，并受到媒体和社会的更多关注。此外，企业的所有制性质是决定企业管理制度最基本的制度安排，也是企业产权制度的

[1]　因篇幅关系，关于工人是否参与工会的标准回归系数未在表1中展示，有兴趣的读者可与作者联系。以所有关于工会参与方面的数据，均与此解释同。

基础和表现，不同的产权归属和不同的文化传统对工人的权益保障是有影响的，也可能影响工人的工资。

从表 7.2 的数据可以看出，企业特性要素中，只有所有制性质对于工人的工资水平和工作时间有显著影响。从工资水平看，在外资 / 合资企业工作的工人的工资比国有企业工作的工人高 12%，在私营企业工作的工人的工资比国有企业工作的工人高 25%。但是，从工作时间看，相比于国有企业工作的工人，外资 / 合资企业工人的每月工作时间比其高 44 个小时，私营企业工人的工作时间比其高 40 个小时。从劳动合同签订与养老保险参与看，企业所有制与规模对其无显著影响。

（三）人力资本

舒尔茨认为，人力——包括人的知识和人的技能的形成是投资的结果，并非一切人力资源都是最重要的资源，只有通过一定方式的投资，掌握了知识和技能的人力资源才是一切生产资源中最重要的资源。因此，人力，人的知识和技能，是资本的一种形态，可以称之为人力资本（舒尔茨，1990）。明塞尔的人力资本模型强调进入劳动力市场前的学校教育、工龄和在劳动力市场中的职业培训对收入差异的影响 (Mincer ,1974), 他还提出分析工资结构时要注意区分工资层级 (level of life time earning) 和工资曲线的形状 (shapes of wage profiles) , 即人们进入劳动力市场前接受的学校教育决定了他们的工资层级，而工资曲线的形状则受他们进入劳动力市场后长时期内人力资本投入的影响，这种投入包括培训、再学习和职业流动 (Mincer ,1989) 。高教育程度和技能的工人有着更强的谈判能力，他们的工作时间可能会较短。另外，在现代社会里，法律意识也是人的素质的基本构成部分，对于维护自身权利具有重要作用。如农民工对《劳动法》的熟悉程度，一方面反映了他们的法律意识和法律知识水平，另一方面，掌握一定的《劳动法》知识会有助于他们保障自身的工资权益。职业流动对工资的影响主要体现在工作选择和职业匹配上 (Jovanovic ,1979) 。此外，明塞尔还提到任何投资都包含了时间的变量 (Mincer ,1974) , 所以年龄或工龄也必须被考虑在人力资本模型中。他发现：工资随工龄的增加先经历一段快速上升期，之后增幅减缓，到一定程度后持平并最终下降 (Mincer ,1989) 。

本研究在进行多元回归分析时，将农民工的工作经历区分为两个阶段：

本企业工作经历与其他企业工作经历，以工龄作为工作经历的主要代表。则本企业工作经历即为工人在目前企业工作的年数，其他企业工作经历即为从农村第一次外出以来到进入目前企业之前工作的年数。从表1的数据可以看出，对于工资水平而言，第一，人力资本诸要素中，有显著影响的依次是目前企业工作时间、其他企业工作时间、文化程度，文化程度对于工资的影响不如工作经历重要；第二，文化程度越高的工人，工资水平越高；第三，工资随着目前企业工作时间的增加而增加，但在上升一段时间后，其增幅会减缓，并最终趋于下降；第四，工资随其他企业工作的时间的增加而增加，但其作用不同于目前企业工作时间。

对于工作时间而言，只有劳动法认知对其有显著影响，劳动法认知水平越高的工人，每月劳动的时间越少。

对于劳动合同签订而言，目前企业工作时间越长、劳动法认知度越高，其签订劳动合同机率越高，但文化程度和其他企业工作时间对劳动合同签订无影响。

对于养老保险参与而言，包括目前企业工作时间、其他企业工作时间、文化程度和劳动法认知等人力资本要素都非常明显地从正面促进了养老保险的参与。

（四）社会环境

最后，企业所处的社会环境不同，其所受到的最低工资约束、工时规定会有差异、工会建设的状况会有不同，最终这些要素会影响到在这些不同地区企业工作的工人。

本研究以企业所在地区作为社会环境的主要代表，表1的数据显示，企业所在的地区不同，工人的工资水平和工作时间也显著不同，除了南阳企业工作的工人之外，杭州、宁波、泉州、上海、绍兴和深圳企业工作的工人，其工资水平均要高于北京企业的工人，但是这些企业工作的工人，其每月工作时间也远高于北京企业工作的工人，每月工作时间，北京企业工作的工人比杭州的少119个小时，比宁波的和泉州的少25个小时，比上海的少54个小时，比绍兴的少71.5个小时，比深圳的少61.8个小时。

劳动合同签订方面，北京企业工作的农民工要明显好于杭州、南阳、泉州，但与其他城市相比看不出明显的不同。

养老保险参与方面，北京企业工作的农民工不如杭州、绍兴，其他城市企业工作的农民工的养老保险与北京的相比，没有什么差别。

总体而言，对于工资水平的对数而言，在只考虑性别与人力资本要素的时候，模型的判定系数为 0.162，增加企业特性要素后，判定系数增加了 0.019，再增加工会组织状况变量后，判定系数增加 0.029，如果增加的是工人参与工会状况变量，则判定系数的变化是 0.004。最后，在模型中纳入环境环境变量后，判定系数增加的幅度为 0.183，从判定系数值及其变化看，社会环境即企业所在地对于工人工资差异的解释力最高，影响最大，其次是性别与人力资本要素，如果考察的是工会状况对于工资水平的影响，则其重要性排在第三位，如果考察的是工人工会参与状况对于其工资水平的影响，则工会的重要性排在最后一位。

对于工作时间而言，从判定系数值及其变化看，社会环境即企业所在地对于工人工作时间的解释力最高，影响最大，其次是性别与人力资本，第三是企业特性，工会的作用排在最后一位。

值得指出的是：在不考虑社会环境的情况下，工会对于工资收入的影响是负面的，当多元回归模型只考虑个人特性 + 企业特性 + 工会组织状况时，模型的判定系数为 0.210，模型中工会组织状况的回归系数为 -0.141，标准回归系数为 -0.185，统计检验显著，说明有工会组织企业中的工人，其工资水平要低于无工会组织企业中的工人，从标准回归系数的绝对值看，工会对于工资水平的影响比文化程度和劳动法认知的作用大，但比比目前企业工作时间和其他企业工作时间的作用小。在考虑社会环境后，工会对于收入的影响是正面的，其影响状况已在工会组织与工人参与部分进行了解释。

另外，在不考虑社会环境要素的情况下，工会对于工作时间的影响是显著的，在个人特性 + 企业特性 + 工会组织状况的多元回归模型中，工会组织状况的多元回归系数为 -52.036，说明在有工会组织企业中工作的工人，其每月工作时间要少 52.036 小时，而且从标准回归系数的绝对值看，其对于工作时间的影响是最为重要的。在个人特性 + 企业特性 + 工会的参与的多元回归模型中，工会参与的回归系数为 -22.59，sig.=.000, 标准回归系数为 -.142, 其绝对值排在企业所有制和工作经历之后，列第三。但在考虑社会环境要素后，工会与工作时间之间的统计相关消失。

对于农民工劳动合同签订与养老保险参与而言，相比于人力资本、社会环境与企业特性，其工作的企业是否有工会、本人是否参加工会，是最为重要的因素。

四、结论与讨论

基于2009年在8个城市24个纺织、服装企业中850个农民工的问卷调查资料分析，本研究发现目前农民工在工资、工作时间、劳动合同签订、各项社会保险、人身与健康权益等方面尚未得到效地保护。从我们调查的数据看，有工会企业与无工会企业相比，农民工在劳动权益方面的差异是显著的。工人是否参与工会、工作的企业是否有工会与其劳动权益的诸多方面存在显著相关。在控制企业特性、人力资本和社会环境诸要素之后，工会对于以工资水平为代表的劳动权益有正面的影响，在不考虑社会环境要素的情况下，在有工会企业工作、参与工会的工人的工作时间明显较少。在有工会的企业工作，农民工有更高的劳动合同签订与养老保险参与的机率。社会环境是影响农民工工资水平和劳动时间的最为重要的因素，其次是人力资本要素，工会对农民工劳动权益的维护并非如一些人攻击的那样一无所用，但其作用依然非常有限。

即使如此，工会对于农民工权益维护的意义和价值依然是值得肯定的。随着上个世纪90年代中期以来企业制度市场化变革步伐的加快，工人与企业、雇主之间的关系发生了深刻变化，在目前资本力量非常强大而一些法律制度仍不健全的情况下，十分需要工会这个工人阶级的群众性组织担负起其最基本的维护工人权益的职能。我们的问卷调查发现，如果农民工在目前企业里遇到不公正对待，则其可能依仗的对象或方式有：忍了(48.8%)、直接找老板或者雇主（37%）、离开这个老板（25.7%）、找政府有关部门解决问题（16.9%）、寻找工会帮助（15%）、上访（14.9%）、通过司法途径谋求问题解决（7.4%）、找新闻媒体帮助（6.5%）、联合其他人罢工、讨说法（5.8%）。虽然只有15%的农民工会选择通过工会解决其遭遇的不公正待遇，但毕竟对于这些人而言，工会是一个可以维护其权益、伸张其正义的工具或依靠。本研究认为，工会在农民工权益维护方面作用还有待进一步提升，一方面这有待于工会组织本身的建设，有待于工会组织在中国权力架构中独立性的增长，另一方面也有待于工人真正将工会作为维护其权益的主要工具，而要做到两点，工会组织建设、工会组织生存的环境改善以及农民工工会维权意识的培育，依然是任重道远。

第八章
制度、结构与行动：以上海市服装业农民工为例

一、问题的提出

大量农村劳动力外出务工，已经成为中国社会经济生活的重要现象。据人力资源和社会保障部的统计，2010 年离开家乡外出务工的农民工人数为 15335 万人（人力资源和社会保障部，2010），约占全部农村人口的 16%-18%，占城镇人口的 23% 左右。缘于其规模和在中国社会经济发展与社会和谐建设中所扮演的角色，学术界对该群体的工作、居住、生活、态度与行动进行了高度关注，其中一些研究尤其关注了农民工的平等就业、劳动保护、劳动报酬、休息休假、社会保障等方面的缺损（Chan, Anita. 2001；李强，2004；中国劳工通讯关于劳工生存和权益状况的系列调查报告，2004，2005；中国农民工问题研究总报告起草组，2006）与权益维护行动间的关系（常凯，2005；蔡禾等，2009；刘爱玉，2011），一些研究认为，利益受损的农民工可能采取的行动回应是忍耐、抱怨、退出、呼吁和抗争。中国劳工通讯和中国农民工问题研究总报告起草组的调研发现，大多数农民工由于惧怕雇主辞退、失去工作而选择忍耐和抱怨，或因为内部的“分割”、“分化”而缺乏集体抗争的能力（李培林、李强 孙立平等，2004），相比于男性，女性更不倾向于有组织的行动（谭深，2001）；蔡昉等从经济学视角分析民工对劳动权益侵犯不能忍受时，其行动选择是逃离（蔡昉、王美艳,2005）。但有学者认为，在生存底线被突破时，一些农民工会倾向于集体性抗争（谭深，2001）。总体来看，工人回避冲突与行动，较少发起和参与冲突，为自我保护而采取鸵鸟政策（许叶萍、石秀印，2006）。在特定的情况下农民工成为（造反倾向很强的）流民的可能性很小（孙立平，2003）。潘毅的研究还提到了一种特殊的反抗形式：尖叫和梦魇（潘毅，1999）。而形塑农民工行动选择的是生存理性（黄平主编，1997：102）和“生存文化”（陈佩华，2002）。

在以往研究的基础上，我们以上海市服装业的农民工调查为例，将探讨制度(尤其是新劳动合同法实施)和结构（劳动力市场结构特点）因素如何形塑了农民工行动选择的机会结构，农民工是如何对之进行回应？其行动能力是否增强？劳动关系状况是否因此改变，等等。

二、研究方法及其经验材料的构成

经验材料主要来自国家哲学社会科学基金课题“和谐社会建设中企业社会责任的社会学研究”（课题批准号：(08JJD840192)、国家社会科学基金课题项目（08BSH059）、以及与北京大学/香港理工大学中国社会工作研究与发展中心课题“社会转型过程中农民工权益维护与劳动关系研究”所进行的调查。2008 年 9 月课题组对上海三个服装企业的管理人员、普通工人进行了调查。共访谈 22 人，其中管理人员 6 人，具有农村户籍身份的工人 16 人。管理者访谈内容涉及到企业基本情况、企业社会责任实施情况、企业管理方式、薪酬和激励、工人参与和企业管理等方面，工人访谈内容涉及到访谈对象的基本情况 、家庭或亲属网络关系、教育、外出方式与原因、企业社会责任与员工工作状况、利益表达、身份认同、生活状况与社会交往等方面。每个访谈的时间平均约 60 分钟，访谈内容经被调查者的允许全部录了音，整理后的访谈文本资料大约 36 万字。

表8.1　三个企业的基本情况

企业	简要情况
0901企业	企业位于上海市区，成立于1995年初，以港资身份注册，但实际上是私营企业。企业主要根据客户的报价接单进行服装加工，产品主要出口欧洲，2007年时员工规模大约600人，当年完成出口创汇约3000万美元。
0902企业	企业创建于1979年，位于松江镇，原为乡镇企业，1990年代中期改制，目前是一家专业生产外贸针织服装的股份制进出口企业。2008年8月份时员工规模约380人，1-8月份产值9080万元。
0904企业	企业创建于90年代初，为私营企业，主要从事服装加工，产品出口欧美。2008年8月份员工规模170人左右，2007年产值为1000万元。

三、农民工的工作境况

本部分将从工资水平、劳动时间、劳动安全卫生条件、劳动合同签订状况、福利和社会保障、住宿条件等六个方面对三个企业农民工的工作境况进行描述和分析。

（一）工资水平

调查发现，三个企业均无拖欠工资与克扣工资现象，大多数工人的月工资水平在1700-2000元之间，基本与上海市纺织服装鞋帽类行业工人的平均工资持平，但高于全国水平。2007年时，上海市该行业从业人数8.58万人，平均月工资约1859元，全国从事该行业的人数为204.51万人，平均月工资1410元（见中国咨询行数据库数据），详见表8.2和表8.3。

表8.2　三个企业工资制度与工资水平

企业	简要情况
0901企业	最低工资960元，一线工人的工资采取“保底+计件制”的办法，每月工资1800-2000元，维修工人不实行计件制，每月基本工资约2000元。 加班工资按照计件制计算
0902企业	0902企业：一线工人工资采取“保底+计件制”办法，一线工人平均工资大约1500元，做的多的每月可达4000元左右，维修工人略高，平均每月在1800-2000元左右。
0904企业	960元基本工资+计件制，周六加班乘1.5系数，工人平均每月大约收入在1700-1800元。维修工：平均工资2000元左右。

表8.3 上海市服装鞋帽业从业人员与平均工资变化

		2003	2004	2005	2006	2007	2008
上海市职工年平均工资		27304	29875	31940	32708	37716	42089
上海市纺织服装鞋帽业	从业人员（万人）	6.80	6.82	6.58	6.85	8.58	8.20
	平均工资（元）	15337	15880	16958	18897	22305	24225
全国纺织服装鞋帽业	从业人员（万人）	139.07	167.14	177.63	198.46	204.51	206.17
	平均工资（元）	10090	11381	12512	14349	16924	18711

注：资料来源于中国咨询行统计数据库 http://www.bjinfobank.com；相关数据值是指规模以上企业的相应统计

（二）劳动时间

根据1995年出台的《劳动法》的规定：企业每天在正常8小时工作时间之外，每天加班不能超过3小时，一周加班不能超过9小时，每周至少休息1天，每月累计加班不得超过36小时[1]。

就调查的三个企业而言，加班现象普遍存在，赶货时每天加班的时间在2-4个小时。

0901企业的一线工人指出：我们“平时就是9点上班到12点，12点到1点是吃饭时间，1点到6点是他们规定的上班时间，但一般都要我们上到8点”（0901个案4）。

0902企业的一线工人在访谈时说：“我们上午7点上班，到11点，中午休息一小时，12点到4点下班，有时候要赶货的时候要加班，要6点下班（0902个案2）。

0904企业的劳动时间安排是：“八点钟上班，上午十一点半吃饭，十二点上班，下午四点钟下班。如果加班的话，五点到八点半。忙的时候礼拜六礼拜天都要上班。不忙的时候休息一天”（0904个案2）。

（三）劳动安全卫生条件

我们从访谈中获得的关于企业劳动安全卫生条件的评价，基本上都比较正面。

0901企业的工人说：“反正灭火器我们是看见了，……，这里的窗户挺大的。工作空间也挺大。空气质量还不错，窗户都可以自己打开，热了还有空调，工作环境还可以的，没什么难闻的气味，光线还可以（0901个案1）

0902企业的车间中层管理人员在访谈时说：“我们这都有空调的，都是给配的，每个车间都有的。工人宿舍也有空调的。光线不错的，做羊毛衫，光线不好看不清，做不好是要返工的，是要赔的。羊毛衫是要保证质量的。而且光线不好，工人是不干的”（0902个案1）。

[1]　材料引自：《中华人民共和国劳动法》，第三十六与第四十一条相关内容：http://www.gov.cn/ziliao/flfg/2005-08/05/content_20968.htm，访问日期2011年2月17日

0904 企业的工人认为："工作环境安全，光线挺好的，灯挺多的。空气质量呢，还可以的，挺好的。都有窗户，都可以开窗户的。还有中央空调。整体还是挺舒服的"（0904 个案 1）。

从这些具有代表性的个案的回答看，我们对于被调查企业劳动安全和卫生条件的基本结论是：工作环境安全，光线较好，空气流通，有中央空调，员工对劳动安全卫生条件比较满意。

（四）劳动合同签订状况

从三个企业被调查工人反映的情况看，大多数工人都与企业签订了合同，合同为1年1签。

0901 企业，全部员工都签订了合同，合同为每年签订一次。工人在访谈时说："合同的话就是一年一签，不签不行啊，每个人都得签。（合同的内容）看的呀，那个不好罚款，这个不好，罚款。唯一一个好处就是给你买三金，买那个保险。那些条条款款的（了解）应该差不多吧，如果不想做的话就提前一个月递上辞职报告，……厄，如果你做的不好的话，他就可以对工资做一些什么，他还可以把你调到任何地方去做。"（0901 个案 1）。

0902 企业，在《新劳动合同法》实施后已在考虑采取三年一签的办法，目前大多数员工还是每年签订一次，员工全部签订了合同。工人在接受访谈时说："签合同嘛，最起码签个合同嘛。你像每年啊，暑期给你检查身体啊，都有的。夏天的时候，高温的时候给检查身体。合同每年都要签的。合同就是一年。单独的合同。每个人一份，试用期三个月。（合同是走个形式呢，随便签个字啊？）没有，合同都仔细看了的，就是两份嘛，厂里一份，自己一份。"（0902 个案 2）。

0904 企业，目前有大约三分之二的员工签订了合同，合同期限以一年者为多。"不签的有三分之一。主要是年纪轻的多一点，会觉得比较自由，不想做了就走了。年纪大的觉得这个合同是对自己有保护的"(0904 个案 1)。

（五）福利与社会保障

被管理人员称之为福利的主要是吃饭补贴或免费供餐。根据最近的一次调查，上海市有近八成企业免费供餐，其中，每天三餐全免费的占企业总数的10%，两餐免费的占22.8%，一餐免费的占43.8%（何愉，2011），在我们调查的三个企业，基本的情况是：

在0901企业，发给员工的饭贴是每天10元，可以用来买在工厂提供的饭菜，如果周六周日休息则不提供饭贴。员工认为，一天10块吃企业的饭菜“肯定不够，要是自己烧的话，一天10块钱绝对够，像我们宿舍几个小男孩….一起去买菜，一起烧，一起吃，花不了多少的呀。打个比方，一天三十，一人十块钱一天，他们三个人烧不掉多少钱的啊，最高十五块或者二十块钱。自己烧的话要节约一点”（0901个案3）。

在0902企业，每日中午企业免费提供1荤2素一汤的菜，工人自带粮食蒸饭。为什么这样，厂长说：“这样不浪费。如果吃厂里的，我试过，刚进来的时候，不管吃得下，吃不下，都是一大勺，那你，都是倒掉了，所以我就给每个人发个饭盒，我们是蒸饭的，菜呢是厂里供应的”（0902个案）。

在0904企业，则采取米饭自己花钱买，菜免费供应的方式，管理者认为米饭自己买可以让员工注意节约(0904个案)。

社会保障方面，三个被调查企业中，凡是签订劳动合同的农民工，都参加了综合保险，上海本地非城镇户籍的工人，都参加了“镇保”，城市户籍的员工，都参加了“城保”。

（六）住宿条件

服装业的工人基本上以外来工特别是农民工为主，上海本地工人作服装业工人的，已经是少而又少。所以服装企业要进行正常生产，招用的工人的住宿是一个需要重视的问题。从三个企业的调查看，工人的住宿方式主要是两种：居住工厂集体宿舍或者在外租房。2009年我们在上海五个纺织服装企业关于住宿的调查显示，三分之一的人居住工厂集体宿舍，三分之二的居住出租屋。三个被调查企业的工人住宿情况如下：

0901企业：单身工人基本上居住工厂集体宿舍，“我们是6个人（住），一个还算宽敞的宿舍，里面有电视机、电风扇，床是上下铺，上铺放东西，还给我一张柜子，放衣服啊。水电费每个月二十几块，平均下来一个人就几块钱。有洗手间，同住的是车间工人。每月的住宿费是老板付的（0901个案2）已婚却配偶都在上海工作的工人，以外面租房为主，“我们住的地方很小，就一室，很小的一间，一张床，一个台子，厨房就在门外，要走一段路，五分钟吧。洗澡就自己烧水洗，租的是民房，两三百一个月”（0901个案，夫妻同住）。

0902企业：2007年企业建成了公寓式的工人宿舍，为两室一厅或三室一厅的套间，每套房子的面积大约90–120平方米，两室一厅的房子有2个卧室，一个厨房，一个卫生间，一个大约20多平方米的厅，一般安排两家共住，每家交给工厂的房租费是100元。工厂鼓励夫妻双方都能够在工厂工作，并优先提供住房。如果不是夫妻，则安排2人合住一间，每月每人交50元。工厂目前有工人约380人，其中有200多人住在这些公寓式的宿舍中，另外一些工人为当地农村人，回家居住，还有少量在当地租民房住。

0904企业：有工人170左右人，其中约120是外地农民工，工厂提供集体宿舍，4个人1间，房间内装有空调，共用卫生间与水房。工人每人每月需缴纳20元房费。有一部分已婚却夫妻同在上海的工人在外面租房住，“我们三个人在外面租房子住，每月租金220元，工厂补贴我们每人每月30元”（0904个案3），另外一个工人说：“我们自己花150元在外面租房子，两口子在一起住。离工厂40–50分钟左右”（0904个案2）。

综上所述，就三个企业农民工的工作境况而言，劳动安全卫生、劳动合同签订、社会保险方面相对较好，住宿方面，市区的企业为平均水平，地处松江镇的企业则为员工提供了较好的住宿条件。就工资水平和劳动时间而言，基本属同类企业的平均水平，即：劳动强度大、工作时间长、时常加班、工资水平偏低。

四、形塑农民工工作境况和行动选择机会的制度和结构要素

制度和结构要素形塑着农民工的工作境况和行动选择机会。社会学中的新制度主义者维克托．尼认为制度是支配社会关系的互为关联的规则与规范，包括型塑行动者选择集的正式制约（制度）与非正式制约（制度）。正式制度是群体或组织言明的、书写的规则，非正式制度即为群体或者组织言明或者不言明，并依据非正式监控机制的规则，如社会赞同与社会不赞同（Nee ,Victor，1995:8）。实际上正式与非正式最大的区别体现在前者往往来自国家或相应机构，以法律、法规、政策和规章体现的正式制度对行动者施加约束，后者往往起源于社会，以非成文性的习俗、习惯体现的非正式制度对行动者施加的约束是非强制性的（刘爱玉，2005：68）。本研究主要关注正式制度对于农民工工作境况与行动选择机会的影响。从总体上看，自改革开放 30 余年来，考虑到经济社会发展和政治体制改革等因素，国家关于农民工的政策大致经历了四个发展阶段：一是被动应对阶段（1978 年—1993 年）；二是管理限制阶段（1993 年 -2003 年）；三是积极引导阶段（2003 年—2005 年）；四是全面推进阶段（2006 年至今）。在此期间，国家对农民工政策经历了从紧到松、从严到宽、从无序到规范、从消极被动到积极主动的发展过程。特别是 2006 年 1 月 21 日国务院制定并发布《国务院关于解决农民工问题的若干意见》（国发 [2006]5 号）以来，国家从促进经济改革与发展以及维护社会稳定、全面建设小康社会的全局性的战略高度，推动全方位解决农民工问题。各相关部门纷纷制定和调整有关农民工的政策，加大解决了农民工问题力度，使农民工进城务工的社会经济环境显著改善（金维刚，2009）。对于农民工境况改善的诸多政策与制度安排中，最为重要的是最低工资制度、社会保障制度、《新劳动合同法》的实施、农民工联席会议制度。

按照 Wright 的阐述，工人的行动受到结社力量和结构力量的制约。“结社力量”是指“来自工人形成集体组织的各种权力形式”，即工人阶级形成自己的组织、通过各种集体行动表达自己诉求的能力；“结构力量”即“工人简单地由其在经济系统中的位置而形成的力量”。“结构力量”由两种“讨价还价能力”组成。一种叫作“市场讨价还价能力”（market bargaining power），

包括：第一，工人拥有雇主所需要的稀缺技术；第二，较低的失业率，即所谓“紧凑的”劳动力市场（tight labor market）；第三，工人具有脱离劳动力市场、完全依靠非工资收入而生活的能力。另一种叫作“工作现场的讨价还价能力”（workplace bargaining power）。这是一种“从卷入于严密整合的生产过程的工人那里所产生的能力。在那里，关节部位上的工作节点的中断，可以在比该节点本身更为广大的规模上，导致生产的解体”（Wright，2000）。在中国特殊的国情和制度背景下，Wright 分析的两种力量对于中国工人的机会结构与行动能力形塑有着不同于美国工人的特点，按照沈原的观点，农民工是转型时期出现的“新工人”，与老工人（国企职工）比较，新工人的力量主要体现在“结构力量”上，而老工人的力量主要体现在“结社力量”上（沈原，2006）。我们认为这样的判断基本是符合事实的，因此，本研究将着重考察农民工因劳动力市场供求势态变化而引致的结构力量。

（一）最低工资制度与最低工资的变化

最低工资是国家为保证维持劳动力再生产的最低需要，以一定立法程度规定的，要求用人单位对在正常劳动时间内履行正常劳动义务后的劳动者必须支付最低限度的劳动报酬。中国最低工资制度的建设始于 1993 年，上海市在该年的最低工资标准为 210 元。随着工资水平的不断提高，上海市基本上每年调整一次最低工资标准，如 2001 年 7 月 1 日调整为 490 元，2008 年 4 月 1 日后调整为每月 960 元。最低工资标准为农民工获得最低工资收入设定了法律认可的底线，成为保障其基本权益的重要法律依据。

表8.4　上海市最低工资及其变化

实施时间	2001.7.1	2002.7.1	2003.7.1	2004.7.1	2005.9.1	2006.9.1	2007.9.1	2008.4.1
标准（元）	490	535	570	635	690	750	840	960

从制度规定的最低工资标准看，上海市近三年增加的幅度较大，尤其是最近一年的调整。与北京、深圳相比，上海市最低工资标准提升的幅度最大，1997 年的时候北京、深圳、上海三地的最低工资标准分别为 290 元、420 元和 315 元，2008 年三地的最低工资标准分别为 800 元、1000 元（特区内，特区外

为 900 元）、960 元，从最低工资标准绝对值的变化幅度来看，上海最高。

（二）外来从业人员综合保险与社会保障的初步建立

上海市对于外来人员的综合保险经过较长时间的酝酿后，于 2002 年 7 月 22 日通过政府令的方式向社会各界公布了《上海市外来从业人员综合保险暂行办法》（上海市政府令第 123 号），2004 年 8 月的**上海市人民政府第 34 号令**对上述政策进行了修订，2005 年上海市劳动和社会保障局制定了关于贯彻《上海市外来从业人员综合保险暂行办法》的实施细则 [沪劳保就发（2005）8 号]。上述政策与实施细则的核心思想是：

用人单位和无单位的外来从业人员按照缴费基数 12.5% 的比例，缴纳综合保险费。外来从业人员，享受工伤、住院医疗和老年补贴三项待遇。缴费满一个月的，享受住院医疗待遇的最高额，为上年度全市职工年平均工资的三分之一；连续缴费满两个月的，享受住院医疗待遇的最高额，为上年度全市职工年平均工资的三分之二。外来从业人员每一年享受住院医疗待遇的最高额不得超过上一年度全市职工年平均工资的 4 倍。连续缴费满一年的，外来从业人员可以获得一份老年补贴凭证，其额度为本人实际缴费基数的 7%。外来从业人员在男年满 60 周岁、女年满 50 周岁时，可以凭老年补贴凭证一次性兑现老年补贴。对未按规定缴纳综合保险费的用人单位和无单位的外来从业人员，劳动保障行政部门应当责令其限期补缴；逾期仍不缴纳的，从欠缴之日起，按日加收 2‰的滞纳金，并可对用人单位处以每人未缴纳金额一至二倍的罚款。对逾期拒不缴纳综合保险费、滞纳金或者罚款的，劳动保障行政部门可以申请人民法院依法强制执行。

表8.5　上海市城镇职工与农民工社保缴费明细比较

参保人群	参保种类	缴费基数	费率	个人缴费比例
本市城镇职工	城镇职工社会保险（城保）	个人工资	36.5%	11%
外来从业人员	外来从业人员综合布线（综保）	社会平均工资60%	12.5%	不缴费
本地失地农民	小城镇社会保险（城保）	社会平均工资60%	24%+X	不缴费

资料来源：上海社保局

在颁布上述政策的同时，劳动与社会保障部门还增加了落实、检查、监督的力度，使得外来从业人员参保的人数不断增加，到 2008 年底，全市综合保险参保人数超过 383.8 万人（http://www.yearbookinfo.net/news.asp?id=261），其中农民工的参保比例超过了 70%，而即使在 2009 年，中国农民工养老、医疗、失业和工伤保险的参保率分别为 18.2%、29.8%、11.3% 和 38.4%。虽然学界对上海市外来人员综合保险模式有一些批评，但就其覆盖面而言，无论是与全国的平均水平相比或者与北京、深圳等地相比，都是最高的。

（三）新劳动合同法及其实施

中国在 1994 年即颁布了规定“劳动合同制”的劳动法，但该法具有明显的维护二元化劳动体制的弊端。鉴于环境变化及建设新型劳动关系的需要，原来的劳动法的修订就被提到了议事日程。最早的报请国务院审议稿成于 2001 年前后，是劳动和社会保障部在 1994 年《劳动法》出台后起草的，全总参与了这一过程。此稿一度提交国务院审议，国务院法制办曾到上海征求意见。2005 年 1 月 10 日，劳动和社会保障部在对 2001 年草案版本进行调整、补充后送交到国务院法制办，而国务院法制办在 2005 年的 5 月、6 月、8 月、10 月又先后对草案做了几次修改。2005 年 10 月，国务院法制办修改稿提交全国人大常委，列入立法程序，12 月 24 日到 29 日全国人大常委会首次审议。2007 年 6 月 29 日的中华人民共和国第十届全国人民代表大会常务委员会第二十八次会议通过了《劳动合同法》，并决定于 2008 年 1 月 1 日开始全面实施。新劳动合同法相比于原来的劳动法有一些明显的变化，如强化保护劳动者权益；强调工会，集体合同的作用；把保护个别劳动者的责任部分委任给单位体制；对欠薪，加班的宣言性词句，为了劳动合同制扎根的强制性规定，承认非全日制雇佣形式，强化无固定期限劳动合同的条件等。2008 年 9 月 3 日国务院第 25 次常务会议通过了《中华人民共和国劳动合同法实施条例》。

学界对新《劳动合同法》的实施有诸多期待，指出其出发点是以建立规范劳动双方权利和义务的法律手段，来保护劳动者的合法权益，目的是构建和谐的劳动关系（常凯，2007）。

（四）农民工联席会议制度

为了认真贯彻国务院2006年3月颁布的《关于解决农民工问题的若干意见》以及切实保障农民工的权益，上海市市委、市政府建立了由28个相关职能部门组成的市农民工工作联席会议制度，区县也都相应地建立了农民工工作联席会议协调机构。2008年4月30日，在上海召开的农民工工作联席会议上，通过了《上海市农民工工作联席会议2008年工作要点》。主要内容涉及完善农民工公共服务与管理领域的九个方面内容：一是进一步做好农民工维权服务，重点保障农民工工资报酬权益；二是依法规范农民工劳动管理，全面推进劳动合同制度；三是强化农民工就业和培训服务，完善就业服务体系，提升农民工整体职业素质；四是完善农民工社会保障服务，进一步完善农民工基本社会保险制度并加大综合保险推进力度；五是推进农民工相关公共服务，进一步做好教育、卫生、计生、居住等各方面公共服务工作；六是完善农民工社区管理服务，建立农民工民主参与、民主管理的社区管理制度；七是加强农民工法律服务，继续加强法律援助、司法保障和社团组织维权等工作；八是做好农民工情况的统计分析和信息服务，逐步实现信息共享；九是进一步形成关心和尊重农民工的和谐社会氛围，团结和鼓舞农民工积极投身改革发展，更好地融入上海城市生活。

（五）劳动力市场结构与工人需求认知

虽然上海市的劳动力市场在总体上依然供大于求，但不同行业与职业的劳动力市场供求状况却存在着很大差异。从2002年以来的情况看，上海市纺织服装鞋帽业的用工规模基本稳定在6.5-8.5万人左右的规模，就业的劳动者以外来女性农民工为主，女工比例占该行业的约四分之三。相对于上海市的劳动力总量和外来农民工队伍而言，这一用工规模并不算大，但其稳定的维持却也与东南沿海地区的其他城市一样，并非轻而易举。其因在于：(1) 由于女性结婚、生育导致的职业中断在该行业中很普遍，使得劳动力队伍很不稳定，需要不断地补充和吸收新人员的进入；(2) 2004年以来大环境下发生的“民工荒”对上海市纺织服装鞋帽行业用工的冲击。从2004年春节之后开始，珠三角、闽东南、浙东南等经济发达地区发生了大规模的民工荒，尤其是对于工资待遇低、劳动强度大、工作环境差的劳动密集型企业而言，缺工最为严重。产品竞争比较激烈的服装加工、制鞋、玩具制造、电子装配、塑料制品加工等行业，劳动力供求缺口较大。挡车工、车位工、缝纫工、印染工、抛光工、钳工、装配工、焊工、电工、操作工等熟练工和技工最受企业亲睐却供应不足(刘传江、徐建玲，2006)；(3)纺织服装鞋帽加工虽属于轻工业，但对劳动者的技能要求高、劳动强度大，而工资水平却相对较低，如上海市纺织服装鞋帽业职工的平均工资在2003-2006年期间，一直只有上海市职工平均工资的65%左右。因此，收入水平相对较低、劳动技能要求高且劳动强度大的服装鞋帽业工作，对于80年代以来独生子女政策下成长起来的新一代农民工，并没有特别的吸引力，造成总体上的纺织服装鞋帽行业劳动力的供不应求。若用“求人倍率”(即招聘岗位数：求职人数)来体现求职人数同招聘岗位数的平衡状况，则当求人倍率大于1时，表明该岗位需求不旺盛；当求人倍率小于1时，表明该岗位供不应求。求人倍率越低，则该岗位竞争越激烈。从上海市2007年不同行业的情况来看，就业稳定度高的行业普遍受到求职者青睐，求人倍率较低(即岗位供不应求)。比如公共管理和社会组织的求人倍率为0.42，在所有行业中处于最低水平；教育行业求人倍率为0.48，卫生、社会保障和社会福利业求人倍率为0.61，食品、纺织、日用品、钢铁企业求人倍率为0.63，排在第五位。从2006年上海市劳动力市场上需求大于求职、缺口最大的十大职业看，缝纫工排在第四位，其求职倍率为4.85，详见表8.6、表8.7。

表8.6　2007年不同行业的求人倍率

行业(门类)	常见的用人单位类型	求人倍率
公共管理和社会组织	机关、事业单位、社会团体	0.42
教育	大、中、小学校，培训机构	0.48
交通运输、仓储和邮政业	出租汽车、物流、邮政部门	0.54
卫生、社会保障和社会福利业	医院、养老院、福利院	0.61
制造业	食品、纺织、日用品、钢铁企业	0.63
建筑业	建筑、建筑设计、装潢企业	0.73
房地产业	房地产中介、开发，物业管理企业	0.81
批发和零售业	大卖场、百货商场、便利店	0.84
科学研究、技术服务和地质勘查业	研究院、研究所	0.85
电力、燃气及水的生产和供应业	电力、煤气、供水企业	0.86
农、林、牧、渔业	农业、林业、渔业企业	0.88
信息传输、计算机服务和软件业	电信、网络科技、软件开发企业	0.89

采矿业	勘探、采掘企业	0.92
文化、体育和娱乐业	报社、健身中心、休闲娱乐企业	0.97
总计	____ ____	0.98

资料来源：上海市人力资源和社会保障局,2008 年 2 月 13 日“2007 年上海市职场供求状况分析”http://www.12333sh.gov.cn/200912333/2009xxgk/ztxx/rlzysc/scfx/200909/t20090918_1085395.shtml

表8.7 上海市2006年需求大于求职、缺口最大的10个职业

职业	需求人次	求职人次	缺口数	求人倍率
机械木工	323	21	302	15.38
组件制作工	203	14	189	14.50
轧钢工	200	35	165	5.71
缝纫工	1972	407	1565	4.85
船舶电焊工	202	49	153	4.12
塑胶制品流水线操作	121	32	89	3.78
光电线缆附件工	101	28	73	3.61
电子专用设备安装调试工	202	67	135	3.01
保险代理人	10429	4098	6331	2.54
证券经纪人	2844	1143	1701	2.49

资料来源：http://jobs.12333sh.gov.cn/07sy/scfxb/200802/t20080225_1046500.shtml

2008 年 9 月份在上海市进行调查的时候，国际金融危机已经对纺织服装鞋帽业产生很大的负面影响，订单减少、汇率变化、以及原材料的涨价，已经迫使一些企业关闭。即使如此，我们从对管理人员的访谈中获知的依然是熟练技工的难找，0901 企业的赵总对服装业熟练工人短缺有非常代表性的看法，他在接受访谈时说：

那些有技能的工人到了一定的年龄，她要回家结婚，要生小孩。她回老家后，就不出来了，就不做了，然后很多小弟弟小妹妹，观念不一样，因为整个中国社会的风气就是，怎么说呢，好高骛远啊，还有就是追求好逸恶劳啊，现在小弟弟小妹妹，有多少愿意到工厂来？稍微有脑子的人，他就千方百计的，看看能不能进办公室，哪怕工资低一点也好啊，挖空心思，哪怕去做个服务员也好啊，都不愿意来从事工业（0901m）。

从对三个企业的普通工人的访谈中，我们获知的依然是工人工作好找。

0901 个案 1（31 岁，女，熟练工，已婚有小孩，安徽籍）:（笑）好找的不得了，到处都在要人呀，这也要，那也要，有时候朋友也打电话让我去她那边，还找的不得了。才来（上海的时候）还去中介，现在不去了。有时候上网也可以看得到（招聘信息），有时候报纸上面啊，多的是。

0901 个案 2（28 岁，男，上海郊区）：找工作，那就要看什么样的标准，如果要舒服一点，待遇好一点，还是有些困难的，但是如果你随便找一个的话，不是很困难，找这份工作，应该没什么困难。

0901 个案 4（31 岁，男，浙江泰兴人，初中文化，已婚，有 5 岁女儿，样衣工）：因为现在怎么讲呢，工人还是难找的，每个厂都缺工人……我个人感觉是我们这个行业难找（工人）。因为我们行业的工资属于中低下，像我们这个年纪还有比我们年纪小的，做我们这个行业的已经很少了，……，现在工人很难找的。只要肯干，随便到哪个厂，都是欢迎的不得了。因为他工人难找嘛。要辞工嘛肯定相对来讲难一点。（笑）现在新的劳动合同法就是对工人对企业，有这个制衡的能力吧。这一点也像是帮助企业，因为企业的话是这样讲的，来一个生人，假如说对这个不熟悉啦，我把你收留下了，一直到你熟悉了，你突然讲要走了，这样公司肯定就有一定的损失。他是这样讲的。就是相对于平常来讲呢，给老板提前三十天打招呼的形式。但是对于工人来讲，感到显得有点长了，你知道吧（笑）

0904 个案 3，31 岁，外出打工 10 年，女，已婚，初中文化，和丈夫住宅一起，安徽人：现在找这样的工作不困难，现在哪个厂都需要人，做服装这行，真的现在很缺人。好多一起做（服装）的人都改行了嘛，包括我们现在也都想去改。因为现在一天工资也不高，然后加班都挺辛苦的，做这行的人真的越来越少，像比我小的人都读书去了，一般也不来做这个事情。

我们知道，当劳动力市场供大于求时，劳动者在与雇主谈判时讨价还价的余地很小甚至没有，因为他们怕失业而不得不放弃在劳动冲突中对正当权利的争取，甚至根本不敢对抗资方的种种侵权行为，对资方的侵权行为大多抱忍耐的态度。当劳动力市场中的供求形势逆转后，工人会因此获得结构性力量，事实证明，对于农民工而言，这种结构力量对于其谈判地位的提升起到了十分重要的作用。

五、制度与结构形塑下的劳动关系

（一）劳动条件与环境的改善

王菁以社会学定量和定性分析的方法对新《劳动合同法》实施后劳动状况进行过实证研究，得出的结论是新《劳动合同法》对于工人的劳动时间、劳动安全、劳动社会保障的影响不显著，仅对劳动报酬的影响显著。陈宁等对新《劳动合同法》实施后出现的解雇潮进行模型分析，其研究结论是：企业是否遵守《劳动合同法》取决于劳动监管部门的监管力度、执法力度和工人的谈判力强度。要保护劳动者的合法劳动权益，就要增强工人的谈判力量，加强劳动监管部门的监管力度，大幅度提高罚款和刑事处罚，完善劳动保障体系（陈宁、卢玮，2008）。我们认为，制度环境的改善，特别是新劳动合同法的实施，不仅对劳动报酬提升产生了积极的影响，而且对劳动时间、劳动安全与劳动社会保障的改善产生了明显的促进作用，而劳动力市场上供求势态的变化，则增强了工人的谈判力量，这种力量的增强与制度环境改善结合，使得工人的境遇较之前几年有了明显的进步。我们的经验研究表明，纺织服装鞋帽业工人的劳动条件在最近几年有了一定程度的改善，这种改善表现为工资水平提高、休息时间增加、劳动安全与卫生条件改善、劳动合同签订与一定的社会福利保障的享有。我们从下述三个工人的个案访谈可以感受到这种变化。

0901 个案 1：刚来上海的时候比现在还要累，那时候真是特别辛苦啊。晚上要做到第二天早晨五六点，然后十二点不到又要接着做……天天加班，是的，都一样的，都是记件的。做了一百件就是一百件的钱，那现在也是这样的，也是计件的，做多少给多少。那时加班说我们是自愿加的，自愿上的，走的早的话还要被骂的。他就是想叫你多做嘛，多做一点，她说是你自愿加班的，星期六星期天，我们找他要加班费，他说没有的，是你们自愿来加班的。没有加班费，是计件的嘛，做多少算多少的钱，现在没那么辛苦了。

0901 个案 2：现在上班更轻松了，休息上更多了，以前呢（有加班），一定要赶出货来，经常晚上加两个小时班，从 7 点到 9 点。以前就是不像现在这个样子。一周休息两天，……，（这是）过完年（2008 年春节）后开始的。

0901 个案 4：新劳动合同法实施前后变化，还是有一点的。对我们来说感受比较深的就是那个综合保险。以前他也有，但不是强制性的。像有的公司，假如说他有 50 个人吧，那个保险人员他就给你讲，你不要报 50 个，你可以报个三分之一啊、三分之二啊。不要全部报的。但是要按新的劳动合同法，他就每个人都必须要报。假如不报，有人举报的话，就麻烦了。

0901 个案 3：出了新劳动法，变化肯定有的，那时候刚来的时候签个合同两三张，现在七八张了。以前都是单休，现在基本上都是双休了，基本上严格执行了。还有，我 93 年、94 年才三四百块钱（一个月），那时候低呀。然后嘛，从三四百到六七百，七八百，然后一千多，一千五，就这样，去年加了一次，现在是每个月 2000 块出头。

下面一个个案是来自企业管理人员的访谈实录，可以清晰地看到关于农民工相关政策的出台（尤其是新劳动合同法）带给企业主的压力以及其在这种压力下被迫改善劳工工作条件、收入待遇和保障待遇的情况。

0904 个案 1：工人的养老金要交，去年还好点，前年更好点，再前年还要好一点。反正你一个单位交二三十个人，糊里糊涂就算了。现在必须交，查到了没有交就翻倍罚你，现在国家的政策呢，对我们这种私营的，越来越严。我们现在不单是交综合保险，就是她们的病假也要给。你现在用人的话，人都不知道哪里去了，所以我们有时候还得给她们补助啊，你要不给他了，也不行啊，他就不做了。所以现在人员的压力也挺大。我们这里的工人的平均工资达到 1700 元，他们还不满意。

（二）劳动权益认知增强

中华人民共和国宪法和劳动法规对劳动者的就业、劳动合同、工作时间和休息休假、工资、劳动安全卫生、社会保险和福利等劳动权益有非常明确的规定。特别是2008年1月正式实施的新《劳动合同法》，尤其考虑了劳动者的劳动权益。我们发现近年来农民工政策的完善尤其是新劳动合同法的实施，与劳动力市场供求态势的转变，对农民工工资、人身及健康、就业保障与保险等方面的权益改善产生了积极的影响，而更为重要的是，农民工对于自身的权益及其认知程度有了很大的提升。表现为：(1) 积极学习和了解劳动政策与法规内容，认识自己的权益之所在。一个工人说：与前几年相比，我觉得就是对我们工人来说就是利益更加好一点，就是在医疗保险方面，还有就是这个，你在这里做了一年，如果你要离开的话，得补偿……，不是很清楚（多少钱），反正我会很仔细的看，现在让我背出来是不行的，反正我是了解的（0901个案2）。(2) 积极签订劳动合同，认识到签订劳动合同可以保障自身的一些劳动权益。一个工人在访谈时告诉我们说："我签订了1年合同。有不签合同的，为什么？因为他觉得签了就会对自己有约束，但我觉得是不对的，对自己是有害的，签了他才给你买综合保险。就算他不叫我签，我也会催着他签。不签的有三分之一吧。主要是年纪轻的多一点，会觉得比较自由，不想做了就走了。年纪大的觉得这个合同是对自己有保护的。"（0904个案1）。(3) 意识到自身在劳动合同签订过程中有着与雇主同等的地位，从追着雇主签订合同到雇主可能需要求着工人签订合同转。如访谈时一个工人指出："合同看了，都看了。现在合同怎么讲，现在这个劳动法就是偏向我们工人，是吧，有一点。但是它也要保障企业的利益，对吧？所以我们就看看，差不多满意就算了。我觉得挺苛刻的要求就是那个签的合同，规定的提出辞职要提前一个月。这个对我们来讲稍微长了一点。我觉得合理的，一个礼拜（笑）。你打个比方啊，我们在这里做，假如外面一个朋友打个电话，一家公司有很好的待遇，这一段活多，他需要人的话，你要辞职的话要一个月，人家不可能等的。假如说一个礼拜呢，人家可能还能等一等，……，就是一年的合同。哎，假如说我们对这个公司满意了，可以续签。假如不满意了，可以不要签，可以解约，也可以的”（0901 个案 4）。

当工人在制度和劳动力市场结构形塑下对自身权益认知日渐加深的同时，管理者对于工人的这种变化也有切身的体会，一个经过多年打工而升为车间主任的中层管理者说：“合同副本保存的，其他工人都保存的。现在的工人都精得不得了，他先把自己的合同文本保存好，才会跟你签的。现在都懂的，不像我们那以前字都不会写，要让我们代写。新的劳动法，知道的。就是有一些方面变化，好像是说签了三年之后就可以免签的嘛，就是不签也是可以在这边上班的。辞退的话是要交劳动补偿的。好像新的劳动法都是为工人着想的，不是为老板着想的。以前的劳动法都是为老板着想的。以前是老板说话，现在是工人说话。现在的工人素质都提高了，以前让你走就走，现在不行了，你该给多少就要给多少，不能少的，该赔多少赔多少。现在工人都知道劳动权益保障的。我们以前那边工作过的厂，要关了，那是不行的，你不能想关就关，你要付我三个月的工资。为什么？因为他没有提前通知要关了，让工人没有时间去找其他的工厂，要拿到工资，还有该亏欠的都要补齐的……法定节假日我们都放假的。像那天，我就跟我以前认识的一个做管理的说，我要改行做工人，现在工人是老大，工人的自我保护意识都特强。有的工人来了发现你这里的工作环境达不到他的标准，他就不做了就走了。而且现在竞争这么强，都在招聘，我哪里找不到啊，他不担心的。现在每个厂里都挂有劳动保障的电话，工人有问题一打电话就可以了，很方便的”（0902 个案 1）。

（三）维权行动

对三个企业的经验调查发现，工人的维权行动具有以下特点：

第一，敢于以制度化手段维权

伴随工人劳动权益认知的增强，在劳动制度和政策逐步完善却劳动力市场上对部分工人需求增加的情况下，管理人员已经意识到工人相比于前几年而言，越来越敢于积极、主动地维护自身的权益。

0901 企业的经理说：“现在每个工人都有合同，工人嘛，《劳动法》对他有利，他非常知道，他怎么知道？电视啊，广播啊，报纸啊，天天在宣传嘛，还有电话，12333，一个电话过去，你这个去告他……（0901）”。

0904 企业的经理在访谈时说："最低工资，还有其他什么的，……这些（工人）都晓得得呀！现在我们上海的法律很公开的，你打个 12333 一问，都知道的，而且你最低工资，比如说不达到的话，他打这个劳动稽查处的电话，马上就来查的"（0904）。那么工人呢，也意识到并积极利用制度提供的条件维护自身的权益。当我们在调查时问及"在您遇到不公正待遇的时候会向谁寻求帮助"时，0901 企业的一个工人说："如果老板拖欠你工资，或者碰到不公正，那肯定会不舒服的，如果有的话，那我就找管理人员要啊，说怎么还不发工资，天天烦他一下，提醒他一下。再不给，---那肯定要到劳动局那里去告他，那不给钱嘛，当然是要告的，是吧，我们还是会打那个热线电话，就是劳动局的热线电话。看哪一个电话是管这个分区的，打过去。（问：打这个电话反应怎么样？）好用不好用我就打过去。有一次，我就打过去，打过去呢，刚好是礼拜六，人家休息，到礼拜一的时候呢，我也没再打这个电话，我就跟厂里讲，假如实在解决不了的话，反正我已经打了劳动局的电话。厂里就给解决了，因为厂里他也怕闹到劳动局……"（0901 个案 1）。0904 企业的工人说："如果企业拖欠工资，借口效益不好，没有钱，拖着，那我肯定会举报的，如果找经理可以解决，就找经理，如果不可以解决，就打 12333，劳动保障热线嘛，很方便的。"(0904 个案 1)。

第二，采用多种行动方式进行回应

当个体在劳动权益受到侵犯时，首选并不全然是忍气吞声，更多的是起来进行抗争，而这种抗争往往不是简单地使用一种抗争方式，而是联合使用多种抗争方式，抗争是一个过程，在这个过程中，工人会向管理阶层反映问题，寻求问题解决，也会向政府部门投诉，如果在这个过程中双方冲突不可调和，或者虽然工人的利益虽然得到了维护，但双方已撕破脸面，则工人最终会选择离职走人。如上文提到的 0901 个案 1 与 0904 个案 1，都是采用了多种行动方式。

第三，集体行动

集体行动是那些旨在改变规范与价值的集体努力，是一种利益组织起来的行动，如请愿、联名上诉、集体上访、集体争议、罢工、示威等集体抗议是常见的集体行动。刘爱玉等2009年对上海5个纺织服装企业的农民工调查发现，88%的人无劳动纠纷无行动，9%的人有劳动纠纷有个体行动，1%的人有劳动纠纷有集体行动，2%的人有劳动纠纷无行动。可以看出，在上海的纺织服装行业企业中，集体行动很少发生，究其原因，是因为集体行动的发生需要将不同个体的利益进行组织而成为集体性的利益，而这种组织在当下中国则尤其困难，需要克服风险、资源、机会等的约束，而如果个体拥有替代性的资源，可以在劳动力市场上快速找到替代性的机会，集体行动的参与或者组织则根本不可能是一个首要的选择。正如一个工人所说："如果说受到一些不公正的待遇，我肯定会行动，我会直接找老板，和老板谈不妥的话，大不了不在这做。每个人都是不一样的吗，没必要一起闹，我也不会去当头"（0904个案2）。

但"如果老板很过分的话，工人是会团结起来的。平时，就是各做各的活，做好自己的事情就好了，也没有必要团结什么的"（0904个案1）。当企业真的做得很过分，却侵蚀到大多数工人的利益时，集体行动就有可能发生。2008年9月，当我们在0901企业调查时，工人就告诉我们一起刚发生过不久的集体行动，起因是因为工厂搬迁，工人在访谈时说："啊，上半年，这个厂亏本嘛，他把这个厂准备关掉了，然后把工人解散掉。那时候我们还没有搬过来，在公司里面，听说就是厂里宣布的，把这批活做了之后，就把工人解散掉，把厂子关掉。工人工资还是结了的。但是对于工人来讲，你假如说解散就解散啊，你应该赔偿工资的。要么你提前，我记得应该是，至少是提前一个月左右通知工人，你不可能讲你关闭就关闭对吧。工人就不服，你知道吧。要赔偿一定的工资，厂里面不同意，工人就闹了，集体闹到劳动局去了，最后有一个协商，每个人赔一千多块钱吧"（0901个案4）。

所以，当工人因工厂关闭而集体性地面临"被赶走"，需要终结与企业的正式劳动关系以及之前或多或少存在的隐含契约时，无论是否其面临生存危机，都会因此而进行集体性抗争，以此弥补工人心中所认为的企业对其的亏欠。

（四）泰罗式非人性化管理方式难以为继

泰罗式管理以工人是经济人为预设，通过工作的标准化、定额化，采用所谓的第一流工人制、差别计件工资制以及职能管理制，以最大限度挖掘劳动力的潜力，这一管理方式是资本主义用来控制工人，进行“设计和操作”分离而使工人“去技术化”、“原子化”的工具，因其缺乏人性化而在上个世纪的30年代受到广泛的批评。上个世纪80年代之后，伴随全球的经济自由化以及中国在90年代大力进行的市场化导向的国有企业改革和私营企业的发展，生产过程的理性化与泰罗主义管理实践在中国的改制企业和私营企业中快速与广泛地推行 (Minghua Zhao & Theo Nichols，1996)，李静君将改制企业中存在的劳动关系概括为“失序专制”（disorganized despotism）(Lee, 1999)，陈佩华将私营企业中广泛存在的泰罗式非人性化管理称之为强迫劳动（Chan, 2001）。

这种泰罗式非人性化管理在农民工政策逐步完善、2008年新劳动合同法实施以及2003年劳动力市场开始出现的供求态势变化的情况下，在某些行业和企业中，已经变得难以为继。我们调查的三个企业中的情况，表明了泰罗制管理方式为何难以为继。我们从工人的访谈中得知，如果企业在管理上太过分，没有人性，那么工人可以选择离开而必不担心找不到新的工作机会，下面两个工人的回答，就很好地证明了这一点。

我们讲句那个的话啊，就是在外面呢，像我们这样的工人是很难找的。现在的工人不像以前的工人那样好找，现在我们讲在小厂里啊，工人是当大爷对待的。当然要是没这个技术就不一样了（笑）。不像以前。假如（管理人员）太那个（严厉）了，闹翻了，再加上新的劳动合同法，工人他随时随地都可以走，对吧？工人要是走了，上面的老板他肯定会怪罪这个管理人员，所以他也不可能太那个（严厉）。前些年那个工人太好找了，他也不大可能对工人好。车间里安摄像头？没有的。班组长来回巡视检查？现在也没有的。要是那个不熟练的万一把面料损坏了，最多过来讲你一顿，做事不小心，以后注意啊。也就是批评一下(0901个案4)。

2003年来上海，我一直都做服装，但换过三家工厂，在这家待了1年，最长的待了4年。那个厂的老板年龄大了，和我们想的不一样了，比如说一件衣服，我们看着觉得可以了，但是他会给我们提做不到的要求，就是那种不合理的苛刻。比如说我们做的衣服，日本人都认可了，他还要挑毛病。我们觉得我们很难达到他的要求，就离开了。我们和小姑娘不一样，我们想的实际一点，一般把另一份工作找好了，才会去辞现在的 (0904 个案 1)。

我们向一个车间主任详细询问了其如何对工人进行管理，以及最近几年的变化，她是这样回答的：

现在工人的素质上去了，那管理人员的素质也要上去嘛。90 年代随便对他怎样都无所谓，现在不行啦。像上次有几个工人经常提前几分钟去吃饭，这样对其他工人影响不好的，但是你不可以直接说你怎么天天提前的，我就是说你们几个人中有的手机的时间是不是提前了十分钟，你把手机时间调的准一点吧，这样影响不好的。像以前你就可以说，你为什么走这么早，不可以提前的，现在就不行了，你就得委婉一点的说。现在很多出来打工的在家都是独生子女嘛，不能对他那样。对工人差了，工人态度也不好的，他要反抗的，而且也影响生产。现在工人的维权意识都很强的（0902 个案 1）。

泰罗式管理为何难以为继？因为现在的工人大多在 80 年代之后出生，是父母宠爱而长大的一代，是受过较高文化教育的一代，也是并不纯碎为了金钱而到城里来打工的一代，他们有很强的维权意识，他们会起来进行抗争，所以，企业必须转变管理方式，否则不仅不能从工人身上获取更多的利润，可能连管理者自己的饭碗也保不住，企业也在竞争中被淘汰。

六、结论与讨论

(一) 结论

基于三个服装企业的经验调查，我们发现：

1. 三个企业均无拖欠工资与克扣工资现象，大多数农民工的月工资水平在 1700-2000 元之间，基本与上海市纺织服装鞋帽类行业工人的平均工资持平；

2. 愿意签订劳动合同的农民工都与企业签订了劳动合同，签订的劳动合同以短期为主，但在新劳动合同法实施以后，有些企业开始与核心员工签订 3 年甚至更长期的劳动合同，凡是签订劳动合同的农民工，都参加了综合保险；

3. 三个企业的工作环境安全，光线较好，空气流通，有中央空调，员工对劳动安全卫生条件比较满意；

4. 就工资水平和劳动时间而言，依然具有劳动强度大、工作时间长、时常加班、工资水平偏低的特征；

5. 相比于前几年，特别是 2006 年之前，企业中的劳动条件、劳动环境有了较大的改善；

6. 企业中无强制劳动，管理方式日渐人性化，泰罗式的非人性化管理已难以为继；

7. 农民工的劳动权益认知有了明显的提升，特别是对于新劳动合同法的内容及其运用，也有相当的了解；

8. 农民工越来越具有主动维权的意识与行动，行动能力有明显的提升。表现为敢于以制度化手段维权、交叉使用多种行动方式进行维权以及在工厂关闭、搬迁时进行集体性维权；

9. 农民工劳动条件和环境的改善、劳动权益认知增强、行动能力提升以及泰罗式非人性管理方式的消褪，是制度和结构性要素及其相互作用形塑的结果。日益规范化的最低工资制度、外来从业人员综合保险制度、新劳动合同法及其实施、农民工联席会议制度等，赋予了农民工行动的制度力量；2003 年以来劳动力市场供求势态的变化，使得服装行业中技术工人、熟练工人出现了供给相对小、需求相对旺盛的局面，从而使农民工在劳动力市场上处于一个相对非弱势位置而获得了结构性力量。

（二）讨论

农民工因制度力量与结构力量而“增权”，这种“增权”即是个体能力的提升，它不但表现为一种客观的存在，而且表现为人们的一种主观感受，亦即权力感。无权也不单是指人们缺乏能力或资源，同时亦是指人们会通过一种内化过程，形成一种无权感。正是由于存在着这种无权感，使得人们指责和贬低自己，进而陷入无权的恶性循环”（陈树强，2003）。农民工因为增权而有了权能感、驾驭感，也进一步认识了自己在劳动力市场中的地位。他们不再是招致即来、呼之即去、可以任人随意摆布的劳动力，而是有主体意识、需要体面劳动和尊严的劳动者。因此，我们认识到：农民工整体地位的改善，有赖于制度赋予的力量和结构赋予的力量，特别是制度的稳定与有效实施，尤为重要。

本部分研究使用的来自三个企业的16个农村户籍工人个案，90%属于熟练工或者技术工，正是因为他们的熟练和拥有的技术，使得他们拥有了结构性的力量，其维权意识也更强，维权要求也更加受到企业重视。所以，不同技能、素质的农民工因制度和结构赋予的能力提升有着显著的差别，值得注意的是制度、结构形塑下劳工队伍的进一步分化问题，如熟练工与非熟练工、技术工人与非技术工人、核心工人与边缘工人。正如裴宜理所指出的那样："技术是一种社会的产品，一种谈判的身份：一个有技术的工人是难以替代和或不可缺的；一个无技术的工人则是可替代或可有可无的"（裴宜理，2001）。因此，当我们为技术工人、熟练工人的境况改善而欢呼的时候，依然需要关注那些无技能的、不熟练的、边缘的工人。农民工整体工作境况的改善，有赖于这一群体整体的能力提升，这需要：(1) 宏观人力资本投资，这涉及国家如何公平、公正地配置教育资源、对技术培训进行投入和分配，对卫生健康资源进行公正、有效的配置等问题。(2) 微观人力资本投资。孙立平认为农民工真正的融入城市可能需要代际传递的保持来实现，而代际的实现，一个重要的路径就是针对流动人口子女的教育安排，通过宏观人力资本投资环境的改善和微观人力资本投资，使农民工子女有可能成为有技能的一代，这样就是向真正的城市定居前进一步，期望到其第三代拥有与城市子女同样的教育资源。流动人口真正融入城市的过程，可能需要几代人的时间，要通过代际的传递才可能实现（孙立平，2008，转引自卢俊秀，2008：205），(3) 农民工人力资本使用环境的改善，需要理顺农民工技术的认定、技术等级与晋升之间的关系。

参考文献

英文文献

Adler, P. & K won, S. 2002. Social Capital: Prospects for a New Concept. *Academy of Management Review*, 27(1), pp. 17–40.

Alesina, A. , and L. Ferrara.2002.Who Trusts Others. *Journal of Public Economics,* Vol . 85 , Aug. , pp. 207 –234.

Andrews, Martyn J. Mark B. Stewart, Joanna K. Swaffield, and Richard Upward.1998.The Estimation of Union Wage Differentials and the Impact of Methodological Choices. *Labour Economics*, 5 , pp. 449–474.

Ansoff, I.H.1965. *Corporate Stratege :An analytic approach to Business Policy for growth and expansion* ,New York:McGraw- Hill .

Azariadis, Costas.1975. Implicit Contract and Underemployment Equilibria,*Journal of Political Economy* (Dec.)

Baily, Martin.1974. Wage and Employment under Uncertain Demand. *Review of Economic Studies* (Jan.)

Barber,B.1983.*The Logic and Limits of Trust.* New Brunswick,NJ:Rutgers University Press.

Beugelsdijk, S. , F. Groot , and M. Schaik .2004.Trust and Economic Growth : A Robustness Analysis. *Oxford Economic Papers* , Vol .56 , Jan. , pp. 118 —34.

Bjørnskov, C. & Paldam M. 2004. Corruption Trends. in *The New Institutional Economics of Corruption*.in G. Lambsdorff , M. Taube ,and M. Schramm , eds. , London : Routledge , pp. 59 –75.

Bjørnskov, C. 2003.*The Happy Few: Cross-Country Evidence on Social Capital and Life Satisfaction.* Kyklos , Vol . 56 , Feb.

Brehm, J . and W. Rahn .1997.Ndividual2Level Evidence for the Causes and Consequences of Social Capital.*American Journal of Political Science* , Vol . 41 , Jul . , pp. 999 –1023.

Bromiley, P.,& Cummings,L.L.1995.Transaction Costs in Organizations with Trust. In R.Bies,B.Sheppard & R.Lewicki(eds.). *Research on negotiations in organizations.* Greenwich:JAI Press.

Burt, R. 1992. *Structural Holes: The Social Structure of Competition.* Cambridge MA: Harvard University Press.

Carroll, Archie B.1991. The Pyramid of Corporate Social Responsibility: Toward the Moral Management of Organizational Stakeholders. *Business Horizon*, 34(4)

Carroll, Archie B.1999. Corporate Social Responsibility: Evolution of a Definition Construct. *Business and Society Review*, 38(3)

Chan, Anita.1998.Labor Standards and Human Rights: The Case of Chinese Workers under Market Socialism. *Human Rights Quarterly*, 40.

Chan, Anita. 2000.Clobalization ,China's Free (Read Bonded) Labour Market ,and the Chinese Trade Union. *Asian Pacific Business Review* 16(3-4) .

Chan, Anita. 2001. *China Workers Under Assault: Exploitation and Abuse in a Globalizing Economy.* (New York: ME Sharpe).

Chen,Feng.2003.Between the State and Labor:The Conflict of Chinese Trade Unions ‘ Double Identity in Market Reform.*The China Quarterly*176.

Choi,Young-Jin. 2003.*Sources of Labor Disputes in East Asian-invested Enterprises in China: From an Institutional and Organizational Perspective*. PhD Dissertation. UMI Number:3099055.

Chrisman, J. and R. Archer. 1984.Small Business Social Responsibility. *American Journal of Small Business* 9(2), 46–58.

Christine ,A. Hemingway and Patrick W .2004.Managers' Personal Values as Drivers of Corporate Social Responsibility.Author(s):. MaclaganSource: *Journal of Business Ethics,* Vol. 50, No. 1 (Mar., 2004), pp. 33–44Published by: SpringerStable URL:http://www.jstor.org/stable/25123191 .Accessed: 08/04/2011 05:42.

Clarkson,Max B.E.1995.A Stakeholder Framework for Analyzing and Evaluating Corporate Social Performance.*Academy of Management Review*,(20);92–117.

Coase, R.1937. The Nature of the Firm. *Economicia*.(Apr.)

Coase, R.1960. The Problem of Social Cost. *Journal of Law and Economics* (Oct.) .

Coleman,J. 1988.Social Capital in the Creation of Human Capital.*American Journal of Sociology* , Vol . 94 , Supplement .

Cornell,B. & A.C.Sharpiro.1987. Corporate Stakeholders and Corporate Finance. *Finanical Management* 16. pp5–14

Costigan, R. D., Ilter, S. S., & Berman J. J. 1998. A Multi-dimensional Study of Trust in Organizations. *Journal of Managerial Issues, 10*(3), 303–317.

Davis, K., and R. L. Blomstom. 1966. *Business and its Environment*. New York: McGrow-Hill.

Davis,K.1973.The Case for and Against Business Assumption of Social Responsibilities. *Academy of Management Journal*,16(2),312–322.

Di Maggio, P. J. and W. W. Powell.1983. The Iron Cage Revisited: Institutional Isomorphism and Col lective Rationality in Organization Fields. *American Sociological Review* 48(2), 147-160. doi:10.2307/ 2095101.

Donaldson, T. and L. E. Preston.1995.The Stakeholder Theory of the Corporation: Concepts, Evidence, and Implications.*Academy of Management Review* 20(1) , 65–91.

Drucker,P.F.1984.The New Meaning of Corporate Social Responsibility. *California Management Review*,26 （2）, 53–63.

Drucker,P.F.1985.*Innovation and enterpreneurship: practices and principles*. NY:Harper & Wow.

Earle, T.C. & Cvetkovich G.T.1995.*Social Trust Towards a cosmopolitan society*.Londan Praeger.

Eisenstadt, S.N.1984.*Patrons, Clients and Friends. Interpersonal Relations and the Structure of Trust in Society*. Cambridge University Press.

Elangovan, A. R. & Shapiro, D. L. 1998. Betrayal of Trust in Organizations.

Academy of Management Review, 23(3), 547–566.

Fombrun and Shanley.1999.What's in a Name? Reputation and Corporate Strategy.*Academy of management review,* Vol. 33. No.2.

Freeman,R.E.1984.*Strategic Management:A Stakeholder Approach.*Boston: Pitman.

Friedman, Milton.1970.The Social Responsibility of Business is to Increase its Profits.*The New York Times Magazine*, September 13.

Friedman, Milton.1989.Freedom and Philanthropy: An Interview with Milton Friedman.*Business and Society Review*, Fall.

Fukuyama. 1995. *Trust: The Social Virtues and the Creation of Prosperity*. New York: Free Press.

Garriga, Elisabet and Melé, Domènec, 2004.Corporate Social Responsibility Theories: Mapping the Territory. *Journal of Business Ethics*, Vol. 53, No. 1/2, Building Ethical Institutions for Business: Sixteenth Annual Conference of the European Business Ethics Network (EBEN), (Aug., 2004), pp.63–64

Ghoshal, S. &Moran, P. 1996.Bad for Practice: A Critique of the Transaction Cost Theory. *The Academy of Management Review,* 21 (1), pp. 13–47.

Giddens, A. 1991. *Modernity and Self-Identity*. Stanford,Calif.:Stanford University Press.

Gorden,David.1974.Aneoclassical Theory of Keynesian Unemployment. *Economic Inquiry.*(Dec.）.

Graafland, J.J. & S.C.W.Eijffinger.2004.Corporate Social Responsibility of Dutch Companies: Benchmarking, Transpareccy and Robustness.*De Economist* 152,No.3

Granovetter, M.1973.The Strength of Weak Ties. *American Journal of Sociology,* Vol. 78(6).

Granovetter, M.1985. Economic Action and Social Structure:The Problem of Embeddedness. *American Journal of Sociology,* 91(3):481–510.

Grossman, S. and Hart, O. The costs and Benefits of Ownership: A Teory of Vertical and Lateral Integration. *Political Economy*, 1986（94）.

Guiso,L. , P. Sapienza , and L. Zingales .2003.People's Opium ? Religion and Economic Attitudes. *Journal of Monetary Economics* ,Vol . 50 , Jan. , pp. 225 –282.

Guiso,L. , P. Sapienza , and L. Zingales.2004.The Role of Social Capital in Financial Development. *American Economic Review* , Vol .94 , Jun. , pp. 526 – 556.

Guiso,L. , P. Sapienza , and L. Zingales.2005.Trusting the Stock Market. *NBER Working Paper ,* No. 11648 , October.

Hamilton,G. G. (ed) .1991.*Asian Business Networks.*Walter de Gruytcr. Berl in.New York.

Hart, O. and Moore, J. 1990.Property Rights and the Nature of the Firm. *Journal of Political Economy.* (98) .

Helliwell,J.2003.How' s Life ? Combining Individual and National Variables to Explain Subjective Well2Being. *Economic Modeling* ,Vol . 20 , Mar. , pp. 331–360.

Hill,C.W. and Jones T.M.1992.Stakeholder-agency Theory.*Journal of Mangement Studies.*29.134–154.

Holmes, Sandra L.1976.Executive Perceptions of Corporate Social Responsibility.*Business Horizons*, Volume 19, Issue 3, June .

Honing,Emily.1986.*Sisters and Strangers: Women in the Shanghai Cotton Mills 1911-1949.*Stanford, Calif: Stanford University Press.

Jill, Esbenshade,2004. *Monitoring Sweatshops: Workers, Consumers and the Global Apparel Industry* (Philadelphia:Temple University Press.

Jovanovic, Boyan 1979 .Job Matching and the Theory of Turnover. *The Journal of Political Economy* 87 , Part 1 (Oct .) .

Knack, S. 2002.Social Capital and the Quality of Government : Evidence from the U. S. States. *American Journal of Political Science* ,Vol . 46 , Oct . , pp. 772–785.

Knack, S. and P. Keefer.1997.Does Social Capital Have an Economic Payoff ? *Quarterly Journal of Economics* , Vol . 112 , Nov.

Knight, John and Linda Yueh.2004. Job Mobility of Residents and Migrants in Urban China. *Journal of Comparative Economics* 32: 637–660.

La Porta, R. , L. Florencio , A. Shleifer , and R. Vishny. 1997.Trust in Large Organizations. *American Economic Review* , Vol . 87 ,May , pp. 333–338.

Lantos, Geoffrey P. 2002.The Ethicality of Altruistic Corporate Social Responsibility. *The Journal of Consumer Marketing,* 19(2/3).

Lederman , D. , N. Loayza , and A. Menendez .2002.Violent Crime : Does Social Capital Matter ?*Economic Development and Cultural Change* , vol . 50 , Apr. , pp. 509–539.

Lee, Ching Kwan.1998 .*Gender and the South China Miracle : Two Worlds of Factory Women.* Berkeley : University of California Press.

Lee, Ching Kwan.1999. From Organized Dependence to Disorganized Despotism: Changing Labour Regimes in Chinese Factories. *The China Quarterly* (hereafter CQ), No.157 .

Lee, Ching Kwan.2007.*Against the law: labor protests in China's rustbelt and sunbelt*. Berkeley : University of California Press .

Lewis ,J . D. &A.Weiger*t .1985 .Trust as a Social Reality. Social Forces 63 (4)* .

Lewis, H. Gregg .1963.*Unionism and Relative Wages in the United States.* Chicago .

Luhmann，Niklas.1979. *Trust and Power*. John Wiley & Sons Ltd.

March, James C. and P.Olsen Johan. 1989.*Rediscovering Institutions: The Organization Basis of Politics*.New York: Free Press.

Matthai,J.M.1989.*Employee Prceptions of Tust,Stisfaction, and Cmmitment as Pedicators of Trnover Itentions in a Mental Health setting.*Doctoral dissertation,Peabody College for Teachers of Vanderbilt University.

Mayer, R. C., Davis, J. H., & Schoorman, F. D. 1995. An Itegrative Mdel of Oganizational Trust. *Academy of Management Review, 20,* 709–734.

McAllister ,D. J . 1995.Affect and Cognition Based Trust as Foundations for Interpersonal Cooperation in Organizations. *Academy of Management Journal* 38(1) .

Mcknight,D.H.,Cummings,L.L.,&Chervany,N.L.1998.Initial Trust Formation in New Organizational Relationships.*Academy o fManagement*

Review.23(3).473–490.

McWilliams, A., and D. Siegel. 2001. Profit-maximizing corporate social responsibility. *Academy of Management Review* 26:504–505.

Meyerson, Harold.2004.Wal-Mart Loves Unions (In China). *Washington Post,* Wednesday, December 1.

Mincer , J .1974 . *Schooling , Experience and Earnings* . New York : Columbia University Press.

Mincer, J.1989.Human Capital and the Labor Market : A Review of Current Research. *Educational Researcher* 18(5) .

Minghua Zhao and Theo Nichols.1996.Management Control of Labour in State-Owend Enterprises: Cases From the Textile Industry. *The China Journal*, Volume0, Issue 36(Jul.)

Mitchell, R.M., B.R.Agle and D.J.Wood.1997. Towad a Theory of Stakeholder Identification and Salience:Defining the Principle of Who and What Really Counts[J].*Academy of Management Review*.(4):853–886.

Monsen, R. Joseph, 1971.Social Responsibility and the Corporation: Alternatives for the Future of Capitalism.This paper was presented at Annual Meeting of the Association for Evolutionary Economics, New Orleans, Louisiana, 27–28 December 1971.

Narver, John C. 1971. Rational Management Responses to External Effects. 14:99–115.

Nee , Victor . 1995. Sources of New Institutionalism. In Mary Brinton and Victor Nee. *The New Institutionalism in Sociology*. New York. Russell Sage Foundation.

North, D.C. 1990.*Institutions, Institutional Change and Economic Performance*. Cambridge: Cambridge University Press.

Nyhan, R. C., & Marlowe, H. A. 1997. Development and Psychometric Properties of the Organizational Trust Inventory. *Evaluation Review. 21*(5), 614–635.

Oi, Jean, 1995.The Role of the Local State in China’ s Transitional Economy. *China Quarterly* 144.

Oi, Jean, 1998.The Evolution of Local State Corporatism.in Walder, Andrew, (eds.), *Zouping in Transition: The process of Reform in Rural North China*, Cambridge Mass: Harvard University Press.

Perloff, Jeffrey M. and Sickles, Robin C. 1987.Union Wage, Hours, and Earnings Differentials in the Construction Industry.*Journal of Labor Economics*, Vol. 5, No. 2. (Apr.), pp. 174–210.

Perry ,E. J. and M. Selden (eds.).2000. *Chinese Society: Change, Conflict and Resistance*. London: Routledge.

Peter, Hall and Rosemary C.R.Taylor.1996. Political Science and Three New Institutionalism. *Political Studies.(*44).

Powell, W. W. 1990.Neither Market nor Hierarchy: Network forms of Organization. In B. M. Staw & L. L. Cummings (Eds.) *Research in Organizational Beha*vior (Vol. 12)

Prieto-Carrón, Marina .2004. Is There Anyone Listening? Women Workers in Factories in Central America, and Corporate Codes of Conduct. *Development* 47(3), 101–105.

Putnam , R.. 2000 . *Bowling Alone* . New York : Simon and Schuster.

Rodriguez–Garavito, Cesar A. 2005.Global Governance and Labor Rights: Codes of Conduct and Anti-Sweatshop Struggles in Global Apparel Factories in Mexico and Guatemala. *Politics & Society,* 33 (2).

Rose , R..2000.HowMuch Does Social Capital Add to Individual Health ?A Survey Study of Russians. *Social Science and Medicine* , Vol .51 , Nov. , pp. 1421 –1435.

Rosen, Sherwin 1969.On the Interindustry Wage and Hours Structure. *The Journal of Political Economy*, Vol. 77, No. 2. (Mar. –Apr.), pp. 249–273.

Rosen, Sherwin 1970.Unionism and the Occupational Wage Structure in the United States. *International Economic Review*, Vol. 11, No. 2. (Jun.,), pp. 269–286.)

Ross, Robert. 2006.A Tale of Two Factories: Successful Resistance to Sweatshops and the Limits of Firefighting. *Labor Studies Journal,* 30(4).

Rotter,J.B.1980.Interoersonal Trust, Trustworthiness, and Gullibility.

*American Psychologyist,*35,1–7.

Sashkin,M.1990.*The Managerial Mirror: Trainer Guide*.Seabrook,MD: DuchochonPress.

Seligman, Adam B.1992.*The Idea of Civil Society*.New York ; The Free Press

Sethi, S. P. 1979.A Conceptual Framework for Environmental Analysis of Social Issues and Evaluation of Business Response Patterns. *Academy of Management Review* 4, 63–74.

Sethi, S. P. 2003. *Setting Global Standards: Guidelines for Creating Codes of Conduct in Multinational Corporations.* Hoboken, N.J.: John Wiley & Sons.

Shapiro,Susan P.1987.The Social Control of Impersonal Trust.*The American Journal of Sociology* 3.

Siltaoja, Marjo E. 2006.Value Priorities as Combining Core Factors between CSR and Reputation –A Qualitative Study. *Journal of Business Ethics,* 68.

Silver, Beverly J., 2003.*Forces of labor: worker's movements and globalization since 1870.* New York: Cambridge University Press.

Smith, A.1994. Small Business Grapples with Green. *Management* (May), 78–79.

Solinger, Dorothy J. 1993.Urban Entrepreneurs and the State: The Merge of State and Society. in Solinger, Dorothy J., *China's Transition from Socialism: Statist Legacies and Market Reforms, 1980-1990*, M. E. Sharpe, Inc.

Spector, M. D., & Jones, G. E. 2004. Trust in the Workplace:Fctors Affecting Trust Formation between Team Members.*The Journal of Social Psychology, 144*(3), 311–321.

Tan,H H, Tan C S F. 2000.Toward the Differentiation of Trust in Supervior and Trust in Organization . *Genetic, Social, and GeneralPsychology Monographs.1*26(2):241–260.

Urminsky,M. (ed.),1998.Self-regulation in the Workplace:Codes of Conduct, Social Labeling and Socially Responsible Investment. MCC Working Paper No. 1,*Series on Management Systems and Corporate Citizenship.*Management and Corporate Citizenship Programme ,Job Creation and Enterprise Development

Department International Labour Office,Geneva

Uslaner , E. 1999 .Democracy and Social Capital. in *Democracy and Trust* , M. Warren , eds. , Cambridge : Cambridge University Press.

Uslaner, E.2002.*The Moral Foundations of Trust* .Cambridge University Press .

Uzzi, B. 1997. Social Structure and Competition in Interfirm Networks: The Paradox of Embeddedness, *Administrative Science Quarterly, 4*2(1), pp.35-37.

Walder, Andrew. 1995.Local Governments As Industrial Firms.*American Journal of Sociology*, 101(2).

Wetterberg, A. 2011. Public–private partnership in labor standards governance:better factories Cambodia.*Public Administration and Development.* 31, 64–73.Published online in Wiley Online Library.(wileyonlinelibrary.com) DOI: 10.1002/pad.589.

Whitley, R. D. 1991. The Social Construct ion of Business Systems in East Asia, *Organization Studies,* 12(1) :pp. 1-28.

Wicks, A. C., Freeman, R.E. and Gilbert, D.R. 1994. A Feminist Reinterpretation of the Stakeholder Concept. *Business Ethics Quarterly* 4.4: 475–97.

Williamson, O.E.1979. Transaction–Cost Economics: The Governance of Contractual Relations. *Journal of Law and Economics.(*Oct.)

Williamson, O. E. 1993.Calculativeness, Trust, and Economic Organization [J]. *Journal of Law and Economics.*(36) : 453–486.

Wright, E.O.1985, 2000.Working-Class Power , Capitalist–Class Interests , and Class Compromise.in *American Journal of Sociology* 105 (4)

Wright,T.A., & Bonnett,D.G.1993.Role of Employee Coping and Performance in Voluntary Employee Withdrawal: Aresearch Refinement and Elaboration. J*ournal of Management,*19,147–161.

Yamagishi, T . ; Cook, K . S . &Watabe, M.1998. Uncertainty, Trust and Commitment Formation in the United States and Japan. *American Journal of Sociology,* 104 (1), pp. 165–194.

Zak , P. , and S. Knack.2001.Trust and Economic Growth. *Economic Journal*

, Vol . 111 , Apr. , pp. 295–321.

Zhou,Xueguang. 1993.Unorganized Interests and Collective Action in Communist China.*American Sociological Review.* (Feb.)

Zucker，L..1986.Production of Trust ：Institutional Sources of Economic Structure ， 1840–1920.In B.BM.Staw & L.L.Cummings（Eds ）：*Research in Organizational Behavior.* Greenwich ， C.T ：JAI Press .pp53–111.

中文文献

奥尔森，曼瑟尔（美），1995：《集体行动的逻辑》，陈郁等人译，上海：上海人民出版社

北京致诚农民工法律援助与研究中心：《〈劳动合同法〉〈劳动争议调解仲裁法〉实施效果分析报告》，http://policy.caing.com/2010-01-20/100109818.html，2010

伯纳德·巴伯著，1989：《信任：信任的逻辑与局限》，牟斌等译，福建：福建人民出版社

布迪厄、华康德，1998：《实践与反思》，李猛、李康译，北京：中央编译出版社

布洛维，2007：《公共社会学》，沈原等译，北京：社会科学文献出版社

布若威，2008：《制造同意：垄断资本主义劳动过程的变迁》，李荣荣译，北京：商务印书馆

蔡昉、王美艳，2005："'民工荒'现象的经济学分析——珠江三角洲调查研究"，《广东社会科学》第2期

蔡禾、李超海、冯建华，2009："利益受损农民工的利益抗争行为研究——基于珠三角企业的调查"，《社会学研究》第1期

常凯，2003："经济全球化与企业社会责任运动"，《工会理论与实践》第4期

常凯，2005："罢工权立法问题的若干思考"，《学海》第4期

常凯，2006："劳资冲突处理法制化：构建和谐劳动关系中一项急迫的政治任务"，《中国党政干部论坛》第12期

常凯，2007："构建和谐劳动关系——中国人民大学教授常凯访谈"，《中国社会保障》第8期

常凯、乔健等，2009，《中国劳动关系报告——当代中国劳动关系的特点和趋向》，北京：中国劳动保障出版社

陈成文、廖文，2008：《制度困境与机会缺失——农民工共享社会发展成果问题研究》，《社会科学研究》第 5 期

陈宏辉、贾生华 ,2002 : "Empirical research on the SMEs' credit- guarantee in China",Journal of Zhejiang University (Science) 第 3 期 , 第 305-310 页

陈佳贵、黄群慧、彭华岗、钟宏武等，2009：《中国企业社会责任研究报告》，北京：社会科学文献出版社

陈介玄、高承恕，1991 "台湾企业运作的社会秩序：人情关系与法律"，《东海学报》第 32 卷

陈宁 、卢玮，2008："对我国劳动关系的博弈分析——兼谈新《劳动合同法》引发的解雇潮"，《湖北财经高等专科学校学报》第 1 期。

陈佩华，2002："生存的文化——通过私人信件透视外来工的生活"，《清华社会学评论》2002 年卷

陈树强 ,2003: "增权：社会工作理论与实践的新视角" ,《社会学研究》第 5 期

陈锡文，2004：《中国城市化：农民、土地与城市发展》，北京：中国经济出版社

陈奕齐，1999: "英国道德贸易运动简介"，《亚洲劳动快讯》第 4 期

陈映芳，2005："农民工：制度安排与身份认同"，《社会学研究》第 3 期

程莉莉，2007："劳动契约的性质与公司治理研究"，《四川大学硕士研究生学位论文》

储小平，2000："家族企业研究：一个具有现代意义的话题"，《中国社会科学》第 5 期

达斯古普塔（Dasgupta）等编著，2000/2005：《社会资本：一个多角度的分析》，张慧东等译，北京：中国人民大学出版社

邓瑾，2007："中国工会还没学会与资本斗争"，《南方周末》5 月 28 日

董保华，1999：《劳动法论》，北京：世界图书北京出版公司

窦炎国、韩云，2007：《经济效益与社会责任——苏南企业伦理实证研究》，上海：上海世纪出版公司学林出版社

凡勃伦，1964：《有闲阶级论》，蔡受百译，北京：商务印书馆

樊刚，1996：《渐进式改革的政治经济学分析》，上海：上海远东出

版社

费孝通，1982：《社会学概论》(试讲本)，天津：天津人民出版社

冯同庆，2006："从劳工权益角度看企业社会责任在中国的发展趋势"，《当代世界与社会主义》第3期

冯同庆，2008："循着更为开放的路径实施〈劳动合同法〉——避免可能的双赢导致事实的双输"，《中国劳动关系学院学报》第2期

冯同庆，2009："被规避、被冷落的劳动合同法及其出路——劳动关系调整中国家行政主导取向之检讨"，《北京市工会干部学院学报》第1期

冯彦君，1999："解释与适用——对我国<劳动法>第31条规定之检讨"，《吉林大学社会科学学报》第2期

弗里德曼，2004：《资本主义与自由》，张瑞玉译，北京：商务印书馆

弗里曼，2006：《战略管理——一个利益相关方的方法》，王彦华，梁豪译，上海：上海译文出版

福柯，2007：《疯癫与文明》，刘北成、杨远婴译，上海：三联出版社

福山，弗朗西斯，1998:《信任：社会道德和繁荣的创造》，李宛容译，呼和浩特：远方出版社

格兰诺维特，2001："作为社会结构的经济制度：分析框架"，梁玉兰译，《广西社会科学》第3期

古丽娜、张双武，2004:"公司社会责任、利益相关者和公司绩效研究"，《西北民族大学学报》(哲学社会科学版)第3期

国家统计局，2011：《中国统计年鉴2011》，北京：中国统计出版社

国家统计局农村司，2010：《2009年农民工监测调查报告》，http://www.stats.gov.cn/tjfx/fxbg/t20100319_402628281.htm

国务院，2009：《关于开展新型农村社会养老保险试点的指导意见》，http://www.gov.cn/jrzg/2009-09/07/content_1411208.htm

哈贝马斯，1994：《交往行动理论》第一卷，洪佩郁、蔺青译，重庆：重庆出版社

哈特，2006：《企业、合同与财务结构》，费方域译，上海：上海人民出版社

哈耶克，2000：《致命的自负》，冯克利等译，北京：中国社会科学出版社

何斌、张杨，2004："农民工劳动合同的法律经济分析——兼论农民工权益保护"，《北京农业职业技术学院学报》第6期

何愉，2011："浅析上海市企业'用工荒、民工荒'"，《统计科学与实践》第7期

赫希曼，2001：《退出、呼吁与忠诚——对企业、组织和国家衰退的回应》，卢昌崇译，北京：经济科学出版社

侯明喜，2008："统筹城乡社会保障面临的体制缺陷及改进——以'国家统筹城乡保障综合配套改革试验区'重庆市为例"，《云南社会科学》第3期

胡荣，2005:"中国农村居民的社会信任"，《中共天津市委党校学报》第2期

华尔德，1996：《共产党社会的新传统主义：中国工业中的工作环境和权力结构》，龚小夏译，香港：牛津大学出版社

黄诚，2007："理性选择还是感性选择：农民工劳动合同问题的个案研究"，《湖南师范大学硕士学位论文》

黄德北，2008：《当代中国雇佣工人之研究》，台北：韦伯文化国际出版有限公司

黄平主编，1997：《寻求生存—当代中国农村外出人口的社会学研究》，昆明：云南人民出版社

黄庆源，2005："企业经理人履行企业社会责任之行为模式研"，台北：中山大学

黄绍伦，1991：《中国宗教伦理与现代化》，香港：商务印书馆

黄小虎，2003："重在纠正城市偏向——谈如何避免出现土地利用失控局面"，《中国土地》第8期

吉登斯，安东尼，1998：《社会的构成》，李康、李猛译，北京：三联书店

吉登斯，安东尼，2000：《现代性的后果》，田禾译，北京：译林出版社

吉普尼斯，大卫．(David Kipnis)，2003："信任与技术"，载罗德里克·M·克雷默、汤姆·R·泰勒编著，管兵等译，《组织中的信任》，北京：中国城市出版社

金维刚，2009："农民工政策综述"，2008年国家社会科学基金课题"国家调整农民工政策的社会影响评估研究"研究成果，未公开发表

卡罗尔、巴克霍尔茨，2004：《企业与社会——伦理与利益相关者管理》，黄煜平等译，北京：机械工业出版社

康芒斯，1981：《制度经济学》（上册），北京：商务印书馆

康芒斯，2006：《制度经济学》，于树生 译，北京：商务印书馆

科尔曼，詹姆斯，1990/1999：《社会理论的基础》，邓方译，北京：社会科学文献出版社

寇金和，2005："构建和谐社会任重而道远——兼析构建和谐劳动关系"，《北京市计划劳动管理干部学院学报》第3期

科瑟，刘易斯，1990：《社会学思想名家》，北京：中国社会科学出版社

雷佑新、雷红，2005："论农民工劳动合同缺失的成因及解决思路"，《经济体制改革》第4期

黎友焕，2010：《企业社会责任》，广州：华南理工大学出版社

李汉林，2004：《中国单位社会：议论、思考与研究》，上海：上海人民出版社

李培林、李强、孙立平等，2004：《中国社会分层》，北京，社会科学文献出版社

李谦、袁玉洪，2004："农民工劳动合同"，《四川劳动保障》第6期

李强，2004：《农民工与中国社会分层》，北京，社会科学文献出版社

李世英，2004："不完全劳动契约、员工激励与公司治理深化"，《经济体制改革》，第4期

李涛，2004："双方关系、关系网络、法院与政府：中国非国有企业间信任的研究"，《经济研究》第11期

李伟民、梁玉成，2002："特殊信任与普遍信任：中国人信任的结构与特征"，《社会学研究》第3期

李晓钟，2009："FDI对中国纺织服装业技术溢出效应分析"，《财贸经济》第7期

厉有国，2009："我国农民话语权缺失的制度因素审思"，《天府新论》第2期

栗全林，2008："农民工劳动合同执行情况研究——以北京建筑行业为例"，《首都经济贸易大学硕士学位论文》

梁亚荣，2002："土地征用行政救济研究"，《中国土地》第 12 期

廖文，2007："制度困境与机会缺失——农民工共享社会发展成果问题研究"，《湖南师范大学硕士学位论文》

林毅夫，2007："企业承担社会责任的经济学分析"，载于：中国企业家调查系统编著，2007：《企业家看社会责任：2007 中国企业家成长与发展报告》，北京：机械工业出版社

刘爱玉，2003："国有企业制度变革过程中工人的行动选择——项关于无集体行动的经验研究"，《社会学研究》第 6 期。

刘爱玉，2004：《劳动社会学教程（第二版）》，北京：北京大学出版社

刘爱玉，2005：《国企制度变革与工人生存行动》，北京：社会科学文献出版社

刘爱玉，2011："劳动权益受损与行动选择研究：两代农民工的比较"，《江苏行政学院学报》，第 1 期

刘爱玉、王培杰，2005："下岗、失业工人的行动选择分析：以厦门市调查为例"，《中共福建省委党校学报》第 4 期

刘传江、徐建玲，2006："'民工潮'与'民工荒'—— 农民工劳动供给行为视角的经济学分析"，《 财经问题研究》第 5 期

刘东，2006："也论权利不对称情况下的劳动契约运行机制———兼与梁东黎教授商榷"，《探索与争鸣》第 8 期

刘辉、周慧文，2007："农民工劳动合同低签订率问题的实证研究"，《中国劳动关系学院学报》第 3 期

刘俊海，1999：《公司的社会责任》，北京：法律出版社

刘林平、陈小娟，2010："制度合法性压力与劳动合同签订——对珠三角农民工劳动合同的定量研究"，《中山大学学报（社会科学版）》第 1 期

刘林平、郭志坚，2004："企业性质、政府缺位、集体协商与外来女工的权益保障"，《社会学研究》第 6 期

刘林平、万向东等，2007：《制度短缺与劳工短缺》，北京：社会科

学文献出版社

刘艳霞，2006："看得见的真空地带——劳动合同状况调查"，《职业》第 10 期

卢代富，2002：《企业社会责任的经济学与法学分析》，北京：法律出版社

卢俊秀，2008："和谐社会视野下的城市农民工问题 0 学术研讨会综述"，《社会》第 1 期

卢曼，尼可拉斯，2005：《信任：一个社会复杂性的简化机制》，瞿铁鹏、李强译，上海：上海人民出版社

克雷默，罗德里克·M·、泰勒，汤姆·R 编著，2003：《组织中的信任》，管兵等译，北京：中国城市出版社

罗伯逊，伊恩，1994：《社会学》，北京：商务印书馆

罗尔斯，1988：《正义论》，何怀宏等译，北京：中国社会科学出版社

马尔库塞，2008：《单向度的人——发达工业社会意识形态研究》，刘继译，上海：上海译文出版社

马晓茗、曾向阳，2002："我国征地制度及其改革问题的几点思考"，《华中农业大学学报(社会科学版)》第 4 期

茅于轼，2007："为什么企业有社会责任?"，载于：中国企业家调查系统编著，2007：《企业家看社会责任：2007 中国企业家成长与发展报告》，北京：机械工业出版社

诺斯，道格拉斯，1994：《制度、制度变迁与经济绩效》，刘守英译，上海：上海三联书店

诺斯，道格拉斯、罗伯斯·托马斯，1999：《西方世界的兴起》，历以平、察磊译，北京：华夏出版社

帕森斯，1937/2003：《社会行动的结构》，张明德、夏遇南、彭刚译，北京：译林出版社

潘毅，1999："开创一种抗争的次文体：工厂里一位女工的尖叫、梦魇和叛离"，《社会学研究》第 5 期

潘毅，2005a："全球化工厂体制与'道德理念重构'——跨国公司生产守则与中国劳动关系"，《开放时代》第 2 期

潘毅，2005b：《中国女工——新兴打工阶级的呼唤》，香港：明报

出版社

裴宜理，2001：《上海罢工——中国工人政治研究》，刘平译，南京：江苏人民出版社

彭泗清（Peng, S.Q.），1998.Guanxi in Trust:An Indigenous Study of Chinese Inter personal Trust , Unpublished PhD Dissertation, The University of Hong Kong

彭泗清，1999："信任的建立机制：关系运作与法制手段"，《社会学研究》第 2 期

齐美尔，1994：《社会学——关于社会化的各种形式的研究》，居安正日译本上卷，白水社

齐美尔，格奥尔格，2009：《货币哲学》，许泽民译，贵阳：贵州出版集团、贵州人民出版社

企业社会责任项目组编，2009:《中国企业社会责任报告 2007》，北京：中国社会出版社

强磊、李娥珍，1994：《当前中国的劳动合同，集体谈判与集体合同》，北京：中国物价出版社

斯蒂纳，乔治·A·、约翰·F·斯蒂纳，1997/2002：《企业、政府与社会》，华夏出版社

全国人民代表大会常务委员会，1994：《中华人民共和国劳动法》，http://www.people.com.cn/item/flfgk/rdlf/1994/111801199431.html

人力资源和社会保障部，2011："2010 年度人力资源和社会保障事业发展统计公报"，http://w1.mohrss.gov.cn/gb/zwxx/node_5436.htm

任荣明、朱晓明，2009：《企业社会责任多视角透视》，北京：北京大学出版社

沈洪涛、沈艺峰，2007：《公司社会责任思想起源与演变》，上海：上海人民出版社

沈艳、姚洋，2010：《企业社会责任与市场竞争力：企业社会责任在提升中国私营部门竞争力以及可持续发展中的作用》，北京：外交出版社

沈毅，2008："从封闭组织到社会网络：组织信任研究的不同视角"，《浙江社会科学》第 6 期

沈原，2006:"社会转型与工人阶级的再形成"，《社会学研究》第 2 期

什托姆普卡，彼得，2005：《信任：一种社会学理论》，程胜利译，北京：中华书局

石晶，2009："制度困境与机会缺失——当前残疾人公共参与问题研究"，《湖南师范大学硕士学位论文》

舒尔茨，西奥多，1990：《论人力资本投资》，北京：北京经济学院出版社

斯格特，理查德，2002：《组织理论》，黄洋、李霞、申薇、席侃译，北京：华夏出版社

斯科特，W.R.，2007：《制度理论的青春期》，上海：世纪出版集团/上海人民出版社

斯密，2005：《国富论》，北京：华夏出版社

孙本文，1989：《社会学原理》，北京：商务印书馆

孙立平，2003："关于农民工问题的几点基本看法"，"中国农村研究网"（http://www.ccrs.org.cn）

谭深，2001："弱者的反抗——围绕一次搜身事件中女工集体行动的分析" http://www.usc.cuhk.edu.hk/wk_wzdetails.asp?id=3301

谭深、刘开明，2003:《跨国公司的社会责任与中国社会》，北京：社会科学文献出版社

汤树劳、司龙生，1994：《劳动法实务全书》，北京：中国工人出版社

特纳，乔纳森，2001：《社会学理论的结构》，邱泽奇译，北京：华夏出版社

唐更华，2008：《企业社会责任发生机理研究》，长沙：湖南人民出版社

田宝玉：《农村土地流转中政府的角色定位与农民利益保护》，《农业经济》，2004，第3期

涂尔干，1995：《社会学方法的准则》，狄玉明译，北京：商务印书局

涂尔干，2000：《社会分工论》，渠东参照1902年法文版译，北京：生活.读书.新知三联书店

汪晖，2002："城乡结合部的土地征用：征用权与征地补偿"，《中国农村经济》，第2期

汪继红，2009："中国公开选拔领导干部考试制度研究"，《华东师

范大学博士学问论文》

汪仕凯，2010："生产政治理论及其争论——企业管理权力与工人权利研究综述"，《开放时代》第5期

王飞雪、山岸俊男，1999："信任的中、日、美比较研究"，《社会学研究》第2期

王国顺、周勇、汤捷，2005：《交易、治理与经济效率：威廉姆森交易成本经济学——企业理论研究》，北京：中国经济出版社

王绍光、刘欣，2002："信任的基础：一种理性的解释"，《社会学研究》第3期

王树迅，1997："规范劳动合同的对策"，《齐齐哈尔师范学院学报》第6期

王越子，2004："制度缺陷与'三农'问题：基于制度伦理视角的一个解说"，《贵州财经学院学报》第6期

威廉姆森，2001：《治理机制》，王健、方世健 译，北京：中国社会科学出版社

韦伯，1998：《经济与社会》，林荣远译，北京：商务印书馆

韦伯，2000：《马克斯·韦伯文集》，林荣远译，北京：中国广播电视出版社

韦伯，2005：《社会学基本概念》，顾忠华译，桂林：广西师范大学出版社

韦伯，1920/1995：《儒教与道教》，北京：商务印书馆

沃特斯，2000：《现代社会学理论》，杨善华等译，北京：华夏出版社

吴利生，2002："论农村土地征用制度的缺陷及其改革"，《中共杭州市委党校学报》第4期

徐立青、严大中，2007：《中小企业社会责任理论与实践》，北京：科学出版社

许叶萍、石秀印，2006："工人阶级形成：体制内与体制外的转换"，《中国社会学网》

斯密，亚当，1974：《国富论》，郭大力、王亚南 译，北京：商务印书馆

杨善华主编，1999：《当代西方社会学理论》，北京，北京大学出版社

杨中芳、彭泗清，1999："中国人人际信任的概念化：一个人际关系的观点"，《社会学研究》第2期

姚洋、钟宁桦，2008："工会是否提高了工人的福利？——来自12个城市的证据"，《世界经济文汇》第5期

殷格非、崔生祥、郑若娟主编，于志宏、吴福顺副主编，2008：《企业社会责任管理基础教程》，北京：中国人民大学出版社

余晓敏，2003：《经济全球化与跨国公司的生产守则：跨国公司的社会责任与中国社会》，北京：社会科学文献出版

余晓敏，2006："经济全球化背景下的劳工运动：现象、问题与理论"，《社会学研究》，第3期

余晓敏，2007："跨国公司行为守则与中国外资企业劳工标准——一项"跨国—国家—地方"分析框架下的实证研究"，《社会学研究》第5期

余晓敏，2008："国际玩具供应链中的企业社会责任——沃尔玛中国玩具供应厂的经验研究."《开放时代》第5期

袁殷，2009："我国劳动者劳动时间变化趋势及原因初探"，《南方人口》第3期

翟岩，2006："制度变迁的行为模式转换——中国社会转型中制度与行动关系的研究"，《吉林大学博士学位论文》

张建新、Michael H.Bond，1993："指向具体人物对象的人际信任：跨文化比较及其认知模型"，《心理学报》第2期

张静，1997："信任问题"，《社会学研究》第3期

张静，2003："土地使用规则的不确定——一个解释框架"，《中国社会科学》第1期

赵启峰，2009："关于改革我国纺织服装企业劳动工时制度的探讨"，《中国人力资源开发》2月号，总第224期

赵深徽，2006："劳动关系中的心理契约及其管理"，《浙江工贸职业技术学院学报》第1期

赵炜，2011："制造业工时制度的变换——以社会社会实践概念为视角"，黄德北、冯同庆、徐斯勤主编，《全球化下的劳工处境与劳动研究》第70-82页，北京：社会科学文献出版社

郑伯埙，1991："家族主义与领导行为"，杨中芳、高尚仁主编，

《中国人．中国心》，台北：台湾桂冠图书公司

郑伯壎，1999："企业组织中上下属的信任关系"，《社会学研究》第 2 期

郑杭生，1987：《社会学概论新论》，北京：中国人民大学出版社

郑也夫，2001：《信任论》，北京：中国广播电视出版社

郑奕，2007："潜规则研究"，《安徽师范大学硕士学位论文》

郑英隆、王勇，2008："劳动合约：新型工业化进程中的农民工问题研究"，《经济评论》第 1 期

中国纺织工业协会，2010：《2010、2011 中国纺织服装行业商会责任年度报告》

中国劳工通讯关于劳工生存和权益状况的系列调查报告，2004，2005，见中国劳工通讯 http://www.clb.org.hk

中国农民工问题研究总报告起草组，2006："中国农民工问题研究总报告"，《改革》第 5 期

中国企业家调查系统编著，2007：《企业家看社会责任：2007 中国企业家成长与发展报告》，北京：机械工业出版社

中华全国总工会，2006：《2006 年中国工会维护职工权益蓝皮书》，中华全国总工会网站（http://www.acftu.org/）

中华全国总工会研究室，2009："2009 年工会组织和工会工作发展状况统计公报"，全国工会统计调查网 http://stats.acftu.org

周雪光，2003：《组织社会学十讲》，北京：社会科学文献出版社

朱玲，2009："农村迁移工人的劳动时间和职业健康"，《中国社会科学》第 1 期

附录1
工人工作和生活状况调查

地区编号：

问卷编号：___

亲爱的朋友：

您好！为了解打工人员的生存状况和基本需求，为制定相关政策服务，北京大学社会学系特组织本次调查。我们衷心希望您抽出宝贵的时间来填答问卷。我们将严格根据国家的有关法令，对您提供的个人和家庭情况进行保密。您对问卷的回答将只用于统计分析，确保不会泄露个人信息，请放心如实填写。

衷心感谢您的支持！

北京大学社会学系

2009年 6月

（此部分由调查员记录）

调查时间：2009年 月 日

调查地点：_________省_______市___区

进入方式：A. 通过厂方安排；B. 通过调查员社区寻访

调查员：____________________

衷心感谢您的支持！

填答说明：

除特别说明，一般每项问题只选择一项

请在您选定的答案序号上打"✓"或画圈

有些问题请您用文字填写。

A．个人基本情况

A1、您的性别：（1）男　　（2）女

A2、请问您是哪一年出生的？______年

A3、您的户口所在地（老家）是________省（直辖市/自治区）。

A4、您的户口类型是：

（1）本市城镇户口；　（2）本市农村户口；

（3）外地城镇户口；　（4）外地农村户口。

A5、您家里共有多少人？______人，其中需要您供养的人数为________个。

A6、您的婚姻状况为：

（1）未婚，无男/女友（2）未婚，有男/女友（**选择选项1、2者，请跳至A9**）；

（3）已婚；　（4）丧偶；　（5）离婚；

A7、您的配偶/男友/女友在哪里？

（1）在家乡；　（2）同一城市，居住一起

（3）同一城市，不居住一起；　（4）在其他城市。

A8、您有孩子吗？

（1）没有；（2）有，______个；其中需要您提供生活及教育费用的孩子有______个

A9、您目前的住房属于：

（1）工厂集体宿舍；（2）出租屋；

（3）其它_____（请注明）。

A10、您的文化程度是？

（1）小学以下；（2）小学；　（3）初中；

（4）普通高中；（5）中专、技校或职高；（6）大专及以上；

A11、您家在农村有没有责任田（地、山）？

（1）没有；　（2）有；　（3）老家在城镇。

A12、您初次外出打工的时间是：________（填写具体年、月）

A13、您初次外出打工以来，换过工吗？

（1）没换过；（2）换过，换过 ________ 次

B．企业状况

B1、您是什么时候进入目前所在企业？ ____________ 年 _________ 月

B2、您目前的工种是：______________

B3、您目前的职务是什么？

（1）普通工人；（2）生产组长（段长）；

（3）技术人员；（4）其他 __________（请注明）。

B4、您目前所在企业属于什么性质？

（1）国有及国有控股企业；（2）城乡集体企业；

（3）欧美外资或合资；（4）日韩外资或合资；

（5）港澳台独资或合资；（6）其它外资或合资；

（7）私营企业；（8）其它 ___________（请注明）。

B5、您目前所在企业的员工规模大致为：

（1）100人以下 （2）100～199人 （3）200～299人

（4）300～399人 （5）400～499人 （6）500～799人

（7）800～999人 （8）1000～1999人 （9）2000～2999人

（10）3000人及以上

B6、您所在企业里有没有工会？

（1）没有（请跳至问题B8）；（2）有；

（3）不知道（请跳至问题B8）。

B7、您是否参加了工会？

（1）没有参加；（2）参加了；（3）不知道。

B8、您所在的企业是企业社会责任同盟成员的供应商吗（或是否执行公司行为守则）？

（1）不是；（2）是；（3）不知道。

B9、您所在企业是否持有海外跨国公司的生产订单？

（1）没有；（2）有；（3）不知道。

B10、您所在企业有没有客户来查厂？

（1）没有；　（2）有；　（3）不知道。

B12、您找到这份工作有困难吗？

（1）没有困难（请跳至问题 B14）；（2）有一些困难；

（3）遇到较大困难。

B13、如果有困难，您觉得这个困难主要是以下哪些方面造成？（限选 2 项）

（1）学历不高；　（2）缺乏技术；　（3）年龄过大

（4）缺乏社会关系；（5）性别；　（6）户籍；

（7）其它 ________（请注明）

B14、如果要再找到一份与目前条件类似的工作，您觉得有困难吗？

（1）没有困难；　（2）有一些困难；

（3）有较大困难；（4）不知道。

C．工作情况

（以下题目均为被访者目前所在企业2009年的情况）

C1、您在目前的企业，上月工资为 ________ 元。
今年，您拿到的最高的月工资为：__________ 元 / 月。
您拿到的最低的月工资为：__________ 元 / 月。

C2、您的工资能够按时发放吗？

（1）总能按时发放；（2）偶尔不能按时发放；

（3）经常不能按时发放。

C3、您的工资能够足额发放吗？

（1）总能足额发放；（2）偶尔不能足额发放；

（3）经常不能足额发放；（4）我不清楚我的工资应该发多少。

C4、您所在企业发工资时有没有发放工资条？

（1）不发放（请跳至问题 C6）；（2）发放。

C5、您实际获得的工资与工资条上显示的工资数目一致吗？

(1) 一致；（2）不一致，实际拿到的工资较少；

（3）不一致，实际拿到的工资较多。

C6、若按照您目前的工作投入，您认为合理的月收入大概是多少？（单位：元）

（1）1000 以下；（2）1000 ～ 1499；（3）1500 ～ 1999；

（4）2000 ～ 2499；（5）2500 ～ 2999；（6）3000 及以上。

C7、以下表格中列举了一些对工资拖欠和工资低的看法，您是否赞成（请在相应选项划✓）？

	很不赞成	比较不赞成	比较赞成	很赞成	不知道
1．企业对工资拖欠负有完全责任。					
2．政府对工资拖欠也负有责任。					
3．工资拖欠表明这个社会对农村打工者是不公平的。					

4．工资低主要是自己没本事，什么样的人拿什么样的工资，有本事的人就拿更高的工资。					
5．工资低是因为老板自己拿得太多，给我们的太少。					
6．工资低是因为企业效益不好。					
7．工资低是因为政府不管。					
8．工资低是因为这个社会歧视农村打工者。					

C8、您所在企业员工每日正常工作时间（不包括加班）为：

上午上班时间 ______（填具体时间）；

下午下班时间 ______（填具体时间）；

中午休息时间（含午饭时间）______ 小时（填时长）。

C9、您目前所在企业平时加班吗？

（1）不加班；(请跳答至问题 C13)

（2）加班，平均每日加班 ______ 小时，一周加班 ______ 天。

C10、您所在企业的加班有加班工资吗？

（1）没有（请跳答至问题 C12）；（2）有；

（3）不清楚（请跳答至问题 C12）。

C11、你们的加班工资是怎么计算的？

（1）加班工资和平时工资一样；（2）加班工资高于平时工资；

（3）不知道。

C12、您如何看待以下对加班的说法？（请在对应选项划✓）

	不同意	一般	同意
1．加班可以增加我的收入。			
2．加班可以让我获得升迁机会。			
3．加班能为企业分忧。			
4．如果不加班，我也没别的事可干。			
5．加班让我感到充实、有成就感。			
6．加班通常令我感到疲惫、不舒服。			
7．因为其他人都加班，所以我也不得不加班。			
8．加班是企业规定，我们必须做到的。			
9．如果不加班，我怕受到企业的惩罚（如罚款）。			
10．加班给我的生活带来了很多不便。			

C13、您通常每月休息时间有 ______________ 天。

C14、在以下法定节日期间，您所在企业是否安排员工休假？（有有划✓，无划X）

	“五一”劳动节	国庆节	元旦（1月1日）	清明节、端午节、中秋节	妇女节（3月8日）（女工回答）
是否放假					

C15、您目前所在企业做到以下方面了吗？（请在对应选项划✓）

	是	否	没注意
1．您所在企业是否进行过员工职业健康和安全的培训？			
2．生产场所是否使用通风系统？			
3．生产场所是否有足够的照明？			
4．生产区域是否经常保持清洁？			
5．生产场所是否温度适宜？			
6．生产场所有怪味吗？			
7．工作场所是否有畅通的紧急出口（例如出口不被锁住）？			
8．工作场所是否张贴了职业健康或安全生产的标志或宣传品？			
9．工厂是否配备保护设备（如手套、耳塞、靴子和防护服等）？			

C16、您在目前所在企业有没有出现过雇主、老板或管理人员的下述行为：（请划✓）

	没有	碰到过，觉得无所谓。	碰到过，觉得不能接受。
辱骂			
体罚			
殴打			
搜查			
拘禁			
威胁			
强迫劳动			
性骚扰、性侵害			

C17、您进入该企业时交押金了吗？

（1）没有；　　　　（2）有。

C18、您所在企业扣押过您的证件（如身份证、暂住证、资格证书、学位证书等）吗？

（1）没有；　　　　（2）有。

C19、您与工厂签订劳动合同了吗？

（1）没有（请跳至问题 C25）；（2）有。

C20、如果签订了合同，您知道这个合同期限吗？（填年限，如果是无固定期限，请填 9；没有合同，填 0）________________

C21、您签订的劳动合同属于：

（1）集体合同；（2）个人合同（请跳答至问题 C23）；

（3）不知道（请跳答至问题 C23）。

C22、如果签订了集体合同，集体合同草案有没有让职工代表大会或者全体职工讨论过？

（1）没有；（2）有；（3）不知道。

C23、签订劳动合同之前，企业有没有如实告诉您有关“工作内容、工作条件、工作地点、职业危害、安全状况、劳动报酬”等情况？

（1）没有；（2）有。

C24、如果签订了劳动合同，您自己有没有一份合同副本？

(1) 没有；(2) 有。

C25、您为什么没有与工厂签订合同？

（1）我想签，企业不与我签；（2）我自己不想签；

（3）企业没有说，我也没问

（4）我不知道要签合同；（5）其它 ____________（请注明）。

C26、您参加了基本医疗保险了吗？

（1）没有参加；（2）参加了（请跳答至问题 C29）；

（3）不知道。

C27、您为什么没有参加基本医疗保险？

（1）企业没有统一组织；（2）我不符合企业的条件；

（3）我自己不想参加；（4）来的时间短，还没来得及参加。

C28、企业怎么解决你的看病问题？

（1）看病全部自费（2）企业医务室（医院）提供免费或低价医疗服务

（3）企业给固定医疗补贴（4）企业报销一定比例（5）其他方式（请注明）_____

C29、您参加基本养老保险了吗？

（1）没有参加；（2）参加了（请跳答至问题 C31）；

（3）不知道。

C30、您为什么没有参加基本养老保险？

（1）企业没有统一组织　　（2）我不符合企业的条件

（3）我自己不想参加　　（4）来的时间短，还没来得及参加

C31、您参加失业保险了吗？

（1）没有参加；　　（2）参加了(请跳答至问题C33)；

（3）不知道。

C32、您为什么没有参加失业保险？

（1）企业没有统一组织　　（2）我不符合企业的条件

（3）我自己不想参加　　（4）来的时间短，还没来得及参加

（5）其他原因（请注明）______________

C33、您参加工伤保险了吗？

（1）没有参加；（2）参加了(请跳答至问题C35)；（3）不知道。

C34、您为什么没有参加工伤保险？

（1）企业没有统一组织　　（2）我不符合企业的条件

（3）我自己不想参加　　（4）来的时间短，还没来得及参加

（5）其他原因（请注明）______________

C35、根据您所在企业的情况，下列说法您同意吗？（请在对应选项划✓）

	非常不同意	不太同意	一般	比较同意	非常同意
1．工资水平合理					
2．纪律太松					
3．福利待遇很好					
4．每天工作时间太长					
5．休假时间太多					
6．工作环境很好					

C36、您对以下法律法规熟悉吗？（请在对应选项划✓）

	完全不知道	知道一点	比较熟悉	非常熟悉
1．当地最低工资标准				
2．《劳动合同法》				
3．《劳动仲裁条例》				
4．《工伤保险条例》				
5．《职业病防治法》				
6．《上访条例》				

D. 工作感受和生活

D1、对以下说法您认同吗？（请在对应选项划✓）

	非常不同意	有些不同意	一般	有些同意	非常同意
1. 只要努力，打工仔也能成为老板。					
2. 城市里还是好人多。					
3. 我相信政府能够保护我们打工者。					
4. 城市是一个充满了欺诈、犯罪、到处是陷阱的地方。					
5. 我相信通过法律途径能保护我的权益。					
6. 我觉得用和平的方法解决纠纷才是正道。					
7. 如果受到权益侵害，找政府也没用。					
8. 法律只是对有权和有钱的人有用，对穷人和底层来说，一点也没有用，底层的人打不起官司，也打不赢官司。					
9. 对这个社会里的不公平现象，以暴制暴、以牙还牙、以血还血是合理的解决办法。					
10. 有时候觉得出来打工一点都不好，真的不想干了，一走了之。					
11. 这个社会还是很公平的。					
12. 在这个社会里，付出得多的人未必得到得多，再努力也没什么用。					
13. 这个社会都是由那些有权有势的人说了算。					

D2、以下关于您目前企业、管理者与工友方面的一些说法，您同意吗？

（请在对应选项划✓）

	非常不同意	有些不同意	一般	有些同意	非常同意
1．我很乐意继续在这个工厂里工作。					
2．我愿意向我的朋友推荐这个工厂。					
3．我觉得只要企业效益好，我们员工的工资和福利待遇就会好。					
4．我相信我们厂是尽力为员工们着想的。					
5．工厂的纪律和管理安排是合情合理的。					
6．厂里的安排总有它的道理。					
7．如果发生工伤，企业会对我们负责。					
8．我相信在金融危机的情况下，企业不会丢下我们不管。					
9．我相信管理者所说的话都是诚实的。					
10．通常，管理者实际做的跟他说的不一样。					
11．我觉得管理者对我的奖惩是公平的。					
12．我乐意向管理者坦白我的想法或建议。					
13．管理者通常能够设身处地考虑我的处境。					
14．如果生活上有困难，我也愿与管理者倾诉。					
15．如果我生活中遇到了什么困难，我相信我的工友们会尽量帮助我。					
16．如果我工作中做错了什么，我的工友会向管理者告发我。					
17．如果我工作中出现小失误，我的工友会帮我遮掩。					
18．如果有更好的岗位信息（或工作信息），工友们会相互告知。					
19．工友在工作中遇到难点和疑点时，常来找我咨询。					

D3、您在打工所在地有没有同乡亲友？

（1）没有（请跳答至问题 D5）；　（2）有。

D4、您平时与这些同乡亲友的联络情况如何？

（1）经常联系；（2）有要紧事才联系；　（3）不太联系。

D5、您在打工所在地的朋友中，有没有当地人？

（1）没有（请跳答至问题 D7）；　（2）有。

D6、您平时与这些当地人朋友联系的情况如何？

（1）经常联系；　（2）偶尔联系；（3）不太联系。

D7、您是否同意以下陈述？（“本市城镇户口”者不填）（请在对应选项划✓）

	非常不同意	有些不同意	一般	有些同意	非常同意
1．我觉得大多数当地人都很好相处。					
2．我觉得与当地人交朋友是可能的。					
3．我觉得大多数当地人看不起我们外来工。					
4．较之当地人，我更信任我的同乡。					

D8、您是否同意以下陈述？<u>（本题只由“本市城镇户口”者填答。）</u>（请在对应选项划✓）

	愿意	不愿意
1．您是否愿意外来工成为您的工友？		
2．您是否愿意外来工成为您的上司？		
3．您是否愿意外来工成为您的朋友？		
4．您是否愿意外来工成为您的邻居或室友？		
5．您是否接受外来工成为您的家人？		

D9、您是否与劳工 NGO 组织（非政府组织）或机构有过接触？

（1）没有；（2）有，但接触不多；

（3）有，而且有较多接触。

E1、如果您在企业里遇到不公正待遇时，你会采取什么样的办法？（可多选）

（1）忍了，照样勤奋工作（2）忍了，但工作中会尽量少付出

（3）单独上访　　　　（4）联合其他人一起上访

（5）自己直接找老板 / 雇主

（6）联合其他人一起直接找老板 / 雇主

（7）自己直接找有关政府部门解决问题

（8）联合其他人一起直接找有关政府部门

（9）自己通过司法途径谋求问题解决

（10）联合其他人通过司法途径谋求问题解决

（11）自己寻求新闻媒体帮助

（12）联合其他人一起找新闻媒体帮助

（13）自己寻找工会帮助

（14）联合其他人一起寻找工会帮助

（15）离开这个老板 / 雇主

（16）联合其他人罢工、讨说法

（17）其他 ____________________（请注明）

E2、您认为权益受伤害时，通过上访或其他群体性活动（你与你的2个或更多的工友）来引起政府以及有关权威部门对问题的关注是：

（1）非常有用；（2）有一点作用；（3）没有什么用。

E3、在进行群体性活动（你与你的2个或更多的同事）时，您是否认为如果有更多的人参加（包括你自己），你的问题将更好地得到解决？

（1）是；　　（2）否；　　（3）不知道。

E4、您和目前的企业是否在下面提到的事项上发生过纠纷？（可多选）

（1）工资待遇（标准过低、拖欠）（2）劳动时间

（3）劳动保护

（4）职工福利　　（5）职务晋升　　（6）社会保险

（7）劳动合同　　（8）其它 ________（请注明）

（9）我从未与厂方发生过任何矛盾**（选此项者结束调查）**

E5、您当时是采用什么方式来解决以上纠纷的？（可多选）

（1）组织或参加厂内罢工　　　（2）消极怠工，不好好干活

（3）向上级部门反映（信访）　（4）求助于新闻媒体

（5）和厂方协商解决　（6）通过工会和厂方协商解决

（7）其它方式 ________________（请注明）

（8）我什么也没做。**（选此项者在填答完 E6 后结束调查）**

E6、您当时没有采取行动解决纠纷的主要原因是什么？（最多选 2 项）

（1）怕打击报复　（2）没有人挑头，自己又不敢挑头

（3）我们这样的景况现在很普遍，没有什么好闹的

（4）这么做没有用，不会有人管。

（5）我觉得情况不严重，不需要采取任何行动

（6）其他 ____________（请注明）

E7、纠纷发生时，您的工友中有没有人与您一起参与行动？

（1）没有，因为这次纠纷只是我个人与厂方之间的摩擦；（请跳至问 题 E11）

（2）没有，虽然这次纠纷中其他工友的利益也卷入其中；（请跳至问题 E11）

（3）有，参与人数大约为 ___________ 人。

E8、当时你们的行动（或方式）有没有人组织？

（1）有，我就是组织者之一；（2）有，但我不是组织者；

（3）没有人组织；（4）说不清。

E9、您参与这次行动时，有没有受到其他参与者的动员？（包括宣传、说服及组织参与等）

（1）没有（请跳答至问题 E11）；（2）有；（3）说不清。

E10、以下哪些人对您参与此次行动进行了动员？（可多选）

（注：如果同一动员者既是工友，又是同乡或亲戚，则归入同乡或亲戚，其它情况类似处理。）

（1）工友　（2）同乡或亲戚　（3）管理者

（4）厂外朋友

（5）NGO（非政府组织）或其它劳动权益机构及其成员

（6）其它 ____________（请注明）

E11、您这次行动的结果如何？

(1) 基本解决了问题　(2) 部分解决了问题　　(3) 没起作用

E12、在此行动发生之前，您在农村参加过其他类型的集体行动（如抗税抗费、反征地、宗族械斗）吗？

(1) 没有；　　(2) 有，________次；　(3) 记不得了。

E13、在此行动发生之前，您在其他企业、公司或服务业工作场所参加过类似的集体行动吗？

(1) 没有；　　(2) 有，________次；　(3) 记不得了。

E14、在此行动发生之前，您在所在企业中是否有过以下现象？（请在对应选项划✓）

	没有	偶尔有过	经常
1．有意放慢工作速度、消极怠工。			
2．在工作中故意出错。			
3．装病。			
4．在工作的时候吃零食、闲聊。			
5．与其他员工一起嘲笑主管或其他管理人员。			

谢谢您接受我们的访问！祝你工作愉快！

附录 2
部分个案情况介绍

附录2.1：第二章和第六章使用个案

企业代码	受访人员	所在城市
Hn1	工会主席	新野
Hn1	办公室主任	新野
Q3	总经理	泉州
Sh4	副总经理	上海
Q1	总经理	泉州
Q2	总经理	泉州
0901	总经理	上海
Q4	工会主席	泉州
Q4	副总经理	泉州

附录2.2：第五章“劳动合同拒签行为研究”使用个案

编号	性别	服务单位	劳动合同签订情况
PA	男	平山民营科技园s1服装厂	已签
PB	男	平山民营科技园s1服装厂	未签
PC	男	平山民营科技园s1服装厂	未签
PD	女	平山民营科技园s1服装厂	已签
PE	男	平山民营科技园s1服装厂	已签
PH	男	平山民营科技园s2服饰有限公司	已签
PJ	男	平山民营科技园s2服饰有限公司	未签

PK	女	平山民营科技园s2服饰有限公司	未签
PM	女	平山民营科技园s2服饰有限公司	未签
NQ	男	南油第一工业区s3服装厂	已签
NR	女	南油第一工业区s3服装厂	已签
NS	男	南油第一工业区s3服装厂	未签
NA	男	南油第一工业区s3服装厂	未签
NB	男	南油第一工业区s3服装厂	未签
NC	女	南油第一工业区s3服装厂	已签
ND	女	南油第一工业区s3服装厂	已签
NE	男	南油第一工业区s3服装厂	已签
NF	男	南油第一工业区s3服装厂	未签
NH	男	南油第一工业区s3服装厂	已签
NK	男	南油第一工业区s3服装厂	已签
NL	女	南油第一工业区s3服装厂	已签
Lin2009	男	平山民营科技园s1服装厂	未签
Luo2009	男	平山民营科技园s1服装厂	未签
Zhang2009	男	平山民营科技园s1服装厂	未签
Huang2008	男	南油第一工业区s4服装厂	已签
Wang2008	男	南油第一工业区s4服装厂	已签
Lin2009	男	南油第一工业区s4服装厂	已签
Tan2009	女	南油第一工业区s4服装厂	已签
Xiao2009	女	平山民营科技园s2服饰有限公司	未签
Zhan2009	男	平山民营科技园s2服饰有限公司	未签
Zhou2009	男	平山民营科技园s2服饰有限公司	未签
Zhang2008	男	南油第一工业区s3服装厂	未签
Li2008	男	南油第一工业区s3服装厂	未签

附录2.3 第七章“制度、结构与行动”使用个案

个案号	基本情况
0901个案1	女性，调查时31岁，已婚，安徽籍人。97年来沪，会制版，熟练工。月收入2000多。
0901个案2	男性，调查时28岁，未婚，上海远郊县农村，99年出来，初中文化，设备维修工，月收入2000多元。
0901个案3	男性，调查时36岁，已婚，上海远郊县农村，初中毕业后当兵，94年复员后开始跟叔叔学机修。机修工人，月收入2000多元。
0901个案4	男性，调查时31岁，已婚，江苏籍人，初中毕业，1996年时19岁时由江苏农村外出打工，先到广州，前后换4、5家企业，99年到上海，样衣工，月收入2300-2400元。
0901个案5	女性，24岁，已婚，安徽籍人，初中毕业。每月收入1700-1800元。
0901个案6	女性，调查时38岁，安徽籍人，3 8岁。已婚，两个孩子，初中毕业后就学裁缝。先去广东，2000年到上海。在目前企业工作已经6年。月收入2000元左右。
0901个案7	女性，26岁，安徽籍人，初中毕业后学服装，小姨带着出来到苏州，在苏州干了2年，然后为了谈恋爱到到上海。06-07年在家结婚生孩子了。在目前公司先后加起来工作4年。质量检查工。每月收入1800元左右。
0902个案1	女性，35岁，安徽籍人。93年来上海的。高中毕业。技术工人兼车间主任，月收入4000元左右。
0902个案2	男性，调查时37岁，安徽籍人。已婚，烫衣工，2003年在本企业工作。月收入2000元左右。
0902个案3	男性，35岁，四川籍人，初中毕业，爱人也在本企业。母亲、小孩同住。技术工人。月收入1800元左右。
0902个案4	男性，27岁，河南人，部队当兵过。在目前企业3年，妻子同在本企业。仓库管理员。月收入1700-1800左右。
0902个案5	女性，42岁，四川籍人。2001左右来本企业。做货袋包装和检验。家族中弟弟、弟媳妇等全部都在本企业工作。每月收入不到2000元。
0902个案6	女性，21岁，安徽籍人，未婚。17岁时初中毕业，2005年3月15号到上海，目前一边学习一边工作读大专。每月收入2000-3000元
0904个案1	女性，安徽人。33岁，初中文化。与老公同在上海，孩子在老家。03年到上海来。小孩11岁，一直做服装，换过3家企业，月收入2000元左右。
0904个案2	女性，河南籍人，调查时30岁，已婚，初中文化程度，平车工，月工资1800元左右
0904个案3	女性，安徽籍人，调查时31岁，20岁外出，初中文化程度，曾在塞班干过10年，在目前企业不到1年，技术工，月收入2000多元